马世民
战地日记

从悍将到商界巨人

Simon Murray
[英] 马世民——著 　　　余卓轩　张 燮——译

LEGIONNAIRE

中国出版集团
东方出版中心

图书在版编目（CIP）数据

马世民战地日记：从悍将到商界巨人 / （英）马世
民著；余卓轩，张燮译. －上海：东方出版中心，
2023.9

ISBN 978-7-5473-2269-7

Ⅰ.①马… Ⅱ.①马… ②余… ③张… Ⅲ.① 马世民
－自传 Ⅳ.①K835.615.38

中国国家版本馆CIP数据核字（2023）第170876号

马世民战地日记

著　　者　[英]马世民（Simon Murray）
译　　者　余卓轩　张　燮
策　　划　刘佩英
特约策划　梁晓雅　吕颜冰
责任编辑　周心怡　徐建梅
特约编辑　吕颜冰
装帧设计　青研工作室

出 版 人　陈义望
出版发行　东方出版中心
地　　址　上海市仙霞路345号
邮政编码　200336
电　　话　021-62417400
印 刷 者　上海颛辉印刷厂有限公司

开　　本　890mm×1240mm　1/32
印　　张　14.375
字　　数　237千字
版　　次　2023年10月第1版
印　　次　2023年10月第1次印刷
定　　价　88.00元

献给珍妮弗、贾斯汀、苏琪和克丽丝蒂

在迅速消逝的光芒中，在纷飞散落的雪花里，出现了我将永难忘怀的一幕：真正的战士，集结为我所见过的最宏伟阵式。他们昂首阔步的模样仿佛拥有整个世界。这些精悍、刚强的男子，以令人仰慕的姿态手持步枪，精确完美地踏步行军。

艾伦·弗朗西斯·布鲁克（Alan Francis Brooke）

英国陆军元帅

推荐序 1

马世民，永远是我的老师。

我还没有仔细读完此书，但我读过马世民其人。英国人马世民是一个伟大的人，且不仅仅是在商业方面。中国正处在一个发展时期，马世民的故事能给中国的青年带来许多启迪。正是许多像马世民那样的中国青年，与勤劳勇敢的十三亿人，一同推动祖国的未来，朝向才更加美好。我仅举一个中国人都熟悉的小小的商业故事，来说明马世民其人。

大多数的中国中年人都知道这个故事。中国长城公司，曾经在 1990 年用国产的长征火箭，发射一颗美国卫星"亚洲一号"。这对刚刚开放的中国，无疑是一件巨大的事情。当时，我们普遍对美国还抱有敌意，美国也不信任中国，在那样的时代，这真是一件敢想敢干的事情。而且这件事情背后，还有更加离奇的故事，这些故事的中心，都离不开马世民。

1984 年 2 月，美国休斯公司替西联公司生产的"西联星 - 6 号"，由"挑战者"号航天飞机发射上天。结果发射失败，卫星流浪太空。发射失败后,保险公司劳合社(Lloyd's)向西联公司赔偿7 500万美元保费,卫星所有权转给劳合社,马世民当时是劳合社的社员。劳合社与美国宇航局协商,能否将这个卫星收回来。在美国宇航局收取275万美元后,于1984年11月回收了"西联星-6号"。从太空收回卫星是个奇迹,这一过程被拍成了纪录片留给了历史。成功回收后,经休斯公司修理后,劳合社以5 000万美元的价格又将"西联星-6号"卖给美国特雷卫星公司。后特雷公司破产,卫星又重回劳合社之手。最后,中国中信集团决定与香港和记(马世民时任和记CEO)、英国大东电报局合资创办"亚洲卫星公司",购买并经营这颗卫星。

而后,中国、美国、法属圭亚那,竞争"亚洲一号"的发射权,当时中国的价格只有另外两个国家的一半。马世民花了几个月的时间说服美国政府,理由是美国应该重点发展卫星制造和销售的能力,让中国等更低成本的国家负责卫星的发射,那么美国可以卖出更多的卫星。马世民还积极说服"巴统",让他们也同意由中国发射。同时,他又说服中国政府由美国海军陆战队全程押运卫星入中国。最后卫星成功发射。

这一系列奇迹都是由马世民撺掇的,可见其人一斑。

2012年9月7日,马世民在伦敦的办公室请我们吃饭,指着高一千多英尺全玻璃的碎片大厦(The Shard)说:"三天前,我用绳索从那个楼上爬下来。"这是奇人的又一斑。这可是一位 72 岁的"青年"啊！

对于今天快速发展的中国来说，马世民对当代青年，是一个非常好的榜样。对我来说，他实在是一个经历丰富的老师。我不知道他在全世界有多少产业，他是如何分配时间的，他值得我学习的还多得多。

任正非

华为技术有限公司总裁

2012 年 11 月

推荐序 2

所有的男孩都有白日梦，否则就不太对劲了。今天这些男孩的白日梦可能是成为曼联球员或太空飞行员。而50年前我们也在做梦，只是内容有些不同而已。

对大部分年近六十的人来说，记忆之初都或多或少与第二次世界大战有关。英雄在我们眼里除了伟大的体坛明星唐·布拉德曼（Don Bradman）、马休斯（Stanley Matthews）、芬尼（Sir Thomas Finney）、康普顿（Denis Compton），就只有战争英雄了。孩童时期的游戏尽是些牛仔、警察小偷、好人坏人的争斗；而大家会一致抗议自己分到坏人的角色，因为好人总会赢。

儿时的游戏反映了我们的梦想，这些梦想慢慢演变成某天将要凭着男子汉的英勇气概成就丰功伟绩的理想。如何实现这些伟绩的灵感一般来自对英雄的效仿和剧院的周末节目，当然更多来自书本。那时候没有电视也没有录像，我们都如饥似渴地广泛阅读。在我们的白日梦里，我们在大草原上驰骋，或者跟艾伦·夸特梅因（Allan Quatermain）一起去寻找所罗门王的宝藏，或者随英国皇家空军的吉普森中校去轰炸德国的慕恩水坝。而那些读过关于法国外籍兵团的不朽名著《火爆三兄弟》[1]的孩子们，则沉浸在撒哈拉沙漠奋起抗争的故事里。

我不知道有多少男孩是读着《火爆三兄弟》的故事在20世纪四五十年代长大的，但一定不少于好几万。那不是儿童禁书，又极度刺激。它把我们带进一个充满沙漠战士的奇幻军团世界，而对于英国的男孩们来说，我们对那个军团唯一的认知就是：法国外籍兵团。

对这些男孩们来说，法国外籍兵团仅仅是一个梦想，一个人除外——马世民，他做到了。他投身兵团，原因很浪漫——为了一个女孩。《火爆三兄弟》里边的迪格比（Digby）知道的话一定会为他骄傲。

1960年的外籍兵团距离故事中的德诺夫堡的样子已经很不一样了，但像勒·琼恩（Le Jeune）这么残忍的中士仍充斥其中，而兵营里还到处是不安分的、离家出走的怪人；严格的纪律和惩罚、极度的体力考验随时存在；与故事一致的还有共度磨难的传统，以及对兵团、对战友的忠诚。

马世民加入兵团时，正值他所在的战斗部队历史中最动荡

1　*Beau Geste* 是 1924 年的小说，内容是其主角在法国外籍兵团里服役的英勇故事。

不安的阶段。在当时巴黎的办公室里，我怎能想到远在阿尔及利亚沙漠的旷野中，一位被太阳晒得黑瘦、同时又像轴承般硬朗结实的英国同胞，有一天会去回忆并记录身为雇佣兵对当时整段历史的全部经历。

我又如何能想象有一天我会读到他的书，与他相遇，并成为朋友。

40年过去了，这仍然是一段非凡卓越的故事。一段真实的历险，一个过往的时代，一段现在只在教科书中提及的历史，一个曾经大不相同的外籍兵团。但有些东西是永恒不变的。我曾经在欧巴涅的兵团新总部参加过卡马龙日，握过丹茹上尉的木质义肢。兵团的制服、奇怪缓慢的行军、白色平顶帽、猩红色肩章——这些还一直保留着。但马世民讲述的故事再也不会发生了，在现代文学中也不会找到关于兵团这样的故事和见证。所以我相信，当其他转瞬即逝的故事被读者忘怀时，这本书将成为现代文学的经典之作，永世传读。

赫特福德·福赛斯（Frederick Forsyth）

国际知名惊险小说作家

2000年4月

推荐序 3

1991 年春天，23 岁的我刚踏入社会，失去至亲和爱情的我正在为自己的人生感到迷惘。我无意中去参加了一场演讲，主讲人正是前辈马世民先生。有人提问，作为和记黄埔"大班"，怎么看"投资中国"？他的答案非常乐观：假如你认为鸦片战争、义和团、日本侵华战争还不够惨，那你就别投资中国。否则你应该全身心地投入，"all in"（投入全部精力和资源）中国。

这句话对我的人生影响深远。我当时在想我的所有是什么？当时 23 岁的我只有五万港元，还有就是无限的青春、勇气和一张在当时没有太多认知度的美国宾夕法尼亚大学沃顿商学院文凭。考虑了两天，我真的决定辞职去"all in"中国。

32 年后的今天，我有幸拜读马世民先生的这本书，必须承认自己对他所经历的这段故事一无所知。我抱着了解前辈智慧来源的好奇心，打开日记，没想到看到 30 页后爱不释手，简直就是真人版兰保加外国版张无忌，这本书如果拍成电影一定叫好又叫座。

如果说入团前，马世民是个对人生迷惘、对沉闷的七英镑钢厂工作感到无趣、想证明给爱慕对象珍妮弗的小伙子，那1965年踏上龙骨光辉退役的马世民则是一位饱经生死、不怕风暴、骁勇善战的神枪手、真汉子。即使这些经历无法化为一纸文凭，但他已经具备了成为一名对人生任何挑战都能胜任的大将之才。

他的军旅生涯充满了生死一线的危机，每个下一分钟，都可能因被手榴弹误爆或被敌军偷袭而丧命。各种极端军事训练需要无可比拟的勇气、解决问题的果断和想象力。士官的选拔，考验的不仅是各种反坦克战、射击、体能、军备知识，而且是战斗中的领导力与部队派遣能力，以及最重要的是品格和在极恶劣环境压力下的临危不惧。凡此种种，都是不可多得的领导力培训，也是现今社会所不能复刻的。

烽火传千里，家书抵万金。日记中描述了马世民每次收到家里包裹的那种雀跃，知道千里之外还有亲人惦念；共同经历了磨难，与同胞战友结成生死患难之交；一个与战友简单口头的除夕约定，让马世民情愿把订婚宴延迟，而至交也为了赴会丢失了工作，这种承诺与情义是真汉子之间的情谊，让我动容。

看完这本书，我读懂了马世民，也读懂了30年前"all in"

中国的智慧。今天，我们处于一个无处不"卷"的世界，每个孩子都在相同的轨道拼搏。这本书让作为两个孩子母亲的我深思，人生的光明道路是否只有一条？

强烈推荐每一个 16 岁的孩子、他们的父母，以及怀念血性男儿历练的我们阅读。

洪燕

美国沃顿商学院亚洲执行理事会主席

Paeonia Capital 创始人兼 CEO

2023 年 9 月

译者序

当今世界，正处于发展的转折点。源于悠久历史根源的各种文化，与依循根深蒂固的信仰和恐惧相互冲突。对与错的定义取决于你出生在分裂线的哪一边。然而，我们看见也有一些跨越藩篱的人。他们是一种罕见的个体，选择在两种或三种冲突世界中塑造自己的身份。这使他们具备对于多个领域的独一无二的洞察力，促使他们不仅能代表分裂线左右的文化，还能够代表将它们连接起来的共同地基。那是人类社会在历史长河中，真正变得更加广褒、更宽容的原因：因为有这些身为桥梁的人作出不凡的选择。

马世民先生就是这样一位杰出的人。他出生在英格兰，却学习了法语并把它当作第二母语。这两个在历史上相处不总是融洽的欧洲文明，共同塑造了马世民这样的"世界之子"，而他也极尽一生之力去代表英法两种文明的公约数，以及各自的独特美德。带着如此特殊的背景，马世民的人生涉足了军事和商业领域，偶尔也步入政治领域。他资助了一支保护商业船只免受索马里海盗袭击的维安舰队。他协助中国成功交涉其历史上首次发射的商业卫星。他还在香港从英国交还给中华人民共和国的过程中出了一份力。他一直是支持中国的友人。

无论在金融贸易领域，还是在政治军事领域，马世民的足迹似乎无处不在。对于他而言，一旦作出选择，这些领域的常规边界仿佛并不存在。因为马世民本人就是一个巨人，一个世界齿轮的推动者。他把来自不同领域的人们聚集在一起，督促他们握手合作。他的友人包括影响世界的大人物，如亨利·基辛格、任正非、李嘉诚、撒切尔夫人、外籍军团总司令、罗斯柴尔德家族等。

我与马世民的相识，始于他受邀来到中欧国际工商学院发表演讲。活动结束后我去向他要名片，告诉他我们两个都曾参与南极远征队（尽管他的远征是吉尼斯世界纪录级别的，而我的不是）。这使我有幸成为本书的中文译者，也使我们成了忘年之交。

完成了当年的工作后，马世民邀请我和其他人前往巴黎参加国庆日的庆典。而在国庆游行当天，巴黎的街道被军车层层封锁。人山人海，水泄不通。马世民带着我和他的几位前外籍军团同僚想穿越那些街道，站岗的士兵们竟然打开了铁栅栏，让我们通行。因为他们敬重马世民这位身为前法国外籍军团成员的英国人。所以我们六个人就这么走在空荡荡的巴黎市中心的街道上。那是难以想象的场景，古建筑之间空无一人，直到我们抵达观看游行的观众席。当天中午，他找来更多友人在游行尽头的历史建筑里，聚集大伙儿在一张长桌前享用午餐。法国外籍军团的总司令和许多马世民之前的军团同僚都在场。马世民坐在众人中央，用法语发表了讲话。那些老兵们唱着对他们而言意味深长的歌曲，兄弟情谊浓厚，在场所有人听了都眼眶泛泪。可以说，我亲眼见证了马世民对他所代表的两种文化有多么的热爱。他是一个属于世界的人。

而他之所以能成为那样的人，是自己的选择。要能超脱于藩篱，没有偶然性，也从不容易。他必须面对艰难且充满矛盾的抉择，这在本书里有阐述，只有内心深处坚守强烈的信念才可能办到。正如马世民在他的新书中写道："我们生命中的第一个挑战必须是离开自己出生的轨迹，找到宽广的空间，而在那个空间里，我们才可能明白自己究竟是谁……并开始理解自由的真义。"

马世民一直给予我很大的启发。他说世界需要更多的桥梁、更多的连接者，愿意看见人与人之间的公约数而不是藩篱，他也以身作则促成了跨英法和跨东西方并影响后世的诸多成就。我非常荣幸能翻译他的著作。这些书籍不仅详细记录了时代事件，而且每个名字、每个细节都被极其生动地记录下来，你很难找到其他能与之匹敌的历史文献。这些事件的记录出自一个人用敏锐的直觉、深刻的智慧，以及最重要的——一颗能海纳百川的心——遨游在人类文明的海洋里所酿造出来的思想。他邀请所有读者一同参与见证，并汲取各自有共鸣的感悟。

本书蕴藏着巨大的宝藏，是罕见的时间胶囊。马世民从他个人的视角切入，让你如同站在他的身旁去体验一段惊奇的旅程。这些故事时而令人屏息，时而令人动容，而其中的教训和启发是永恒的。

余卓轩

科幻/奇幻作家、编剧

"2041"项目南极远征队成员

2023 年 9 月

自序

我在 1960 年 2 月 22 日加入法国外籍兵团。当时我 19 岁，在兵团一共待了五年。那时我会随身带着笔和纸，几乎每天都写日记。在本书中我将一些很有趣的内容摘录出来，而把一些无聊的内容剔除了。希望你也认为是如此。在兵团里有时候会有很长一段很无聊的时光，而那往往也是最艰难的时光。提及的任务并不是我有意挑选的，没有人被过度描述，全都是就事论事。我们每晚都变回孤独的自己，我将着重描述自己记忆最深刻的故事，因为它们是我五年从军生涯的成长标志。

多年前的二月份，在一个湿冷的日子里，我来到巴黎，站在应征大门前，心中根本没有多大把握。我只知道接下来的日子与原来在保护伞下的日子将有很大不同。尽管我的家族也有参军的历史，但我自己并不是法国外籍兵团的典型候选人。

我的兄长曾在英国皇家史葛雷斯军团当军官，我的父亲、祖父、曾祖父、太祖父都曾经是军官，并且是在像黑卫士兵团这样优秀的军团里。而我，却要到法国军团里当一个二等兵。

我上过英格兰历史最悠久的私立学校，我的祖先在工业革命时期于股票上积累了不少财富，却经我祖父辈大肆挥霍而失去了许多。我就是这样一个中产家庭的背景。然而，家族的传统和教育还是在我心中灌输了一套价值体系，一套被认为适合年轻绅士步入社会的价值体系。其实到现在还适用。

　　就像所有英国人一样，我读了雷恩的《火爆三兄弟》后，怀着传统的英国观念认为，以加入外籍兵团开启我的人生是可以接受的。这叫作英勇长征！当时我不知道的是，雷恩描述的兵团情况并非完全准确，而我步入的则是一段非常艰苦的生活，并且对此毫无准备。没有比这更不浪漫的活法了，作为应征者，我的条件与一般新兵标准更是格格不入。

　　很多人都问我为什么要加入外籍军团。虽然答案并不是那么伟大而神秘，但也很难用只言片语说清楚。敏锐的你可能已经从这本书中找到了答案，是的，为了一个叫珍妮弗的女孩，但又不完全是如此。我当时租住在曼彻斯特，在一个铸铁厂上班，每周的薪水是七英镑，生活很没劲，也看不到前途。英国军队拒绝了我，叫我六个月后再去申请试试看。我想我可能是一个初出茅庐的小伙子，对自己没多大信心，因此想通过极端的挑战来看看自己是否真的能在男人的世界里开辟出一条路来。我需要证明给自己看，看看我是否能成为男子汉。我已经做好了我的阅读功课，我有我的英雄榜样，还有我的梦想。

也许，在很久以前的那些年，我们的生活比现在还要多一些从容。我们有更多时间播下梦想的种子来冒险。我们不用考虑太多代价，本来也一无所有。或许人生会更长，又或许这根本不重要。重要的是我加入了法国外籍兵团，而你即将读到的就是这5年中所发生的一切。

年少时看过卢梭的《社会契约论》，开头"人生而自由，却处处受到束缚"，说得真棒。但人生走过大半个世纪以后，我认为卢梭错了。我们并非生而自由，而是一出生就受到束缚，受制于环境，困于一个决定我们未来人生道路的小盒子中。

如果你的父亲是一个波士顿的亿万富翁，你便会读普林斯顿大学，与名门淑女结婚，继承家族生意，退休后优哉游哉地打高尔夫，然后结束一生；如果你生于加拉加斯的贫民窟，你的人生轨迹也早都预定好了；如果你生于一个有艾滋病的非洲小村庄，人生的轨迹更是早于出生前就预定好了，并且难以改变。

所以，你的人生之路会怎样，取决于你在哪个盒子里。唯独跳出既定轨道，才能体验人生历练的快乐。我不是说要你漫无目地四处游荡，而是要找到人生正确的方向。这样你就能找到属于自己的空间，或者在那里你能找到真正的自己。一旦找到自己，就能领略自由的真谛。

对我来说，本书所发生的故事就是偏离了我的人生轨道。

这段历程十分艰苦，而且与我原来要走的道路截然不同。但正是这种经历，让我找到了自己。我现在是个自由的人了。

马世民（Simon Murray）

目录

引 言

　　我出生于 1940 年 3 月 25 日，取名为西蒙（Simon），以英国莱斯特（Leicester）当地第五代伯爵西蒙·蒙德福特的名字命名，他是 13 世纪初的法国贵族和骑士。我的母亲读过一本关于他的书，这是她对莱斯特这个地方唯一的了解。

　　当我到了 16 岁时，我跟母亲的关系就变了，用母亲的话说是"相处困难"。即使在我小时候，我也觉得她总是更偏爱我的哥哥安东尼。

　　我读过雷恩的爱情小说《火爆三兄弟》，我那个年代所有的年轻人都读过这本书，我从中受到了很大的启发。是的，曾经有个叫珍妮弗的女孩，我曾对她表示出热切的爱慕之情，但她对我却没有同样热情的反应……甚至比这更糟。

　　当时的我在曼彻斯特的一家铸铁厂干活，每天只能挣一英镑。我读过很多维多利亚时代伟大探险家的书。我有着丰富的想象力，从小就想摆脱这种乏味刻板又无趣的生活。美国诗人爱默生曾经说过："不要走在大路上，而要去那些没有路的地方，留下自己的足迹。"这也是我的座右铭。我唯一需要的就是一个指南针。

在这条道路上，会出现许多岔路口，需要你做出决定要走哪条路；也会遇到许多高山，需要你去攀登。有时你会迷失在山谷中，或者迷失在雨势不停、令人心情沮丧的黑夜里。但路上也有明媚的阳光和绿草青青，可以任由你徜徉其中。

英国军队对我说了"不"，我爱的女孩也对我说了"不"，我对自己正在做的事情更是意兴阑珊，这就像站在一条路的岔口，所以是时候离开这条路了。

我当初加入军团时，没有预想后面将会发生什么，不然我很可能就被吓倒了。我是什么时候开始怀疑自己的决定的呢？做出决定后的十分钟内就后悔了。但我依然在军团里待了整整五年。

离开军团后我只是个待业的士兵，年仅 25 岁，不知道前路在何方，不知道下一步该做什么。多亏了在一场聚会中友人的话，就像一束光，照亮了我前方的路。我开始考虑去新加坡。这一次的岔路通向东南亚，此后我在亚洲工作和生活了 40多年。

自 1965 年以来，我一直是一个成功的商人。实际上，我花了 50 年时间才成为熟悉亚洲的商界老手。我最初是怡和集团的代理经纪人，向怡和的董事们汇报工作；最终通过努力，我做到了香港和记黄埔的董事总经理。其间，我创立了多家通信公司和全球品牌"橙"（Orange）。除了生意，我还投入探险：跋涉过非洲阿特拉斯山脉（Atlas Mountains），登顶过珠穆朗玛峰和尼泊尔安纳普尔纳峰（Annapurna），用绳索攀爬伦敦第一高楼碎片大厦，60 岁时参加了南极冰上马拉松赛，是步行到南极的最年长的人。

本书讲述了我在年轻时参加法国外籍兵团艰难困苦的五年——魔鬼般的训练、极端天气的考验、生死存亡的较量。我很乐意把这段刻骨铭心的经历分享给读者，期望以此鼓励年轻一代敢于冒险、追求梦想、挑战自己。

第一章　新手上路

成为兵团一员

1960 年 2 月 22 日，巴黎

我一大早就醒来了。当黎明的第一缕灰色挤走黑夜时，我终于下定决心动身。早上八点，我就搭上了地铁前往文森的旧堡垒——外籍兵团[1]的招募中心。地铁里没几个人，清一色都板着脸，一副经典的周一早晨表情。大概别人看我也一样。

从文森地铁站下来后我走过几条街，抵达旧堡垒庞大的入口。墙上的匾牌有个简单的公告：

> 外籍兵团——雇佣办公室——全天营业

两扇巨大的门没经我捶几下就开了。然后我踏进铺着卵石的庭院里，迎面遇上这辈子见到的第一个外籍雇佣兵。他穿着卡其服，系着蓝色腰带和亮红色肩章。他头上的白色平顶军帽配上底下的白色绑腿，那模样令人印象深刻。反倒是他身上那柄老式步枪看起来没什么稀奇。他甩手关上大门，点头示意我跟他走。

我被带到一个门上刻着"BUREAU DE SEMAINE"的房间，我猜那代表总务办公室之类的。那是个相当简陋的房间，

1　招募外国人为本土士兵。

只在木地板上摆了张木头桌椅。一两张陈旧的相片无力地悬挂在墙上，展示着兵团士兵身着军装开着坦克穿越沙漠、行军于香榭丽舍大道的场景。

桌子后面坐着一位中士[1]。他上下打量了我一阵，却没说任何话。我打破沉寂用英语告诉他，我是来应征外籍兵团的。对此他回应的表情是诧异加同情。他以夹杂着德国口音的英文问我："为什么？"

我用"想要冒险刺激"的老套理由回答他，他却说我来错了地方，因为在这里的五年将会漫长又艰苦，告诫我最好抛去英国人所持的浪漫想法，最好离开这里，重新慎重考虑。我跟他说自己早已经过深思熟虑，才不惜远道而来。最终他叹口气说"好吧"，才领着我上楼，来到一个礼堂。

礼堂里有 40 多个人，沿着墙边的板凳坐成一圈。我一进去，80 多只眼睛瞬间齐刷刷地聚焦在我身上，而我也迅速报以扫视。眼前没有一张脸能让我说出"他跟我很像"或是"我们有某些地方相似"之类的结论。顷刻间，我意识到自己与这群人没有任何共同之处。

我选了长板凳末端的空位坐下，尴尬地盯着自己双脚，却明显感觉所有人正盯着我看。这群人的外貌可谓惊人的混杂，

1　法国初级士官中的一个级别称号。

有黑皮肤、灰皮肤、白皮肤、棕皮肤，有山羊胡、八字胡，有秃头的、长发的，衣着打扮也五花八门。然而他们的共同之处是个个看起来都刚强粗犷，和我相差十万八千里。我当时只恨不得自己穿的是牛仔裤、旧毛衣，而非现在的西装背心三件套的蠢模样。

房间那头有几个人发出嘲讽的窃笑声。我尽量避开他们的视线，却难免浑身发热。我们就这样坐了好一阵子，直到一位军官走进来，后边跟了几位穿着白色大衣的人。我们被命令除了内裤全部脱光。

接着我们一个个被叫去做一连串的医学检查。两个小时后才结束，我们也再次坐回板凳上。但因为检查的缘故，已经有人开始交谈。他们以不同的语言相互聊天，多数是德语。此时我并没有与人说话，心里纠结着是不是该去赶六点的飞机从奥利机场直接回到伦敦。

又一个小时过去，那军官回来了，身旁跟着总务办公室那位一开始接待我的中士。军官用法语宣布了一些事，我听来大致是他们只需七个人留下，其余的可以离开了。果然，他们念出七个人的名字，而我是其中之一。

我们被叫上前去，然后被带出房间，离开那些即将回到巴黎怀抱里的人。紧接着我们穿过几条阴暗走廊，爬了几层石阶，来到顶楼的弹药仓。在那里我们拿到战斗衣裤、靴子及长大衣，然后转往一个昏暗的、摆着几张金属桌椅的小房间吃了些东西。用餐时没人说一句话，餐后我们被带往另一个小房间听录音带，里头的内容不断以各种语言重复。房间只有盏 40 瓦的电灯，由一条长长的电线从天花板悬吊下来，气氛令人相当不安。与我在一起的还有两个德国人、一个西班牙人、一个比利时人以及两个荷兰人。每个人似乎都绷紧了神经。

接着录音带出现了英文，我被告知自己将签下一份五年的合同，而且一旦签了就不能反悔。扬声器里释放出来的声音极度庄严，听起来像法官在宣判死刑。我突然很想对它喊话，想找个英国人说话，但毕竟这不过是场单向交流，而现在已是做决定的时刻。我们安静地聆听，没有人吭半点声，没有人喊着要离开，也没有人精神崩溃或恐惧却步。我们挨个走进一间办公室签下契约。语言晦涩的法文契约书足足有三本，任何人看了都不会想去读它一遍，或者说实在的，即使读了也没什么用。

我感觉自己就像给陌生人签了张无限额的空白支票。夜幕降临，我们住进了宿舍——金属床，麦秆床垫，外加一条毯子。夜深处传来熄灯令的号角声，随着晚风的情绪，时响时弱。第一天就这样结束了，而全新的历险之旅也就这样开始了。我想那位中士说的是对的：前方的路将孤独而漫长。我明明在繁华的巴黎市中心，却感觉自己正身处于荒凉的月球。

第二天

饱满响亮的军号声打破了舒适沉眠,一早将我们唤醒。匆匆冲过冷水澡,再一杯咖啡下肚,我们便被指派去削土豆、扫地板,以及做其他堡垒里边的杂务。由于语言不通,人们很少交谈。一天很快就过去,当晚我们搭火车前往马赛(Marseille)。旅程开始了。

1960 年 2 月 24 日

昨晚火车上出了点麻烦事,我有了一个敌人。由于座位不够,谁先到就先坐。晚间的时候我离开车厢去小便,回来时却发现有个西班牙人擅自占据了我的位子。我很不开心,小心翼翼地让对方明白他正坐着我的位子、看着我的杂志,但那家伙却装聋作哑。旅程才刚开始,现在要和人起争执稍嫌过早,但此时避开冲突更显得不妥,我突然意识到自己必须在这一刻坚定立场,鲜明表态。

在我说服自己别这么做之前,我已经一个箭步冲上去抓住他领口,将他拽起抛过整节车厢。

我们两人都倍感惊讶:如此猛烈的抛掷让他着实吓了一跳,我也对自己的动作感到诧异。小个子的我可不惯于将人丢来丢去。

然而对方的惊讶迅速被高涨的情绪所取代，他朝我冲了过来。两人的长大衣和车厢狭窄的空间妨碍任何激烈的动作，无人略胜一筹，虽然我自认为表现还不错。最后其他旁观者看得无趣了，将我们拉开来。我获得了群众的支持，而那位西班牙人则被迫离开车厢，回到过道上。离去时他恶狠狠地瞪着我，以西班牙语吼叫着诅咒和威胁。看来我必须提防这个人了。

我们在上午抵达马赛，搭乘卡车前往某个俯瞰海港的碉堡。它被称为圣尼古拉斯堡垒。这里大概有 300 位新兵，每天约 30 人为一批从斯特拉斯堡（Strasbourg）、里昂（Lyon）及巴黎等地的招募中心送来。每十天左右，大约有一半人会被运往阿尔及利亚。

来到这里的第一件事就是发给我们牛仔布衣[1]，取代现有的战斗军服。这些牛仔衣裤又破又脏，没有纽扣，用几根线头勉强缝在一起而已。很显然，之前分发的光鲜衣服只是为了坐火车时穿，为了照顾他人的感受，以免大众乘客认为自己正跟一帮罪犯乘车。

堡垒的中庭和出现在电影里的监狱场景没什么两样；有人

1　一种厚质的粗布料，可制作为牛仔裤及服饰，也称为丁尼布。它的英文原名 denim，取自生产地法国小镇 Nimes，因此当地生产的布料被叫作 de Nimes，意为来自 Nimes 的布料。

成群结派鬼鬼祟祟地聚在一起，也有人背靠着墙坐在地上，不知为什么似乎所有人都窃窃私语着——还是因为我根本听不懂他们在说什么？士官们看来一副不好惹的样子，可能事实上也真的不好惹，但为什么他们看起来就像是典狱长？

兵营里面气氛阴冷，卫生条件差得令人难以置信。公共浴室看起来像是冬天清晨的马棚，空荡荡的，只有一个水龙头从墙壁里突了出来，底下挖了条貌似沟槽般的东西。水龙头的水冰冷刺骨，房间既没窗户也没灯光，就这样一间浴室却要供上百人使用。所谓的厕所则只是在地上挖出的洞加上两旁的脚垫，对有背痛的人来说这绝对不是个好地方。宿舍里是那种三层的床，上下左右每个床之间的距离只有一个人的肩膀宽。食物相对来说挺好的，如果你能拿得到的话。这里一切强调先到先取，全自助而且不限量。

夜晚来临时我躺在自己的床铺上，身旁全是人，却完全无人注意到我的存在，这倒让我感觉自在一些。围着屋子中间的几张桌子，纸牌游戏正在火热进行中；整个房间烟雾弥漫，耳旁是永恒的人声嘈杂，由千万种不同语言组成，没有一种我听得懂。

外头正风雨交加。傍晚早些时候我到俯瞰海港的城垛上走了一圈，看见了《基督山伯爵》里的伊夫堡（Chateau d'If），我当时突然觉得自己可以了解唐泰斯的感受。望着马赛夜生活的光影，胸中升起一种奇特的情绪和感觉。闲置在岸边的游艇静静地等待夏日阳光的到来，看起来格外诱人。

难以相信我才刚来这里一天。我觉得自己像个囚犯而非军人。这次我真的与以往的生活一刀两断了：远离家乡，远离我所熟知的一切。试想，若事情朝原来的方向发展而命运给了不同的安排，我很可能会加入英国国军，像我弟弟安东尼一样在史考克葛雷斯[1]军团服役，那我现在的境遇将大不相同。我并不觉得孤独，却感到与世隔绝，完全和熟悉的人们分开了。从某角度看来这确实有些吓人。就算我明天死掉，这里也没有人会有丝毫痛心。

我的朋友们，从现在起直到我再次见到你们，一起喝酒、看球赛、打板球，将是段漫长的时光。迪兹伯里板球俱乐部少了我，下周末必定会陷入窘境。不过我想我会适应的。**有人说只要时间一久什么都适应得了，然而这些智者却没说这时间到底要多久。**

十天后

一眨眼几天就过了。每一天从早上六点钟城垛上的集合开

1　皇家史考克葛雷斯军团（Royal Scots Greys）是 1707 年至 1971 年英国军旗下的骑兵军团。

始，我们穿着单薄的牛仔装束站立在寒风之中，当名字被点到时就大声回答"在"，然后我们被分成各杂务小组分头干活。过去几天里我都被分派到锯木坊，天一直下雨，搬弄木头的手指冻僵，单薄的牛仔衣裤湿透。

1960 年 3 月 11 日

这里很多德国人、西班牙人和意大利人。那些意大利人花好多时间进行零星物品的买卖或进行货币兑换交易。天晓得他们为何这么做！这里的人根本没几个钱。他们是天生的经纪人却缺乏可信度。我与一位能说英语的荷兰人汉克搭上了话。他的状况不太好，在一场家庭纷争后离开了自己的爱人，现在却后悔不已。他已经申请要退伍，但兵团不太可能让他走，因为一旦开了退伍的先例，所有反悔的人会争先效仿。

这里还有个澳大利亚流浪汉，有个多少讲点相同语言的人在身旁是好事。他的名字叫崔尔斯，他在海军商船上做过三年甲板水手并染过几次淋病，这些是他谈天的主要内容，也是他的自豪之处。

一个叫甘农的加拿大人在崔尔斯之后几天到来，他也宣称自己曾在加拿大海军有段长远而卓越的职业生涯，而且还是位军官！崔尔斯当然不相信，理由很明显。于是他们两人很快就反目了。甘农一脸油嘴滑舌的模样，令人讨厌。他把自己带来的两大箱东西分发给士兵们来哗众取宠。那些意大利经纪人看得傻了眼。

我们收到了等同于三英镑的报酬，对两星期的工作来说算不错。但吃饭问题有点严重，因为除非你率先抵达奋力抢夺，否则永远不够吃。几乎没有一餐是在毫无争执下度过的。每每我们一坐下，眼前的食物立即消失，那景象相当惊人。八个人围着桌子而坐，中间摆了一篮面包。眨眼的瞬间 16 只手就像群蜜蜂一样围了上来，面包一下子就被抢光。

不过这里的氛围总算有所进步。人们开始会在早晨问候彼此，不时还会以"嗨"打招呼。他们叫我约翰，显然所有英国人都被称作约翰，却没人知道为什么。我也开始学会些法语，但大多数时间我都与崔尔斯交谈，八卦其他所有人。

在法国军队里有个叫作"第二分局"的组织，负责所有军事相关情报。在外籍兵团招募新兵方面，它明显与国际刑警组织进行密切合作。所有新人都必须通过第二分局的审查，如果任何人有国际刑警怀疑的不良背景，那么他是否被送交办理或是继续隐藏在兵团之中，全由本组织来决定。

两天前我被第二分局找去面谈，被无数的问题轰炸了整整一小时。那些问题从我在哪出生，我"为什么"出生，到关于我父母和教育等众多细节。但首要问题仍是"为什么"：我加入兵团的原因是什么，究竟为什么要加入……我其实没有一个漂亮简洁的答案。原因有很多，却难以解释清楚，最后我就投其所好给了几个冠冕堂皇的理由，比如要增加从军经验等。似乎还比较奏效。

一位会说英文的德国中士充当我和法国军官之间的翻译，他重复当初在巴黎那位中士的话，叫我赶快忘记骑骆驼或《火爆三兄弟》里描述的美好憧憬。我说我已经意识到自己越来越清醒了。然后他问我是否后悔入伍一事，我说不后悔，他们就罢休了。

明天我们将动身前往阿尔及利亚，大家对即将开始的历险都激动万分，浮想联翩。我们剪了兵团式的发型，干干净净，像鸡蛋一样利落。他们称这为"零蛋发型"。我们比以前看起来更像囚犯了。我无比期待离开这个地方。

1960 年 3 月 12 日

凌晨五点起床号就吹响了。我们全挤上卡车前往港口。在晴朗蓝天下我们离开了马赛，载着我们的是"西迪贝勒阿巴斯号"蒸汽船，一艘 5 000 吨的运兵舰。寝室在船腹深处，几千张躺椅零乱地拥塞在一起，仿佛罐头里的沙丁鱼。我站在甲板上直到最后一点陆地消失不见。于是我对欧洲说再见，转身面向非洲大陆及前方不可知的一切。

崔尔斯与甘农终于以拳脚相向，结束了这段旅程的单调。看来对于我们的水手和海军军官来讲，乘船真的难以忍受，他们宁可选择在午饭后互殴起来。这场架在甲板间展开，所有的椅子被抛来抛去。崔尔斯最后终于占了上风，正要将甘农脖子给扭断时我把他拉开来。我猜现在起我们不会再听到关于加拿大海军的事迹了。

今晚起风了，毫无疑问明天会有许多旱鸭子晕船。

第二天

在黎明怒浪之中醒来，迎接我们的是超乎想象的情景。海浪翻涌肆虐，许多躺椅四脚朝天。人们横七竖八地躺着，许多人甚至连动都懒得动，直接在躺着的地方呕吐。通往厕所的队伍排着长龙，但里头已堆满呕吐物无法使用。在这种情况下，许多毫无耐心的人干脆跑到外头，直接拉在甲板上或扶手外，常常不管风向！整艘船成为漂浮海上的垃圾车。

乘客中有一些女人与小孩，是对法国都市生活的幻想破灭后，踏上归途的阿拉伯人。当我问起她们为什么与我们同船时，我被告知这些人在第四等，即最劣等的舱位。我相信这确实是最劣质的舱位，若有第五等舱位我想它的环境必定会恶劣得难以想象，就算是用法国的标准来衡量。

摇晃不停的日子持续着，海洋让人们的痛苦与日俱增。勉强称得上食物的东西被端了出来，却没什么人有胃口。最后到达奥兰（Oran）时我们等于是爬着上岸的。踏上陆地的那一刹那的确是开心的。

我们再次挤上卡车，到达某个兵营。他们给了我们碗汤喝。夜晚着实寒冷，人们为此感激那碗汤。午夜时分，我们再度被扔进摇摆不停的火车厢，里头的木椅破烂不堪。然后我们慢慢朝南行驶，前往西迪贝勒阿巴斯（Sidi－bel－Abbès）。

1960 年 3 月 14 日

凌晨三点，世界仍一片迷蒙，我们的火车转轨抵达西迪贝勒阿巴斯。不知为什么，身子感觉不到疲劳，或许疲劳早已成了我们的一部分。

在车站，一位现役的军团中士迎接我们的到来。他整顿好大家的秩序，带着我们行军进入黑夜。昏暗的黄色灯光洒落在街道上，我们拖曳着步伐，那模样看来有点像军人了；披着宽松大衣的身影，厚重的靴子敲响着坚硬的道路，击碎黎明前的宁静。而中士不断拉开嗓音喊出行军步调。

我清楚记得那个早晨，当我们走过西迪贝勒阿巴斯荒凉街道时的感受，空气里弥漫着一种浪漫的味道，或许底下潜伏着淡淡的恐惧，但好奇心却迅速占了上风。一时间我感慨万千——往昔上寄宿学校时的朦胧回忆，眼下孤单旅途真实的清晰感觉，还有推着我的胳膊前行的愤懑情绪，然而即使在如此混杂的思绪中，我却清楚地意识到我正在对的地方，做对的事情。或许这是人生中第一次，我真正在走我自己的路。那感觉就像自己正肆无忌惮地朝着下坡滑去，清楚感受到愈渐强烈的加速度，同时也清楚自己早已将刹车留在巴黎。就是这样，我却毫无理由地坚信自己绝不会有问题。我一定能够撑过去。

我们到达一个叫CP3的军营。巨大的铁门摆荡开来，我们瞥见手持轻型机枪、戴着白色平顶帽的哨兵，然后我们经过一个大庭园，最后被推往兵营里头。这趟旅程结束了，什么都没发生。终于我们逐一倒在硬地板上，让睡意夺走意识。

感觉才过去几分钟，门又被甩了开来。一位下士嚷嚷着将我们往外推。外面一片漆黑而且冷得要命。他们将咖啡从一个巨大的锅子舀出来给我们，美味极了，无论过去或未来都不会再有咖啡喝起来如此美妙。我们各自分到一块面包和一小片生冷的培根。然后我们列队，全身上下被搜了一通。他们拿了我的通讯簿，还将我那小日记本背后的地图扯了下来。这有点吓到我。这一举动似乎有股说不出来的阴险，仿佛他们想切断我们所有回家的路。

接下来是两周以来第一次洗热水澡，我们当然欢迎。温暖的水流让大家些许放松。

这里的兵营与圣尼古拉斯堡垒里头简直是天壤之别。一切是如此洁净无垢。房间通风良好，床铺舒适且空间宽阔，就连厕所也一尘不染。我们收到了新的牛仔装和靴子，整体士气提升了不少，开始觉得自己较像人类了。每个人都感到放松而有活力，犹如整星期以来第一次真正睡醒过来。我学会了更多法语和些许德文，人们彼此间也多了些交谈。脸孔逐渐变得熟悉，甚至还有人在微笑呢！

我们刚刚完成晚间点名。所有人在床边立正接受点名，一位中士巡回检视，确保一切正常。该睡觉的时间到了，这正是我所需的！

1960 年 3 月 15 日

凌晨五点，起床号响起。冷水梳洗、刮胡子，然后是与昨日相同的早点，但咖啡没昨天那么美味。我们挤上卡车（这似乎已成了一种生活方式）被载往一个砂岩采石场，在那儿我们整天挥镐铲沙。风冷得刺骨，还掀起沙尘搅乱劳动现场。一位手持冲锋枪的中士一直站在我们身后，不确定他到底是为了保护我们不受敌人攻击，还是为了让我们打消任何逃跑的念头。

我们有个短暂的午歇。在吃过罐头沙丁鱼和一大块厚面包后，我们继续干活，一直干到傍晚才回兵营。

来回在CP3兵营间的路程让我大致瞄了一眼西迪贝勒阿巴斯。这里的欧洲人口几乎全是军人，阿拉伯的女人全身裹着白衣，只露出一双深色眼眸，目光敏锐的人还可能看见她们脚踝上的刺青。男人则衣着褴褛，宽松的袋状长裤，地毯般的披风连着巨大的兜帽。他们蹲在马路旁交头接耳（或许只有我们的卡车停在他们面前时才如此），偶尔还会吐出嚼烂的黑色烟草。

大街上男孩们赶着成群的绵羊与山羊，军用车辆不停按喇叭，想从中开出一条路。市中心很干净，漂亮的黄色砂岩所建的商店点缀道路两旁，有许多酒吧。不过至少两个月内我们这些新兵是不让进城的，因此这城市有多少吸引力只得留在未来发掘了。

九天后

崔尔斯受够了，想离开兵团。

当时我们正在准备起程前往穆阿斯凯尔（Mascara），往东150英里[1]的一个小镇。我们将在那里进行基础训练。兵团有

1　英制长度单位，1英里≈1.61千米。

两处教学中心，一个在塞伊达（Saida），另一个就在穆阿斯凯尔。我们将分为两批人分别前往其一。穆阿斯凯尔以风气恶劣而闻名。事实上，当人们谈到"基础训练"时，我的念头是我们的日子将会不好过。

个人装备已分发下来，从靴子到牙刷应有尽有。我们也脱下了普通人的行头，存放在衣物柜里头；不管个人的衣物有多少或值多少，我们每个人都只能换来五包香烟。来自库拉索的勒瑞·鲍曼带来六个行李箱的衣物，可真亏大了。他是个有趣的家伙，能说六种语言，我们相处得挺好。

这几天我们接受了更多医学检查，也与"第二分局"进行了更多的面谈，他们的问题与在马赛问的如出一辙，八成想看看我们当中是否有人给的答案会先后矛盾。有个家伙遭到一顿痛扁，因为他这次给出的谎言跟他在马赛瞎掰的完全对不上。军方显然对此很在意。

我们还做了智力测验，大致上是老套，就是一堆形状、花样、鸭子图等，再加上一点初级数学题和法国历史。同时他们还为不同国籍的人们定做特别题目，像我便拿到英国历史相关的考题。

这还只是第一步。时不时地我们将进行一系列类似的测验，其结果会直接影响我们的薪水。从今天这里的学者评委们眉头紧皱的表情和频频搔头的模样看来，我们当中有些人将要被淘汰。

崔尔斯经过一次次面谈，给出一个又一个牵强的故事，最后竟得以成功说服他们放他走。我为他感到高兴，因为他看起来真的很痛苦，就算身体情况无恙，他也必定撑不到最后。然而同时我也为他的离去感到难过，因为他是与我交谈最多的家伙。此外，我一点也不喜欢甘农，得知他将被派往塞伊达我松了一口气。

昨天来审查我们的是普拉特-马卡，他将是我们在穆阿斯凯尔的指挥官。他是个留着八字胡的绅士，散发着法国人的气质，英俊刚毅的脸孔及正直的面相，清澈的目光底下是诙谐的笑纹，初次见面就给了我良好印象。我喜欢他来回审视我们队伍时，手持杖子拍打着马靴那昂首阔步的姿态，也喜欢他特意以潇洒的角度戴着平顶帽的模样。然而在那温文尔雅的表面下，有种坚韧的气质存在，这种坚韧于任何真正有素质的人都必不可缺。跟着他，我想我们可以放心。

如此，明天我们将启程，真正的军人训练要正式开始。我们终将抵达真正的起点。第二轮薪水也发下来了，金额和之前一样。这天夜里，所有人聚在被我们称为"门庭"[1] 的场所畅饮啤酒，欢声笑语，像过节一般。德国人很会唱歌，啤酒下肚

1　toyer，对小卖部的称呼。

后就唱不停了。他们唱起德国传统军歌，令大家斗志昂扬！我也很快活，我相信大家都心态良好，为明天的到来做好了准备。

1960 年 3 月 25 日

今天恰好是我的 20 周岁生日，还真是告别青少年的好日子！与崔尔斯道别后，一长列的辛可卡（Simca）车队[1]载着我们离开西迪贝勒阿巴斯，开往穆阿斯凯尔。我们沿着一条迂回狭窄的乡间小路穿越田野，攀上荒芜的丘陵再进入穆阿斯凯尔平原。一望无际的穆阿斯凯尔平原如同浩瀚平坦的机场跑道延伸至地平线，延伸到虚无的尽头。

位于穆阿斯凯尔的小镇有点像西迪贝勒阿巴斯的缩小版，但更加破旧。曾有人说法国人在北非建造的城镇看起来风格都一样，中央广场被工整的树木花草围绕，零散的长凳子给夜间散步的人们歇脚的地方。在一旁的市政厅，法文称之为"mairie"，看上去既时髦又严肃。警察局矗立在城镇的入口处，看起来很宏伟，令人心生敬畏。老旧的酒吧和餐馆铺开于街道一旁，最大间的叫"贸易咖啡厅"，有许多阿拉伯人坐在里边，一边喝咖啡一边聊天，口中嚼着烟草消磨时光。

1　1934 年成立的法国汽车制造商。

我们经过商店街，看见成群的阿拉伯人在数百个摊位前兜来转去，街上堆满了各种布料、食物、不同形状和大小的锅碗瓢盆以及形形色色的各种玩意儿。当我们的卡车轰隆隆地在人群中缓缓穿行时，我们看见另外有好几组雇佣兵，想必是已来到此地一阵子的士兵，正以德语和法语放声高歌。他们的行军步伐出乎意料地缓慢，却在歌声的伴随下显得再完美不过。那歌声相当鼓舞人心，饱满的音调、完美的和声，仿佛专业合唱团的现场表演。一个词：震撼！

然后我们来到穆阿斯凯尔教学大队的第五连入口处，锻铁制的大门两旁是装扮完美的哨兵，白色平顶帽，嘴唇紧绷，手中同样持着斯登轻机枪。卡车停在一大片的游行场所中央的泥地，一侧是无限延伸的马匹饮水沟，现在已成为社区通用的清洗槽。到处都见得到兵团下士，推推搡搡地冲着所有人用难以理解的法语大呼小叫。最后终于有了点秩序，我们点名分队完毕后被指派到不同的兵营。

这里的建筑物和圣尼古拉斯堡垒的感觉一致，内部的一切全是冰冷的灰色石材，兵营房里也是那种金属架组成的床铺，塞了麦秆的床垫，边上竖着金属衣物柜。我们的装备必须一样样折叠好后才放进衣物柜。衬衫、长裤、背心与袜子全叠垒在一起，呈现出完美的长方体，前方再放上衬着纸板的白色围巾，遮住折叠物品，使之看上去是一个干净利落的白色长方体。床是由三个部分构成，以便拆卸清洁。关灯前会进行晚间点名，一位中士会戴着白手套来检查床铺及衣物柜，看看是否一尘不染。

气氛中弥漫着冷漠与不安，仿佛坏事即将来临。我感到神经受压迫，讨厌这种感觉。我们这些新来的都意识到自己太嫩了，嫩得发绿；而法国人的色彩偏好有所不同，他们管新手叫"蓝色菜鸟"。

已在此训练了几个月的连队正在等待离开的指令，他们将作为增援部队派遣到各个军团，我们则是来替代他们的位置。从他们身上可以预见我们几个月之后的样子。当然这只是希望。与我们相比，他们就像是整群即将冲出栅栏的猛牛，仅被某种看不见的纪律抑制着。他们的士气高昂，简直就是热情与活力的化身。他们总是不停奔波，跑步，整队，正步行军，手臂甩得很高。他们的动作整齐一致，非凡的歌声更加增添这种效果，整天都能听见他们在唱。这些人看来强健勇猛且势不可挡，犹如高速行驶的坦克一样。

我们这些"蓝色菜鸟"却像观众，完全缺乏参与感，只能等待他们离去后我们才有机会占据舞台。我们欠缺同志情谊，毫无士气，也没有歌声，似乎什么都做不了。队伍里甚至有种莫名的精神紧绷感。要放松心情十分困难，因为每个人与他人之间都存在着某种难以言喻的紧张。或许大家老想着要如何抢第一，想确保自己做出正确的事，同时又想保持低调。我们还需要时间。

晚餐时分，这里的老手更是表现了他们的能耐，让我们进一步意识到自己有多么缺乏经验，要变成他们这样还需要多少路要走。我们在食堂外列队，哨音一响，纪律严明的队伍开始踏步走了进去。无论是长桌上的食物或是两旁整齐的金属凳子，全部摆成完美的直线，笔直得无懈可击。每个人踏进食堂的同时需摘下帽子，在自己的凳子前立正站好。

全然的肃静，绝对的秩序，严谨的纪律，就连椅凳数量也经过精准计算，没有人需要为了找座位而游走。一位下士最后走进来，命令大家高歌一曲。单独领唱的嗓音打破宁静，引出前几个小节，等他喊出"Trois"（3）后，原本沉寂的老手们会默数四拍——然后有如隧道里回荡的激烈枪响，他们同声高喊"Quatre"（4）并唱起"兵团行军曲"。在这封闭的食堂里，感觉就像有16支合唱团同时放声齐唱，震耳欲聋，美妙极了！高亢的音量让我们印象深刻。当演唱完毕时那名下士喊道："坐下，尽情享用！"士兵们则大声回答道："谢谢士官！"然后就开始享受用餐。那些食物确实很棒，有朝鲜蓟、蛋黄酱、牛排、色拉、奶酪，还有浓烈的穆阿斯凯尔酒伴随下肚。人们的交谈声也逐渐放肆，只有在士官偶尔高喊"安静点！"时降低音量，但很快又会变得嘈杂，直到士官忍无可忍再度强调，整个循环才重新来过。

在食堂里我们很快便学到几条重要规则：第一是绝对不要吃别人给你的朝鲜蓟。吃朝鲜蓟将是极度致命的，因为当你在耐心剥叶片的同时，对方已经在吃你的牛排了；等你费劲解决了所有朝鲜蓟，别人早已清空你整个盘子。第二是千万别把双脚放在凳椅的架子上，无论何时双脚都要平贴于地。忘记这件事的代价相当严重，下士会悄悄来到你身后，正当你要咽下一口酒时给你来个后颈重击。这种经历有过一次保证永生难忘。

晚餐后约有一小时活动时间，可以去"门庭"点些啤酒喝，之后才需回去做点名前的装备清理工作。"门庭"里头除了一张法式台球桌与破旧的弹珠台以外，还有个吧台和几张金属圆桌，仅此而已。酒喝得一发不可收拾，很明显，我们当中不乏酒量超强的能人。

德国人喜欢抱团，或者该说因为语言障碍的关系，不同国籍的人们自然而然会形成不同帮派。荷兰人、德国人、西班牙人与意大利人全都有个相同的问题：要说法语很困难。军队里所有命令都是以法语下达，而且所有的士官平时都说法语。然而在兵营里和饮酒地，法语则轻易被德语、意大利语、西班牙语给盖过。听说外籍兵团的人来自 52 个不同国籍，但德国人无疑占了多数，依数量排序接下来是西班牙人、意大利人、匈牙利人、荷兰人、北欧人、希腊人等，英国人排在末端。

我们组建了一个说英语的小帮派，成员包括我自己、勒瑞·鲍曼、床铺在我旁边的荷兰人德格拉夫，投靠到我们这里的德国人丹姆斯，再加上另一位叫罗宾·怀特的英国人。在"门庭"我们拥有自己的桌子，时常一起集资买啤酒。

怀特已完成了基础训练，很快将与外派的连队一同离去。他对外籍兵团赞美不已，且对我们的军官普拉特-马卡充满好感。他还说基础训练确实非常艰辛，只有心态正确才能够挺过来。天晓得这是什么意思！但怀特是个安静的人，让他敞开心扉可不容易。我只好提供英国的时事为情报，向他换取军中的经验。当然这种交易不算公平。我了解到，接下来的两周我们将面对春季扫除的大工程，这是基础训练来临前的惯例，包括重新粉刷所有兵营内部，擦洗所有地板，清理装备、步枪与所有训练要用的种种设备，直到所有东西无比干净为止。怀特把这些讲得好像很费劲似的。

我们兵营的宿舍里有12个人，包括丹姆斯、德格拉夫与我。其他大部分是德国人。有个高大的混蛋名叫沃姆兹，老是喜欢发号施令、指使别人。我对他完全没有好感。很明显，他是这帮人中块头最大的，没人想跟他惹上麻烦。他的左右手是个叫马尔兹的家伙，沃姆兹讲个笑话他就会附和大笑，沃姆兹要喝啤酒他就冲到"门庭"去买，沃姆兹稍一吼叫他就吓得发抖。

晚间点名时一片安静。我们全站在床边立正，人心惶惶，生怕会出错，但其实一点事也没有。只见中士沉着脸，来回缓慢地踱步，恐怖的寂静笼罩着整个房间。不过也就如此而已。另一位下士试图向我们解释，基础训练还没开始，等到正式开始，点名的情况将完全不同！

1960 年 3 月 28 日

春季大扫除开始了。我们拿着喷漆器，花了一整天重漆兵营房的内部。油漆里恶臭的石灰钻到我们的眼睛与喉咙里，疼痛无比。寒冷的天气让我双手十个指头全都干裂，石灰让痛苦更加剧烈。当初还幻想着这里会是阳光普照！

1960 年 3 月 29 日

粉刷还在持续着。兵营本身有三层楼高，漆了一整天后我们以大规模的洗涤做结尾。清洗的过程需要好几加仑 1 水，全用桶子经过六级楼梯运上来，再从上至下一次刷到底。这栋建筑物唯一的水龙头在一楼，唯一的排水口也在一楼，我们却连个水管也没有，因此整个程序耗掉两小时。士官对我们咆哮，

---

1 1 英制加仑≈4.55 升。

水流就像尼亚加拉瀑布一样泻下六级楼梯，同时我们拖着摇晃的水桶上阶梯，场面更加混乱。

天气越来越差，简直到严寒的地步。我们的眼睛、皮肤、喉咙都因粉刷而痛楚不堪，人生就像一场无尽的苦难。我发现自己的胃口大增，但不幸的是其他所有人也一样，没有一顿饭吃得饱。怀特说当训练真正开始时，每个人都会变成大胃王，那时身上的钱包会迅速缩水，因此能看到每个人真实的模样。自私与贪婪等种种本质到时都会原形毕露，每个人自顾不暇。

香烟也开始供不应求，即使我们每个月都能分配到 16 包烟。当钱不够时，有重度烟瘾的人们只得到处找别人抽剩的烟头。更严重的，甚至会不惜贱卖自己的私物，比如用手表换买烟的零钱，只图一时之快。

1960 年 3 月 31 日

很多人肚子痛。太好了，我们这些无恙的人有更多东西可吃了！

1960 年 4 月 2 日

在我眼里，普拉特-马卡队长就是法籍军官形象的典范——

冷漠、难以亲近、一丝不苟，但绝对公平。今天他在粉刷的现场出现，对我们这些喷洒毒漆的人表示关切。我现在喉咙痛得连说话都不可能，双手做任何事也痛如刀割，洗手就如做噩梦一般，感觉好比把手放火里烧烤。

几天之后

基础训练明天就开始了。我们的连队约一百人，已囤好精力蓄势待发。我们被分为四个分队，我所在的第一分队由奥达中尉所领导（大概是产奥达干邑的家族出身，这个分队的军官个个都感觉醉醺醺的[1]）。他看来有些懦弱，体型超重，且留着好大一撮邋遢的红色八字胡。他看起来似乎惧怕底下的士官。恐怕不是块强悍的料。

他的副手霍尔默中士，是一个沉默而刚强的男人。霍尔默不怎么说话，但一开口经常是冷笑话。他的整张脸只有双眼闪现着笑意。我喜欢这家伙。他散发着某种坚强可靠的特质，即使看来严厉，但他应该属于好父亲的类型。我听说他已结过婚，但不晓得他有没有孩子。可能他也有伤心往事。

在他下面是首席下士克里普里，意大利人，在兵团里已待

1　Otard，一个产白兰地酒的家族，在法国有两百年历史而且出产的酒极为高档。

了十三年，落下一副酸梅干般的面孔。他像铁丝般干瘦却十分强壮，双颊极度凹陷，简直可以在口中会师。他的制服永远一尘不染。他总是抽着烟；双眼就像一对暗黑卵石，黑得连眼镜蛇都会嫉妒。能超越他杀手名声的只有一个人，那就是来自丹麦的第二分队中士尼尔森。尼尔森留着傲人的黑色络腮胡，人称"警长"。克里普里自称在过去两年的基础训练里已将不下30个新兵送入医院，且以此为荣。他将负责教我们近距离格斗课程，我实在一点也不期待。

这三个人在接下来几周将接管我们的命运。有三位下士协助他们：巴堤斯塔，一个始终在吼叫的意大利人；罗伦斯，一个吼叫少一点的德国人；还有另一个德国人卫斯，他只在夜里喝醉时吼叫，白天则非常安静，处于从宿醉中恢复的状态。

过去一周左右我们完成了著名的春季大扫除。阅兵的场地被我们重新整过，户外训练场的每一根草都被剃除了。当我们穿着肮脏的牛仔服，拿着十字镐和铁锹在户外卖力干活时，背后站着手持机枪的士官。我们就这样天天干活到半夜，而凌晨五点就要起床接着干活。

这段时间我有幸在医务室里待了三天，真是大开眼界，见到了永生难忘的景象。那里的卫生环境可谓突破了我的想象空间，简直是细菌滋生的完美温床。每个床铺上只有一张满是臭虫的床垫和不知放了多久的毯子。食物根本不能吃。我被迫服用铋药片，还用龙胆紫药水漱口。有件事可以确定：这间医务室绝对有遏止人们生病的效果。

回到连队后我被"第二分局"情报单位叫了过去。在场有一位中尉和两位下士，其中一位下士充当翻译。他们递给我一封我母亲写来的信，并告诉我她相当忧心我的情况。这封信是一个月前写的，内容是想恳求我慎重考虑好再做决定。前往法国前我就已告诉过我弟弟我想加入外籍兵团的决定，他答应在我走后会将这消息转告给所有人。

这封信抵达时我应该仍在马赛，但很显然军方当局认为等我适应好环境再给我，才是对我好。

我跟前的军官说，英国驻巴黎大使馆因这件事已经纠缠了他们一阵子了，并询问我是否希望第二分局帮忙隐藏我身在外籍兵团的事实。看来如果你未满 21 岁，而且某种外界压力正在施压，再加上有人能证明你确实身在兵团，要走的话确实有可能会放你走。我回答自己对现状感到满意，想留下来，但不希望他们隐瞒我在哪，否则我那可怜的母亲很可能更加惶恐。因此，他们叫我写封回信，信里提到我一切平安，快活得很。我还说我是心甘情愿待在这里，没有任何人强迫我。信封上之后，被中尉取走了。此举是对外籍兵团的最终承诺。如果我之前还有任何一丝反悔的机会，现在彻底没门了。

1960 年 4 月 10 日

突然间一切变得相当军事化。我们被真正当作新兵看待。毫无疑问地，事情并未好转，只不过换了种形式。早上七点准点，第一次列队行进，伴随着极度仔细的例行视察。或许还未到英国国军那吹毛求疵的偏执风格，但所有东西都要十分干净。靴子不需发亮，但它们必须用鞋油抹得黑黝黝。牛仔服每天都要洗一次，烫得整整齐齐，士官们会检查我们的衣领内侧，确保我们按命令做事。我们每人有两套换洗的服装，在列队时，与其穿着领口肮脏的衬衫，还不如套上刚洗过、依然湿透但相对干净的衣服，表示至少努力过了。我们连牙齿和耳朵都被检查，因此有种清清爽爽开始新的一天的感觉。不幸的是这种感觉往往相当短暂。

当早晨的例行视察结束，未达标准的家伙们接到额外任务作为惩罚后，我们跟着巴堤斯塔下士到山里进行五英里的长跑，结束时大多数人都差点吐了。然后我们被分为各个小组展开正规训练，内容包括武器操作、地图阅读等军队里的基础操练，以及法文学习。我们开始学属于我们的第一首歌和正步行军。这种缓慢的行军步调走起来比看起来要难好几倍，我们起步时几乎像群山羊，场面极度混乱，士官们全抓狂了。

但无论如何，今天过得不错，活动很丰富；新人学新东西，总容易犯些经典的错误，搞得自己像一个傻瓜蛋，就连士官们也忍俊不禁。这也难怪，因为我们身在外国军团，听外国语言，第一次接受基础训练，沟通起来经常是鸡同鸭讲。

黄昏时我们回到兵营，接受一大堆可怕的测验，比如背着沙袋跑步、攀爬绳索、俯卧撑、腹肌锻炼、弯膝蹲步、跳栏与冲刺、中程快跑，以及在带刺的铁网下进行伏地爬行比赛。所有测验的结果都被仔细记录下来，好让我们定期接受一样的测评，看有没有进步。大家都变得很好胜，有些人会很谨慎地监视自己的成果，还要跟别人做比较。

1960 年 4 月 15 日

天气稍暖了些，士气有所提升。我们也渐渐地变得比较团结，凝聚我们的是对士官们的共同憎恨。仇恨真是人们抱成一团的特效秘方！那些士官的教导方式完全欠缺科学根据：他们坚信如果无法透过耳朵这条通道让我们听懂命令，那么另辟蹊径把脑袋打出个洞来或许就能奏效。特别是克里普里，他是这套学习方法的教父级人物，把武器课当恐怖训练营来经营。如果你无法在几秒钟内拆解步枪然后重组回去，或如果你忘记步枪某个零件的名称和重量，他会抓起那零件直接朝你头上砸。

这种教学方式的效果有待观察，但它无疑让所有人都狠狠地加了把劲。

我们大部分时间都花在因各自的短处而受惩。惩罚的方式则包括腹部贴地爬行，背着重袋子冲刺上山，或让双手伸直举着步枪立正罚站。一个字：累！

士官们的首要目的就是变着法子让我们的衣装变脏，因为这会确保在些许休息时间里我们仍将忙碌于洗刷衣物。

即便如此，我们还是稍有进步了。我的法语交流变得更加自信，同时我们的歌艺大进。大家花了九牛二虎之力来练歌。在山里训练了一整天后，我们在军队据点的路上，得意洋洋地走过穆阿斯凯尔的街道，放声高歌，仿佛想让巨大的音量击碎一路的玻璃。且看，一大群男人踩着缓慢的行军步伐，低沉响亮的嗓音加上即兴的和声，释放出无比纯粹的能量。我从未见过这样的一幕。

当地人群全站在两旁呆呆地望着我们，像遭遇催眠曲一般；他们可能很多年来都是这种反应，未来也会如此。兵团行军是百看不厌的演出，整个军队经过你面前时，那景象与歌声会令你如痴如醉。围观人群的反应反过来也感染到我们，一股令人发毛的寒气顺着脊背激荡而下，自豪之情油然而生。正是这样的时刻，我们清楚意识到我们正在演绎的是某种传奇、传说和传承，旁观者景仰的表情便是最好的证据。身为其中的一员，我真心感到荣耀。就连下士们也趾高气扬，神气活现像孔雀开屏一般，表情也一反常态地充满善意。他们挺着胸脯，扫视围观市民，仿佛在说："这全是我们的功劳，是我们训练出来的成果！"他们完全沉迷在人群敬仰的眼神之中。

然而，我们离完美还差得远。训练才刚开始不久，有时歌唱得杂乱无章，这时士官们会喊停，不管我们身处何地，哪怕在人群围观的市中心，当场命令我们腹部贴地，匍匐前进爬完整条街。这些士官把我们踢来踢去，对我们乱吼乱叫。先前的荣誉感瞬间荡然无存，围观人群也从仰慕转为哄笑，转身散去时嘴角挂着庆幸，仿佛在庆幸眼前正遭受猪狗不如的待遇是我们而非他们。而我们也在瞬间从兵团的辉煌荣耀被拉回现实，个个灰头土脸，鼻子追着前方士兵的鞋底，带着受挫的自尊往前爬，心头的恨无一不集中到那些混账士官身上。显然对他们而言，完美与否，非黑即白，相对应的也只有两种极端的本能反应，要么赞，要么骂，没有折中也没有过度。

1960 年 4 月 18 日

昨天是复活节，食物又特别又充裕。午餐时分，军官们携太太来到食堂，给大家带来了复活节彩蛋、热烤的十字面包还有卷烟。这一善举并不是出于礼节，显然他们真心想让大家快快乐乐过个节。这一天也确实过得很开心，就连我们的长官普拉特-马卡也一反冷漠疏远的常态，热情地给大家分发鸡蛋，像慈爱的老父亲，忙得不亦乐乎。这样的日子勾起我对旧日老朋友的愉快回忆。

本周新来一个值班士官尼尔森，正是那个传说中令人发指的"警长"。今天下午我算是第一次跟他亲密接触。按照规定，每次路上碰到军官和士官，或是请求跟他们说话的时候，兵团士兵必须行军礼致敬。但今天下午我经过尼尔森身边时，他看起来跟别人谈得正酣，我就没敬礼。真是大错特错！刹那间他一甩手揪住我的衣领，把我提了起来。我就这样几乎双脚离地地僵在那儿，而他继续与人畅谈。随后他转向我，双眼从他的个性墨镜后对我直视，问我为什么没敬礼。我说我以为他忙于交谈不会看见我，警长回答没有任何东西躲得过他的视野，就放我走了。我发誓我永远不想惹毛这个人！

这天晚上例行点名的时候他发飙了。应对例行点名有两种方法，一是闭目熟睡在床上（至少看起来要像），二是身穿制服在床边立正。选择躺在床上有风险，因为这表示一个人过度相信自己的演技，时常会引发士官们的虐待倾向（丝毫不缺这种长官），将他的床整个翻过来。由于知道今天是警长值班，大伙儿在夜间点名前就已十分卖力地整理装备，拖地擦窗，清洁床铺、衣柜和灯具。即便如此，许多人到头来还是难逃劫难。床被掀了、拆了，衣物柜里的东西被丢出窗外，完全不顾哪些是私人财产。很多人遭到拳打脚踢，其中最严重的是恩格尔。

从各方面衡量，恩格尔都是个刚强的男人。今晚他有喝醉的嫌疑，这可是头等大罪，结果被警长抓住狠狠地惩罚。可怜的恩格尔惨遭摧残。以前他一脸铁汉子的模样，这一通拳脚之后，居然变得不成人样。

如此蛮横完全没有道理。我无法理解为什么在早晨列队时，其他长官们看见一些士兵遭过痛打的样子，还可以无动于衷，没有任何评价。或许他们认为这是基础训练必经的过程，但区区一个下士竟然有如此的强权，肆意施暴，难道长官们不该多加关注吗？

虽然这么想，但我还是不得不肯定克里普里和警长的共同之处：纵使他们会毫不吝啬地赏人拳头，只要你按规矩做事，他们其实很公平。克里普里善于痛惩不佳的表现，特别当士兵犯下不该犯的错，但他同样乐意赞赏优良表现。有个正面的例子是，当他发现我爬绳索的速度比别人快一倍，而且全靠臂力，完全不用脚蹬，他的赞扬堪称激动热烈。

英国人在这里似乎颇受尊重，而我当然欢迎这样的看法。其他人视我们为另类物种，因为在法国外籍兵团里很少有英国人，普遍的想法都认为我们或许有点精神失常，甚至有可能是危险人物，因此最好别惹我们。

我对霍尔默中士的分析是正确的,他的确是个好人。我认为他并不赞同克里普里等人的训练方式,虽然他从未刻意直接表现出来。至于这里其他人到底如何,作出判断还为时过早。我们这群人还不是混得很熟。很大程度上,每个人都是独立的个体。没人想太出风头,也没人想过度依赖他人,以免某天自己跟着垮掉。在这种氛围下,唯有依靠自己是确保自己不会走偏的最好方法。

晚上,我们全到"门庭"喝酒歌唱,但空气中仍蔓延着一股彼此缺乏信赖的感觉。另外,人们之间还相互竞争,尤其是德国人,无论是跑步或行军他们都要拼个输赢。

这里的平均年龄是 22 岁,许多是青年恶棍,还有一些人明显有犯罪记录,但加入外籍兵团使所有人变得平等,人们只需照顾好自己。虽然相同国籍的人比较容易抱团,但现在我们没多少空闲时间搞小帮派。目前看来没有谁是比较出格的恶棍,除了沃姆兹。我一点儿也不喜欢他,但他也和我保持距离,所以也就没什么好担心的。

我们每天花一个小时训练近身攻防,教练是柔道专家克里普里。初级课程学习内容是如何在任何地形、任何状态下落地翻滚。现在我们熟知了人体的致命点,学习一击必杀,用手掌侧端劈砍水泥半小时已成了每日惯例,练就掌击锋利如刀劈。基本上我们已具备了成为致命武器的潜力。

钱很快就花光了,我们总是在挨饿。早餐只有一片面包,完全不足以支撑体力的消耗量。香烟也开始短缺，许多烟瘾发作的年轻人宁可把自由时间的一半花在到处找烟蒂上，这一画面让人意识到事态的严重性。怀特果然说对了。

1960 年 4 月 23 日

今天是我第一次进城，送信到霍尔默中士家里。他有个非常美丽的太太，她似乎知道我是谁，招待我喝茶吃蛋糕。她人简直太好了。我感觉自己像个中学生有幸到老师家中做客一般。走在穆阿斯凯尔的街道上，我感到奔放又自由。这件简单的差事让我一整天心情愉快。

1960 年 4 月 25 日

今天我们第一次来到打靶场。无疑，射击是基础训练的一大课程，霍尔默说我们得经过很长一段时间的射击练习才能接受任务。法国外籍兵团使用三种 7.5 毫米的步枪，用其制造地与年代命名，就像他们命名葡萄酒那样。

制造这些枪械的工厂位于圣艾蒂安[1]、兰斯洛特-加龙省

---

1 位于法国中部偏东的城市，从 16 世纪开始就已发展出武器制造业，在法国大革命时期更被称为"兵器之城"。

(Le lot-et-Garonne)[1]，以及图勒。1936 年与 1949 年所制的步枪为手动连发，尤其是 1949 年制的枪管上有个手榴弹发射装置。最新款的步枪是 1956 年制的半自动步枪，十分轻巧，相当适合我们即将面临的任务，在 200 码[2]之外也拥有高度命中率。

除了这些步枪之外，我们还使用一款 1949 年制的冲锋枪，与斯登式枪支相当。另外还有一款灵巧的 1952 年制的轻型机枪，它以弹匣或输送带来供弹，操作得当的话相当准确，唯一缺点是它足足有 26 磅[3]重，扛在身上十分麻烦……总之，我们武装齐全了。

军械库还有各种花样的手榴弹。我们必须学习这些武器的所有相关细节，包括名字、零件的长度与重量等。我们也学会了蒙着眼拆解这些武器，再完整地将它们装回去。

我们同时被告知外籍兵团的分布状态。目前总共有三万人，分散世界各地。除了我们，在阿尔及利亚北边还有四个步兵团。此外，另有三个军团驻守于马达加斯加、吉布提和塔希提。撒哈拉沙漠有四个隐秘的步兵团，另外还有两个散兵团以及两个骑兵团。值得一提的是，一个外籍雇佣兵团拥有其他军队十倍的实力！

1　法国西边城市，曾为国有武器制造商的据点。

2　英国距离衡量单位，1 码约等于 0.91 米。

3　英美制重量单位，1 磅约等于 0.45 千克。

1960 年 4 月 26 日

警长今晚终于对我的装备发飙了。他觉得我的"靴底"抛光不够亮。必须承认,他往窗外扔东西可真有一手,那可不是一般的远。这混蛋!

1960 年 4 月 28 日

日程排得很满,天天如此。每晚训练完后,加上因各种小错而引起的惩罚项目,所有人都累瘫了。晚间点名更是雪上加霜。但我们也变得强壮,生活节奏快速,大部分时间在户外活动,没有时间发呆沉思。我们也不断学习。每个人现在的状况与两周前相比已经有显著的提升。不论是行军还是各种训练,大家都精神抖擞、动作利落、节奏明快,就连唱歌也积极认真。军中有一股自豪感和上进的强大动力。

今天我们第一次上格斗术课程,训练无比严酷。辅助障碍,包括攀爬绳梯、跳跃翻墙、在铁丝网下匍匐、爬绳子、跃入深沟再滚出来。我们在午后炎热的高温环境下,一刻不停地爬上跳下或持续奔跑,每个人都精疲力尽。谁要想尝试一种令身心交瘁、极度疲劳、极度折磨的经历,格斗术训练是绝对首选的运动。

石头筑路

卡马龙日快到了。这是兵团日历上的一个重要日子，以纪念 1863 年 4 月 30 日的墨西哥之战，兵团史上最伟大的战役。这场战役中，60 名外籍兵团士兵以死胜利抵抗 2 000 人的墨西哥军队，敌方其中一半还是骑兵。这是个全军狂欢的节日，军官们、士官们都会来做义工，包括亲自给士兵们上菜。盛大的游行会经过整个城市，会有各种穿插表演，甚至还会有斗牛表演。显然，这将是个狂欢嘉年华，全军上下都在为即将到来的各种节目疯狂做准备。

1960 年 4 月 30 日——卡马龙日

这天充满了盛大的庆祝活动、丰盛美味的食物、喝不完的酒水饮料。在市中心的运动场上演着斗牛、自行车赛、舞蛇等节目，还有那模拟卡马龙战役的表演，简直让好莱坞电影都相形见绌。

到晚上，很多人都喝得酩酊大醉，喝醉的后果有时候很严重。比如德国人，他们平时生活在一种无形的、想象的准则里，一旦有人犯了这准则，他们会暴跳如雷。德格拉夫把兵营宿舍里吐得满地都是，结果被他的德国同伴们狠狠地教训了一番。可怜的德格拉夫，我真为他难过。可是虽然我表示不满，却什么也没做。唉，我成什么了？

次日

　　仁慈的星期天。从宿醉中清醒的一天。那些清醒过慢的人，由士官们介入帮忙，赏了一两个拳头，也就从醉梦乡回到现实中来了。我今晚的任务是执勤巡逻，这正是我所需的。这个任务就是每隔三小时得从床上爬起来一次，在街上巡逻个把小时。一旦从梦中被推醒的痛苦和不情愿中恢复过来，我其实还蛮喜欢凌晨游逛无人的大街。这是思考的好机会，却也让接下来的星期一变得疲惫难熬。

一周后

　　天气已经变得酷热难当。我们开始对太阳的力量有了新的认识。"水"这个字也有了全新的意义。训练仍旧日复一日，可随着烈日的干晒，我们体内蕴藏的怨气似乎也蒸发了不少。每天清晨，随着第一缕日光，我们开始了格斗术课程，紧接着练习近身搏斗、体能训练、射击，再加上作为惩罚的额外体能训练，然后再重复格斗术课程三次。

　　凌晨两点，我们才回到兵营。刚才在山里接受的训练是如何聪明地借指南针和繁星的位置作夜间行动的依据。

我喜欢在夜里行军的感觉，忙乱的一天后尤其感到安宁。我喜欢听行军的脚步声，听靴子踩在山间柔软的草地上，或是踏击在坚硬的马路上。此刻的夜空像个天文馆，有无数的星星。蟋蟀拼命地尖声奏鸣，牵引着我的思绪回到过去，让我忆起英格兰的种种美好，回想着以往的好时光，憧憬着未来的好日子。熟悉而久违的脸庞，清晰地浮现在脑海里，对我微笑，又随即暗淡；欢迎我回家的声音，在幻想中温暖地欢呼着。但此刻，我身在千里之外，任我的双脚带着我前行。不知不觉间，我们已经行军到了穆阿斯凯尔市里，刹那间幻象散尽，现实回归。200人的声音在深夜汇聚，荡气回肠地唱起兵团的慢板进行曲。此刻已过午夜，街道两旁黑乎乎的窗户后方，窗帘被掀开，露出好奇的脸。有时候我们的观众会是小孩，由大人抱着，敬畏地俯瞰着士兵夜间行军的盛况。这时连我们自己都能感受到温馨的情绪，如微风般拂过我们的队伍。深夜行军如梦如幻，感觉真好，只可惜在黎明等着我们的是现实，又一个汗流浃背的日子。

1960 年 5 月 10 日

在穆阿斯凯尔的另一个连队里有个英国人。他两天前成了逃兵，现在被抓到了。逃兵这种事情一般还算可以接受，但是一旦被抓回来可就为全军所不齿。逃兵非但会遭到惨无人道的惩罚，而且没有任何人会对他有丝毫同情。这个英国兵原来是约克郡的一个出租车司机。他现在被削成光头，关起来受刑，在外面听起来应该是酷刑。监狱长是佩尔特哲中士，一个罗马尼亚人。关于他有很多传闻，但都不是什么好的评价。

1960 年 5 月 11 日

早上起来，我们全体戴上头盔，背负步枪和麻袋，跑了整整十英里。这只是个开头，从现在开始我们每个星期都要超长跑一次，每次增加五英里。跑过高山和深谷，顶着炎炎烈日，维持着快速的节奏，不愧是真正的磨炼。

今天收到我的老朋友伊恩·麦卡勒姆来信。伊恩可真是个好人。家书抵万金，坐下来安静地读一读真好。一封信可以穿越时空捎来远方的温情。没有这些信，我不知道自己是否能扛得过去，不知道这里任何人能否抗得过去。一封信可以无比奇妙地改变一个人。任何人，每当看到信封上熟悉的字迹，脸上会瞬间光彩熠熠。他会一把抓过这个信封，迫不及待地找一个安静的角落，独自一人默默地享受读信的时光，就像一个小男孩独享巧克力蛋糕。一开始，那信会被主人小心翼翼地看护好，等到完全吸收消化后，才会被拿出来同别人分享，读一读信中的一些段落，晒一晒亲友的照片。邮政系统真是个美妙的发明！

1960 年 5 月 14 日

今天傍晚，我终于和韦伯进了一趟城。韦伯是位小个子的瑞士人，但他是那种很坚强、很强壮，很把自己当回事儿的人。我们对这次进城已满怀期待许久，口袋里装满钱财和战利品，打算花天酒地一番。但事与愿违，美梦转眼变噩梦，原来我们搞错了时间，晚上九点要赶回去接受例行点名。要是在点名仪式上被发现喝醉，后果很严重。

祸不单行，今晚值班的长官，除了万人惧怕的警长还能是谁呢？等着被教训吧！谢天谢地我喝得还不算多。有几个家伙喝到醉生梦死之后归来，突然发现仰面正对着尼尔森的黑色大胡子。他们享用了一顿拳脚之宴。

恩格尔又是被打的最严重的一个。警长貌似就看他不顺眼。恩格尔也太过鲁莽，居然发酒疯对卫斯下士晃了一拳。警长听说后，过来狠狠地教训他。这是有史以来揍得最凶狠的一次，却没有一个人，包括我自己在内，敢站出来干涉。这让我感到难过。

夜晚的穆阿斯凯尔是个非常无聊的小地方，白天的人群都已散去，集市的绚丽颜色也淹没在夜幕中。没什么好玩儿的地方，除了从一家酒吧晃到另一家酒吧，要么喝得烂醉，要么无聊透顶。你母亲描述过的那种可爱的法国女孩，被你遇上的概率大概是两千万分之一。

今晚我在一个自动点唱机里听到吉姆·里夫斯[1]的一张唱片，让我想起以前的时光。不确定到底是什么，总之应该是比现在要幸福一点的时光吧。我翻来覆去地听着这张唱片。

1960 年 5 月 15 日

今天收到一封信。事实上里头有两封信，一封是珍妮弗写来的，另一封是她朋友克莉丝蒂在兰思登俱乐部一边喝着冷饮一边写的。珍妮弗的信埋怨我离家出走，基本上言中之意就是没有人对我有任何的同情，我是自作自受。她的信真不赖！克莉丝蒂则为我加油，说我已离开糊里糊涂的青少年生活，踏入成人的世界里。真是不错的女孩！

1960 年 5 月 23 日

一起与枪支有关的事件发生在今天下午的兵营里，并在所

1　Jim Reeves，美国乡村歌手，逝世于 1964 年。

有见证者的心中留下难以磨灭的印象。我们正在清理枪支准备面对审查，而丹姆斯放了个9毫米的半自动步枪子弹到7.5毫米的枪膛内，然后开玩笑地对准德格拉夫。不幸的是枪走火了，德格拉夫的身躯倒下。

整个房间仿佛冻结了30秒钟。然后德格拉夫动了，最后发现他竟然一点伤也没有。原来子弹阻塞在枪管里，没有发射出来。结果我们花了好一阵子才说服德格拉夫他真的还活着；毕竟如果某人放了颗子弹到枪里，从仅仅数英尺[1]的距离对着你扣下扳机，你也会认为发射的那一瞬间自己就死了。

从震惊中恢复过来后，大家开始发了狂似的从枪管卸去子弹，因为再过几分钟克里普里首席下士就要来视察了。丹姆斯完全呆若木鸡，拿不住他的枪了。不幸的是，还没等子弹被卸下来，走廊里就已传来克里普里的脚步声，他一定是听到刚才那声枪响。他理所当然地立刻发现了肇事者的步枪和子弹，丹姆斯也乖乖地招供了。

正当大家还在惊恐地旁观时，克里普里突然用步枪尾部朝丹姆斯脑子的侧面狠狠砸了过去。丹姆斯应声倒地，不省人事。我们所有人仿佛石雕般僵住，大气都不敢出，生怕克里普里的暴怒引向自己。然后这阵狂暴戛然而止，正如它突如其来

---

1 1英尺＝30.48厘米。

一样。克里普里威胁任何人若敢愚蠢到在兵营里举着装了子弹的枪对准别人，迎接他的将是立即死刑。没有人再有这种胆子了！大家这才慢慢回过神来，恢复正常呼吸。我们帮丹姆斯洗漱一番，除了瘀青之外，所幸的是他受的伤没有看上去那么严重。不过这段经历算是在我们心中留下永久的创伤。

十分钟后，克里普里来做步枪视察。他应该一辈子都没见过像我们擦得这么干净的步枪吧。

1960 年 5 月 24 日

现在午餐后有午睡时间，因为实在太热了，没法活动；可是这么热也根本没法睡着，所以大家就这么躺着或坐着一动不动。

今天我们又上山了，太阳十分火热。到了正午的时候已经完全没办法承受，连山间的高杆草都在酷暑中枯萎。我们热得连叹息都没力气了，只能躺着被悄悄融化——唯一能动的只剩下脑子。午休时分我躺在树下的时候，看到一头骡子在拉车。它走出去一英里之外，我还是能清楚地听到它沉重的蹄子迈出缓慢的步伐和木车轮发出的嘎吱响声。这是因为其他的任何一切在这酷热之下都完全静止、完全沉默了。整个下午，偶尔打破寂静的只有林中的鸟鸣；想必它们也在不耐烦地等待傍晚的凉风。我躺在树下，回想人生整整二十个年头，和成就这二十年的所有人们。黄昏转凉时我们行军回营，经过穆阿斯凯尔的市中心时照样放声高歌。我们唱得很棒。

1960 年 5 月 30 日

今天一整天与轻机枪的训练相伴。尽管射击成绩不佳会受罚，但我们射击时还是不能够表现得太好。轻机枪很重，如果你表现得好，那么作为荣誉你就要一直扛着它，连行军都得扛着。

今天我们也迎来在兵团的第一次游泳经历。欧托·史密特怕水，是个旱鸭子，今天从高台跳板上被迫跳下，后果很严重。当时他手指抓住跳板身体吊在半空中，结果以沃姆兹为领导、以马尔兹为帮凶的恶人过来踩他的手指；没想到他怕水的程度远远超过他怕痛，硬是没放手，吊在那里荡来荡去。最后他们还是设法让他松开了手，可是没料到他刚好是向里边荡去的一个角度，飞向游泳池的水泥边缘。真可怜。不过其实我对他的同情也很有限，因为他也是个恶棍。

1960 年 6 月 6 日

好消息：沃姆兹昨夜逃走了！军中普遍的反应是舒口气。

马尔兹没了头领后看起来很脆弱。这里可有那么一两个人，包括德格拉夫在内，还有一口气要跟马尔兹摆平。

两星期后

日子一天天过去。我们变得更强壮了，在山里跋涉30英里已经是小菜一碟。我们的队伍在山间绵延好几英里，从山顶上俯瞰，走在前面的人像蚂蚁列队爬入山谷，又从山谷而上翻越山脊，身影闪现在群山间。队伍变成一列小点，无穷无尽地往前移动。

我们现在已经学会准确地射击，不管是在白天或黑夜。我们熟知我们的武器并深谙其用法。当然，这是练出来的。我们花了很多时间在打靶场练射击，用掉的子弹几百万发。我们每天的例行常规是到打靶场在200码外练射击，如果成绩不佳，则要爬着过去把靶子整好重来一次。

士官们继续实行高压策略。无休止的视察、清理，地板上油，厕所打扫，紧跟着无休止的惩罚和额外的义务。但是我们看起来开始有点像我们的上一批学长了，刚到的时候，他们给大家留下了深刻印象。虽然每个人还是自顾自的，相互之间完全是陌生人，但看起来至少像个团队了。

德格拉夫今天跟马尔兹干上了。我也不知道发生了什么事，突然间他们就开始相互冲对方吼叫了起来，然后就扭打在了一起。没有人出手干涉。德格拉夫身材不高，但体格很好，加上对方还欠他一顿揍，一股得理不饶人的劲儿。他一脚踢中马尔兹的裆部，让他痛得跪倒在地上，然后对着他嘴巴就是一拳，结束了这场厮打。看客中有几个很不以为然，但没人干涉。我在"门庭"给他买了几瓶啤酒，庆祝他的胜利。可怜的德格拉夫，他思乡情切，还告诉了我逃脱兵营的秘密计划，可是我不觉得他真的会逃走。他还说他父母给戴高乐夫人写信申请他的退役。我觉得这根本没戏。

克里普里最近倒是放松了些。前几天他跟大家闲聊，提到他的家庭背景。他母亲在意大利南部做生意，据说生意还不错，他打算哪天回去继承家业。这倒真是一个值得继承的好家业。

奥达中尉正试图说服我去志愿报名伞兵团。伞兵牺牲阵亡的概率更大，我倒愿意把这样的英雄壮举让给别人去实现。奥达不赞赏我这种态度，我猜会有更多惩罚来找上我。

1960 年 6 月 24 日

我们处在警戒状态。两天前，有三处法国农场被烧成平地，所以每个分队现在都要轮流到山上去巡逻。时不时地我们会回来休息一下，但是还没等脑袋碰到枕头，就又被扯起来去执行任务。

凌晨三点，正当我们又要去巡逻的时候，奥达中尉把我叫到办公室，拿出一张伞兵志愿表叫我签名。我一开始拒绝了，后来他激将说我没这胆子——我的确是害怕，但我还是答应下来并签了。这样一来我很不满，因为我本来就有些恐高。难道这世间真的没有公平可言，还是只有这里而已？

一周后

第一阶段的基础训练告一段落。我们接受了最后的考试，所有要学会的项目都考了一遍，而且所有人都通过了。这是必需的，不然士官们会脸上无光。接下来我们要去海边放松几天，清理下思路。

1960 年 7 月 3 日

我们扎营在地中海边上的一个小渔村萨塞。这里是为法国富人精选的一个度假村。现在兵团的休闲营地扎在这里，因此，当地法国社区把该地视为能安然度过周末假期的保障。

我们的帐篷在海滩上面的沙丘上一字排开，绵延无尽头，形成一道令人叹为观止的风景线。天气还是很热，每个人都得了惯性腹泻。本地的苍蝇也很猖獗，但总体上比穆阿斯凯尔还是要好很多。气氛比较放松自在，就连士官们的举止也发生了变化，提醒我们他们其实也是人类。

晚上我到村子里逛了逛，有种又变回平民百姓的感觉。这种感觉很难用语言完整地描述清楚，直到你在兵团待了几个月之后。

最近我跟一个叫迪格立兹的匈牙利人关系处得比较好。兵团里的匈牙利人一般都很热血好胜，脾气急躁。他是个不错的人，跟他的国人同伴们比起来头脑冷静又有自控力；然而被惹火时他依然有能力保护自己。

整个下午我闲坐在沙滩的岩石上晒太阳看大海。这让我回想起刚离开学校时，乘着圣阿雯丝号去南美洲的那趟旅行。当时我迷上了大海，一心想当水手。那时候我在船上做厨房小弟，天天坐在甲板上削土豆皮，面对着永无止境的海浪发呆。

我还记起六个月前在马赛的一次午休时间，同样也是看着大海，想象自己半年后会变成怎么样，而现在那时间已到来。我一直以为自己的想象力已经够丰富，我以前的历史课老师曾这么夸我。但现在看来，我们都错了。

黄昏来临，太阳下山了。落日的速度很快，像一颗巨大的橙色气球，一下子沉降到地平线下，当夕阳的最后一缕余晖消失殆尽，傍晚的微风突然不知从哪儿钻出来，携着远处营地若隐若现的歌声，刚刚触摸到你的耳朵，又即刻被海浪拍岸的声音淹没。我喜欢这里的夜晚。你可以安静地沉浸在自己的思绪里，凝望浩瀚无边的黑暗大海；或者你也可以和兄弟们到"门庭"去喝啤酒唱歌寻欢作乐。

迪格立兹是个下棋高手，在他的指导下，我的棋艺也有所进展。他走到哪里都带着一个小棋盘，一天当中有任何的闲暇缝隙他都会坐在沙地下盘棋。

1960 年 7 月 4 日

今天下午，我终于跟欧托·史密特干上了。在排队等水的时候，他推挤到我前面。天气酷热，我已经口干舌燥地排了整整半个小时的队，而且看起来水马上快没了。他插队到我跟前的举动，引爆了我的暴力小宇宙，就像许久以前从巴黎到马赛火车上的那次发飙一样。我一把将他转了过来，对准他胸口就是一拳，再用脚猛地一勾，他就仰面倒地了。可惜我打得不太重，他一跃而起像一头犀牛一样朝我冲来。他扑上我腹部，两人倒平在地上，相互拳打脚踢。我扼住他壮得像牛的脖子，滑腻得就像抓住一桶油，可我还是紧紧抓牢了不放手，同时他不停地又扭又跳，用肘打我腹部。这是个经典的"蟒蛇斗獴科"的场面。我深知一旦松手，他就翻过来会把我打死，所以我扼住他的喉咙死不放手，慢慢地他开始呼吸困难，蛮力开始消殆。

我们打架的时候边上围了一群人。当他的反抗变疲软的时候，有人上来把我拉开了。他躺在地上一动不动，脸色紫胀，我有那么一刹那觉得坏事了。还好一桶珍贵的水泼在他脸上让他回过神来。德格拉夫一直在边上，从头看到尾，很显然，在他看来这是加入兵团以来最爽的一件事。我们在"门庭"喝酒庆祝，诅咒欧托·史密特和马尔兹，认为从此以后来自这帮人的麻烦应该会所减少。这事的唯一后遗症是我的腿在殴斗中落下一道伤口，这边天热，伤口很容易腐烂化脓。所以，估计不久以后我就会有一条长脓毒的腿了。

十天以后

萨塞从前有些魅力，但现在已大不如前。天气太热、苍蝇太多，而且沙子无孔不入，衣服食物里到处都是。夜晚又冷又湿。我跟欧托殴斗留下的腿伤开始化脓。医务人员天天往伤口上泼碘酒，但一点效果都没有。

在娱乐新闻方面，一天夜晚，兵团里有两个小伙子在村子里偷了一条快艇，向摩洛哥的方向驶去，摩洛哥可是在 80 英里以外！真是够大胆够魄力。不幸的是半途快艇没油了，他们只好下水游泳，结果还没到岸就被直升机发现，最后被巡逻队捕获。按规矩他们会被遣送到远在撒哈拉的贝沙尔惩戒营。以这种方式结束假期真是独树一帜。

囚犯们每天凌晨四点半起床，六点要接受一次兵营检阅，之后开始在骄阳下卖苦力，挥着沉重的锤子、镐子或铲子与石头打交道。一天中的每个正点都有严格的视察，没有娱乐设施，没有喝酒的地方，没有电影院，没有任何缓解身心疲惫、精神单调的方式，有的只是无法描述的残忍和冷酷的惩罚。一个月接着一个月，没有自由，也不许进城，连坐下来安静地喝杯啤酒的机会都没有——真正的一无所有，除了烈日炎炎下劳作的臭汗，还有腹泻。

明天我们就要回穆阿斯凯尔了。我总觉得没休息够。

1960 年 7 月 18 日

明天我们就要出发去接受跳伞训练了，一共有九个人。我已经成功说服德格拉夫一起来志愿参加，虽然我相信他的理智告诉他不会去。霍尔默中士邀请我今晚去他家做客吃饭，说可以多带一个客人过来，我当然就邀上德格拉夫了。不过没想到因为要为明天的启程做准备，我们没能在晚上十点前离开兵营。很遗憾，霍尔默的太太为我们准备了一席盛宴，结果我们姗姗来迟他们以为我们不来了，等我们最终出现的时候，他们已经用过餐并清理了桌子。看见他们失望的样子，我简直崩溃了，要知道这种好客对于外籍兵团来讲几乎是闻所未闻。虽然这顿晚餐是一桩小事，可却是我生命中最悲伤的事情之一，一辈子都不会忘记——因为这顿晚餐对我或对他们夫妇都意义重大，而我却错过了。我们坐着喝了点苏格兰威士忌，聊尽余欢。

后来"警长"也加入了我们的聚会，他与霍尔默讲了很多兵团的精彩故事。他们都在外籍兵团待了 11 年，兵团流淌在他们的血液里，写在他们脸上的每一寸皱纹上。其实"警长"不整人的时候，还是蛮有人情味的。

告别的时刻终于还是来临了。跟霍尔默说再见，我心里由衷的悲伤。我想我再也见不到他了。外籍兵团的军队散布在各地，而他再过四年就会退休。在这么多艰苦的日子里，是他一直支持着我，他的鼓励是支撑我的力量。面临困境有他这个伙伴在身边定是好事。我会想念他，想念他的种种幽默。这是我们在穆阿斯凯尔的最后一夜，离开霍尔默家后，我们决定把这个城市痛快地喝个干净。我们不会回来了！

1960 年 7 月 19 日

今天，我们光荣的九个伞兵志愿者正步游行了一番。我们接受普拉特-马卡军官的检阅，他跟我们一一握手告别，还给予了善意的告诫。然后我们启程出发了。当我们坐车最后一次驶出第五营队的时候，所有的伙伴都出来为我们挥手送行。人群中一张张友善的脸，在我的脑海深处留下印迹。也许会在将来的某些时刻被记忆唤醒，也可能永远忘记。韦伯、巴堤斯塔、迪格立兹、罗伦斯、凡洛、勒瑞·鲍曼全来了，甚至连马尔兹和欧托·史密特都出现了——这两个混蛋我可能想忘都忘不掉。然后这些脸全被撇在身后，我们的车轰鸣着开过穆阿斯凯尔的街道，驶向广阔的乡野。我们向穆阿斯凯尔投去最后的一瞥，兵团的第一阶段就此告终。石丘，我们来了。

第二章　石丘训练

一跳成名

接近傍晚时，我们抵达石丘。这里又破又烂，而我们却要在这个地方住上六个星期左右，在这里接受跳伞训练。这地方原来是个农场，离西迪贝勒阿巴斯大概十英里。巨大的宿舍是由畜生棚改建的，所谓的洗漱处是宿舍外面露天喂马的饮水槽，而餐厅则安置在废弃的酒桶储藏阁楼上面。没有专门的厕所，只是在离宿舍 300 码处挖了一条沟来充当而已。

在穆阿斯凯尔吃饭尚有盘子，这里就只有锡碗，令食欲大减。对于这么个破地方，我一点儿好感都没有。

晚上我们见到了这里的长官，一个叫格拉瑟的上尉，看起来是一个典型法国军官，严厉、健壮、废话少。

1960 年 7 月 20 日

石丘的伞兵培训有两个分队，每队 20 人。我们这些新到的属于第二分队。第一分队的比我们早来了一个月。我们分队的长官是勒唐中尉。

勒唐看起来不够自信，所以大部分时间都被他的两名中士代表了。其中一位是如巨人般的克鲁格，长了一张刀枪不入的水泥板脸。他声音低沉，带着浓重的斯拉夫口音，毫无疑问是一号危险人物。他曾服役于德军的伞兵军队，另一名中士叫魏斯曼，来自荷兰，很精神的一个人，自我感觉良好，英语说得很好。

除了两名中士以外，我们还有两名下士：意大利人马龙尼和来自德国的康，他俩看起来还算比较祥和。

前一天发了新的军备行头，包括一双新的军靴。终于能扔掉一直穿到现在、烂得不能再烂的高帮皮鞋，这感觉好极了。

紧接着我们又接受了一系列军人生涯常规项目的体能测试：爬绳子，俯卧撑，仰卧起坐，负重跑五英里，还有速度测验，包括背着一个战友100米冲刺、1500米快跑，以及其他折磨人的几个项目。很明显他们在想方设法来找出我们的弱点。

我的腿伤进一步恶化，腐烂得很恶心。这里的医护人员显然跟穆阿斯凯尔的那帮人上的是一个医科学校，也是用大量的碘酒来敷，这非但刺痛无比，更糟的是毫无疗效。

一个叫黑安兹的荷兰人弃军逃走了。魏斯曼向大家保证他逃不了多远。这里最近的军队边界是摩洛哥，他很快就会陷入梦魇般的境地：高电压围栏、带刺铁丝网、恐怖地雷阵。

数日后

今天魏斯曼带我们上近身格斗课。与穆阿斯凯尔不同的是，这里的训练是在水泥地上进行的，气氛也要严肃许多。这很出人意料，我们原本以为在穆阿斯凯尔的基础训练算已经渡过了最艰苦的时光，而现在我惊恐地意识到，艰苦的日子才刚刚开始。在今天早上的近身格斗训练中，他密切观察每一个人，一旦觉得有人在将对手从肩膀上甩过去的时候没有用足力气，他就会把那人给揪出来，然后亲自做示范。

四天以后

这几天过得糟透了。天气酷热，重复的训练又单调又乏味，再加上变态魏斯曼和那两个又壮又蠢的下士，马龙尼和康，对我们毫不手下留情。这里食物差劲到了没法想象的地步，跟穆阿斯凯尔的比简直没法下咽。尽管在穆阿斯凯尔有时候不够吃，但是至少算是健康饮食。这里连健康都根本谈不上，饮用水稀缺，得每天从西迪贝勒阿巴斯用储水箱运过来，等到午餐时间已经温热难喝，完全失去解渴功效了。

克鲁格今天示范一个柔道的摔跤动作时，把马提内兹的腿摔成骨折。马提内兹是个自尊心很强的西班牙人，骨折后居然一声不吭地瘸着腿归队站好，一边忍受着克鲁格的嘲讽和谩骂，一边脸上还挂着浅浅的笑容，要知道那一定痛得要命！训练结束后我们把他送到医务室检查，当场就诊断出骨折了。他现在绑着石膏躺在医务室，而克鲁格却不屑一顾。德格拉夫也在医疗方面遇到麻烦；他提出来说他脚痛需要治疗，送到西迪贝勒阿巴斯后,医生说他撒谎,没检查出任何问题。作为撒谎的惩罚,他在监狱里待了八天。也算是一种对脚痛的治疗方法吧。

1960 年 7 月 29 日

洛法尔和鄂普尼在今天午休时逃走了。晚上七点左右,就有消息传来说他们被正规军的骑兵团抓获。当时正值我放哨,接到命令后就上了一辆吉普车去把他们押回来。这个临时的押送委员会成员有连队的准尉、首席中士威斯塔夫、魏斯曼以及我。我们到了之后,两个逃兵就被拖出来到我们跟前。让所有人大跌眼镜的是威斯塔夫立即掏出了他的手枪,用枪柄猛砸在逃兵的头上让他们跪倒在地。洛法尔头破血流,随后他们就被塞进吉普车带走了。

旁观的法国正规士兵神色惊恐——我自己其实也有些眩晕。回到石丘后,他们被提交到格拉瑟上尉的办公室里,正值我在门卫站岗,可以听到里边一阵毒打的声音。

他们受到的第一道惩罚是我们称为"派对"的刑罚,而且是三小时。这种惩治的操作方式是让犯人背上一麻袋的石头(肩带是用铁丝做的),戴上没有衬里的头盔,然后让他跑。一个中尉(这是魏斯曼)会站在一边嘴衔口哨手拿鞭子。根据口哨吹几声，犯人就要做出相应的动作，一声、二声、三声分别代表前滚翻、匍匐爬行、半蹲前进。一旦犯人动作慢了一拍，那么鞭子就会派上用场。

这是对逃兵的惩罚，也是对所有人的警示。我敢说我们里头没有一个人不曾动过逃跑的念头。

1960 年 8 月 3 日

我们一早就乘坐专载伞兵的军事运输机进行跳伞训练。这飞机看上去像古董，香肠般的机肚里两边各一排长凳，跳伞时折起来，还有几根和机舱一般宽的强制开伞拉绳，设备就如此而已。虽然还轮不到我们自己跳，但看别人跳也够刺激的。想想下一次上来的时候我们就要跳了，心头不禁一阵恐惧，浑身起鸡皮疙瘩。

最近一阵子我们跑步训练特别多——山区地形的战术训练，加上每天早上往返西迪贝勒阿巴斯的十英里长跑，让我们个个练得肌腱发达，强壮程度达到巅峰状态。这里的战斗课程比在穆阿斯凯尔的更加艰辛，我们个个变得像铁人一般，翻墙越沟，如猿猴灵活地攀爬绳索。每个人身上都是零脂肪。

今天我们开始接触止伞仪器。这是一种练跳伞和落地的设备，在一个 25 英尺高的平台，人系着背带，悬空直立在上面。

一听到"跳"的命令，就要从平台上跳出去（那感觉相当骇人）。即将触地的一刹那，带子会突然把你拉住，让你悬在那里晃荡，然后被猛地释放，你就会像一袋苹果般砰地落地。此项练习的目的是学会着地翻滚，在这之前我们已经翻来覆去地滚了整整一周，而现在看来，那一周恐怕是浪费了。魏斯曼看到我们不得要领很不高兴，而法国人布兰奇因为拒绝跳下平台尤其让魏斯曼生气，把他踢了个半死。我们没有一个人为之动容。

我们这一批里，另一个令人生厌的是法国人冯革罗，今晚突然报告说他的钱被偷了——这是我们入伍以来的第一桩盗窃案。克鲁格中士听到报告气疯了。于是我们的一切装备，不管是公的私的全被细细地查了一番。最糟糕的是从现在开始，一日三餐全都得站着吃，任何行动都得两人结伴，在任何时候、任何地点，任何人单独走路就要接受惩罚。晚饭后还新增了器械操练和装备视察。说实在的，他的钱很可能是打牌输掉了，或者是喝醉时挥霍掉了。

兵营里的气氛突然就变得充满猜忌，在这种情况下，每个人都成了嫌疑犯。我认为头号嫌疑是布兰奇，因为他的床位紧挨着冯革罗。

兵营窃贼这件事引起的愤慨本身是一种悖论。这里的士兵中只有不到一成的人没因偷窃坐过牢，或有过偷盗抢劫的前科但没排上日程去蹲监狱，而这就是他们为什么在外籍雇佣兵团的原因。讽刺的是外籍兵团的道德准则第一条就是"杜绝偷盗"。对付偷盗的惩罚有多种方式，主要由抓获窃贼当时的情境所决定。克鲁格警告我们，他认定这次抓获窃贼的"情境"将是有史以来最恶劣最严重的。

最新的消息是三周前逃走的荷兰人黑安兹被抓获了，现在被关在西迪贝勒阿巴斯的牢房里先凉快下。这让魏斯曼称心如意，他等不及逃兵被押回的那一刻。

一周后

生活继续着。我们在山里边花的时间更多了，现在对这里的地形已经相当熟悉，看地图如看书一般享受。我们开始玩很高级复杂的"躲猫猫"游戏。克鲁格带着一个小组扮演敌军躲在灌木丛里，其余的人则要追踪找到他们。他对敌军的作战方式显然很有研究，我们中的埋伏和圈套表明我们还是太缺乏经验。

我们花很多时间学习敌军的作战方式，学习他们怎么生活、如何行动，学习如何辨认他们的踪迹，还有更重要的，如何识别他们的陷阱。夜间行进时，领队的第一个人经常要举着一根长草叶，以防撞上肉眼难以捕捉到的细线，拉着绑在路边树上可以随时引爆的手榴弹。这些手榴弹没有任何警告迹象，只需要轻轻一碰就有可能引爆，尤其是当导火线被特殊处理过的时候，死亡来临是瞬间发生而且完全无法预测的。

敌军很狡猾，有很多出人意料的诡计。当你捡起倒在灌木栅篱上的一面旗帜，一个地雷会被引爆；拾起路边看似漫不经心丢下的一个豆子罐头，其实里边藏的是雷管和半磅炸药；推开任何一扇门，有可能是一场爆炸。

敌军一刻都不让我们闲着，稍不留神的一秒钟，都可能是我们活着的最后时刻。牢记这条信息，你就可以活过接下来的五年，否则性命难保。

漫山遍野的葡萄在这个季节熟透了，是我们乡野旅途的绝佳甜品。唯一可恨的是葡萄是天然的缓泻药。

克鲁格这两天牙痛，暂时没空顾及冯革罗的失窃案件。这可是天大的好消息，我们晚间终于可以不做附加操练了。我猜永远都不会有人知道到底谁偷了钱，或者说这桩盗窃案也许一开始就是无中生有。

今晚又收到珍妮弗的来信了。这次没有说教！她和克莉丝蒂貌似在漫游整个欧洲，过着精彩的度假生活！

1960 年 8 月 9 日

我们分队里的一个西班牙小伙子伊斯托本昨晚值班放哨时

逃跑了。他犯了一个致命错误，那就是随身带着手提轻机枪。逃跑不带武器有危险，可是带着武器逃跑简直就是自杀。天刚拂晓，我们就被叫醒，由两条长相凶狠的军犬带路，要去把他追回来。魏斯曼给的命令是一旦发现立刻射杀。我问他万一他弃械投降是否可以留条生路，魏斯曼回答说这种情况当场射杀其实是成全他了。凌晨五点听到这种话，绝对能让你完全清醒过来。

我跟伊斯托本不太熟。他来自赛伊达，平时很安静，但绝不是鬼鬼祟祟的类型。早上碰到时他会很愉快地打招呼，要我打分的话我会把他归入"好人"一类。听说他母亲在西班牙病得很重，他是想溜回去看望她的。但现在看来希望不大了。

这是漫长炎热的一天。我们跟着军犬漫山遍野跑了一遍，上高山，下深谷，到了晚上人跟狗都精疲力尽。一开始，我们中间许多人还暗暗地盼着最好是找不到伊斯托本，但累到这种地步很多人想法也改变了。然而真的哪里都找不到他，连个踪影也没有。至少他今晚是安全的。

第一分队今晚离开去执行一个五天的任务。我作为陪同人员，押着空卡车回到兵营。夜里坐在露天的卡车上，听着引擎在孤独的夜幕下轰鸣着一路驶回，那感觉很特别——我很喜欢。人们在夜间静悄悄地活动始终有一种神秘感，一种掺和了邪恶和浪漫的复杂情调。在未来的日子里，我将永远记得今晚当下所感到的，因为它浓缩了我的整个兵团历险记的核心感受，而这种历险的感受是支撑我继续下去的源泉。有时候当这种感觉临时消失时，我就会自问到底在这里干什么，但好在它很快会重现，激起我的活力、我的好奇和我的欲望去奋力坚持下去。

我会记得今晚卡车穿越黑夜时，同伴们衬着熹微夜色的黑色剪影——繁星点点，两旁的树像黑影般闪过，前面卡车的微弱尾灯和尾随卡车的模糊轮廓。没有路灯，没人说话，也没人抽烟，除了偶尔有人双手合拢掩饰着偷吸一口。火光突现，映着一张被瞬间照亮的脸，随之一闪而灭，紧跟着你的嗅觉会捕捉到有人吐出的浓浓烟味，瞬间又随风消逝。而伴随着这一切的，自始至终是车轮驶过硬地的轰鸣声。

然后突然间我们离开了文明地带，卡车转弯下了柏油路，开始爬起通向深山的石头路来。引擎发出声音，卡车变速箱也不停地被碾来压去。卡车惊险地贴着陡峭的山路盘旋上山，另一边就是峡谷深渊。极远处，有一点针尖大小的灯火，如夜空的一颗孤星。那是当地居民的住处，感觉挺舒适。不知道伊斯托本现在在哪里。卡车停了。所有人下车，一阵压低的声音混响，听不清楚的人声在发号施令；士兵背上沉重的帆布背包；武器偶然碰上岩石的撞击声；不耐烦地命令大家安静的轻声耳语，直到所有人拖着脚步消失在夜色中。脚步声沉寂，宁静降临。我们静静地在卡车上等了一会儿，给送走的分队半个小时以防万一，同时可以吸根烟，当然不能有火光，直到接到耳语命令回营。发动机响起，我们掉头原路返回，再度穿越黑夜。星星突然都隐退了，气温变低，而且开始下雨。可怜那些在山里执行任务的小伙子。我们继续一路飞驰。

我的思绪转向了兵营和等待着我的床，突然间它们变得舒适无比。这样的时刻，我会永远记得。

一周后

昨天是星期天，本来打算跟哈利·史塔波进城逛逛，可是阴差阳错我的通行证日期写错，结果被撕掉了。

可怜的伊斯托本被抓获了。幸好抓到他的不是外籍兵团而是正规军。此刻他正待在西迪贝勒阿巴斯的监狱里等待他命运的宣判。魏斯曼说军事法庭应该会判他到撒哈拉惩戒营待半年到一年。他是个安静内向的小伙子，从来不惹谁，直到他逃跑前我们甚至都不太清楚他的存在。他在这里的时候一定非常孤独。

十天后

日子过得很慢，简直是度日如年。每天都千篇一律：打靶射击、武器训练、上山下山行军、近身格斗、执勤、装备视察、惩罚，再加上无穷尽的射击、无穷尽的惩罚。最新发明的一项惩罚叫"出征"，形式是在晚间视察时，把我们的所有装备装在三个大麻袋里背着行军走步。被罚者要全副武装，穿上大衣戴上头盔，就像即将出征一般。然后警卫中士让他背着大麻袋，行军走到警卫室，把麻袋清空并将里边的东西统统检查一番，每一件物品都必须一尘不染。之后他要把东西装回麻袋背回兵营，然后三分钟内必须穿好某件指定的制服重新出现在警卫室。

这个流程会持续很长时间。每次倒霉的受罚者出现在警卫室时，他都会被告知他迟到了多少秒，然后要在多少时间内穿好哪一套制服再来。大家都来帮忙，把所有的制服都分类整理好，等他一从警卫室回来喊出指定的那套制服名称，大伙儿就一拥而上帮他脱衣服、穿衣服、系扣子。但问题是我们有二十几套不同的制服。站岗穿的就有四套：夏装、冬装、日装和夜装。每一套都完全不一样。而除此之外还有各种运动装备、战斗服、牛仔服、迷彩服、游行服等，每种都有冬夏两款。

警卫中士一般要穷尽整个衣橱再重复玩上三四次才肯罢休。等到他满意收场一般要到深更半夜。对他来讲无所谓，反正他值夜班，而且第二天可以睡个半天。对我们来讲就苦不堪言了。每天晚上回到兵营本来就精疲力尽，需要抓紧每一分钟来睡觉，谁都不想熬夜跟警卫中士玩这种愚蠢的游戏。

我们感到很沮丧。这里完全没法跟穆阿斯凯尔比。我这个分队一点生气都没有。食物还是很差，士气也因此更加低落。我们受够了这些二等士官使唤我们，尤其是那些毫无激情的下士，没有热情，欠缺幽默感，也没有任何能力来激励军心。我们失去了方向，失去了目标。我们是在过一天算一天，找不到生活的焦点，找不到需要实现的目标。简直是一潭死水，如堵塞的下水道一般。中士们也感到一样无聊，好在他们有自己的食堂、自己的私人房间，可以随心所欲地进城到西迪贝勒阿巴斯过夜生活，白天还能像皇室一样以虐待我们为乐。

酷暑天气让情况变得更糟糕——你在不停地流汗，没日没夜地，不管是醒着还是睡着，没有一刻不流。火上浇油的是现在经常缺水，导致每个人用水有额度了。你要在自己的额度内洗漱、剃须、喝水，而且还不到中午，水就变得温热不解渴了，这是另一项因管理不善而引起的非必要烦躁。我与欧托·史密特那场著名的殴斗留下来的腿伤后遗症，一直在化脓，估计在这种天气里永远好不了。每个人都期盼着早点去伞兵团，离开这个痛苦的沼泽，不然都要发疯了。

1960 年 8 月 24 日

终于轻松了点。我成功地申请到通行证，与哈利·史塔波和亨利·雪弗结伴进了西迪贝勒阿巴斯城一趟。雪弗是个德国小伙子，身材很结实，可能是整个分队最结实的。他很好胜，我虽然喜欢他，但没法完全信任他。他跑步比我快，但我爬绳和跳高比他强，让他不爽。有一天，我们在评估各项测试时我听见他问了中士我的分数。他视我为竞争对手。我射击也比他强。我们的各项分数一直在累加，他热切地想取得第一名。但我不知道最后总分第一是不是有大奖。

不管怎样我们进城了。我们到一家叫脚丫子酒吧的地方美美地大吃了一顿，点了好几加仑的上等红酒畅饮一通。然后我们转移阵地去了花园酒吧，那里有位大美人调酒女郎叫派翠西亚。她有副意大利影星萝娜布里基妲一般的魔鬼身材，这地方的人气应该跟她有很大关系，被公认为镇上最受欢迎的酒吧。当然追她的人很多，所以尽管我很努力地想吸引她的注意力，却没有什么成效，除了她偶尔投过来的微笑，但并不足以表示有什么下文。不过我相信只要坚持不懈，也许会赢得些有实质性的回报。

哈利·史塔波开怀畅饮，喝到吐了。我还从未看到任何人像这样一边喝一边吐的，今晚算是大开眼界。这算一个成就吧！

1960 年 8 月 26 日

整整一天都在打靶场。使用自动冲锋枪必须牢记的一个诀窍是射击完毕后，最好把弹仓卸下（其实是一定要），把后膛往后扳几次，以防还有子弹卡在喷嘴里。这个程序第一天上靶场我们就学会了，而且经教官反复强调，所有人都牢记在心。不幸的是布隆比今天忘记了。

布隆比是个法国人，很强壮，人缘也不错；在法国人里头他应该是最出色的，而且竟比任何英国人都要冷静。他饮酒海量，镇定自若，处事不惊，连今天发生的事都没吓到他。他动作沉稳，头脑冷静可靠。

今天下午打靶完毕之后，他忘记卸下弹仓，手指还扣在扳机上，就大意地扳回机枪后膛，结果机枪一阵扫射，那阵势可以打死半支分队。居然无人伤亡，真是天大的奇迹。

当我们回到营地时，布隆比换上格斗服接受"派对"惩罚。两个小时后他换上了一号制服，接受那套哨子加鞭子的惩罚系统，跑步、滚翻、蹲跳。每隔一小时他都要换制服，然后背着装了石头的麻袋继续跑步和滚翻，一直到半夜。中士们轮流控制哨子和鞭子，一个去喝啤酒的时候另一个接着监管。原来，看着一个人这样无休无止地匍地爬行数小时会让人口干舌燥。到了午夜十二点，布隆比开始站岗八小时，完了之后再蹲 15 天的监狱。但正如我说的，布隆比是个硬汉，能从容面对那些人能想得出来的一切惩罚。他们全都了解这一点，因此恼怒不已。他真的坚不可摧。

1960 年 8 月 29 日

来了一位新的中士，叫布朗可（这个名字在英国军队里一定会是个笑柄！）。他是西班牙人，所以这里的西班牙裔军人都很高兴，以为老乡总能照顾一些。西班牙人这一点做得挺好，他们很能抱团，彼此之间会相互照料；相反，德国人尊重级别概念胜于民族人情。

勒唐中尉是军官里的孬种。他懦弱无能，完全被他的两个下属士官抢了风头。他没有任何明显的领导力，或者说他什么明显的能力都没有。我不喜欢他，这他也晓得。要说他是否喜欢我，答案也应该是否定的。

过去几天里我们在学习熟悉炸药和地雷。地雷真是很要命的东西，那些能拆除地雷引信的人绝对值得他们获得的所有勋章。这山里有几百个遗弃的村庄，而这些小农场正是实用爆炸演示的最佳目标。

实际上，这些散布在山野里的废弃农舍看起来是一道悲凉的风景。曾几何时，这些山上也有过家园、羊群和安分守己的居民，而如今这里已经毫无生机，留下一堆堆的碎石丘。

1960 年 9 月 4 日

夏日的骄阳突然就消失了，现在早上起床的时候，天还是黑的，而且还很冷。这里的发电机到晚上才开，所以每天在又黑又冷的清晨沮丧地开始。当你还沉浸在熟睡之中，一声"起身！"突然打破你的梦乡，怦然拨动你的神经弦，搅咖啡的铁勺发出刺耳的刮擦声，同时也搅醒你的神志。金属碰撞的声响听上去像狱门撞击时一样冰冷。一个黑色身影出现在你的床边，把热腾腾的咖啡舀在你下意识伸手举着的锡杯子里。长喝一口下肚，身体里暖和了些，捧紧锡杯的冰冷的双手也开始活动起来。再最后坐上珍贵的几秒钟，努力让眼睛适应新的一天的晨光，然后下士的吼叫马上就让你的血流加速，大家睡梦惺忪地到外面排队集合，向西迪贝勒阿巴斯展开五英里的慢跑。

我们结识了拉斯提格中士，他曾在德国军队中服役，是一名成绩突出的伞兵。关于他有很多传闻，以勇敢、冷酷、漠视任何人任何事等闻名。据说他曾在跳伞过程中延迟了拉开伞的时机，直到离地面只有几百码才打开降落伞。当时所有的旁观者都以为他必死无疑了。

他外表看来是个典型的德国人：英俊（如果符合你的品

味)、金发、蓝眼，将近45岁，但看起来却像35岁，比花岗岩还要刚硬。从某些意义上说，他其实跟克鲁格也有些类似之处，他会热情赞赏优良的表现，却丝毫不能容忍不良表现，这一点在今天的平台跳伞模拟练习中充分得以证明——那些跳伞缺乏热情的和那些落地时不按要求翻滚而去伸手触地的，都受到了严惩。

对拉斯提格来说，迟疑不决就是懦弱，必须立刻处罚。处罚形式是让一个人背着手立正，然后用尽全力对准他心口猛地一击。没有人能挺过这一招。

目睹过几次这样的酷刑后，我跳得就像把自己如炮弹一样发射出去，落地时像高尔夫球一样滚。拉斯提格对此很赞赏，所以英国人的跳伞模拟口碑暂时还不错。然而我还是要加紧腹肌的锻炼来应对可能面临的惩罚，因为我的运气一般好景不长。

拉斯提格下结论说我们太怠惰，决定要发起一段强度升级的训练项目。所有出行消遣的通行证都暂时被取消，所有的空闲时间都被用来为额外增加的一系列视察做准备。对此军中统一的基本看法是：该死的拉斯提格。我充分赞同。要说本来还有一丝尚存的士气的话，现在已经消失殆尽了。

西班牙士官布朗可今天也展示了他的原形，证实了我一直以来的一个观察结论，就是德国人和西班牙人之间关系很紧张。这种誓不两立的情结根深蒂固。刚结束焦虑不安的视察，布朗可因为兵团成员瑞夫斯基的某个不良表现训斥了他几句。等他转身离开时，瑞夫斯基对边上的同伴用德语嘟囔了一声。这真是大错特错，不管瑞夫斯基说的到底是什么，有无恶意，布朗可认准了他一定是恶言恶语，开始对他拳脚轰炸，整整五次把瑞夫斯基打趴下，同时用西班牙语咆哮诅咒他及周遭一切。最后布朗可带着他的盛怒离开了兵营，房间里所有人终于松了一口气。然后瑞夫斯基让所有人都刮目相看，他自己从地上爬了起来，对大家露出一个大大的微笑。真是硬汉！这些家伙，挨几下拳脚似乎没什么大不了。

我们很快就要出发到普利达去实践我们人生的前六次跳伞，准备去赢得翼形章。大家都跃跃欲试、迫不及待了。不过，去之前还要通过一系列的体能测验，第一项就是野外长途行军，以测试我们是否足够强壮。测试明天就开始。

两天后

这次行军是个严峻的考验。我们要以每小时三英里的稳定速度走完总长 54 英里的山路。我们趁着傍晚凉风初起的时候出发，赶在午夜前走完好几英里。短暂的睡眠后，我们凌晨四点再次出发。很快，队伍就开始变得不整齐，像一串掉了很多珠子的项链。大家扛了很多东西，步枪、手榴弹、其他武器、干粮、睡袋、急救箱、铲子，还有啤酒，到中午我们就已经精疲力尽。看着大家跟跟跄跄，下士们软硬兼施哄我们继续，他们倒容易，脚上穿着软靴，身上什么都不用背。有个兵叫克劳斯，途中直挺挺地脸朝下晕倒在地，被踹了几脚后又爬起来继续撑着赶路。克劳斯这人还行，在兵营里话多，自我感觉好，不过一旦情况真的变严酷的话，好像自我感觉也没那么好。不过他不会去招惹谁。

最后我们终于回到了石丘，有一半人已经无法正常思考了。大部分人脚上都磨出了血泡，很快就会腐烂，然后会接连几个星期一直流脓。这是最让人抓狂的。克劳斯的脚尤其血肉模糊，他觉得自己再也无法正常走路了。他对此很当真，但我看他还是会好好地活很久。那些傻到穿着袜子行军的人都惨了，这时候袜子扯着脚上的皮脱下来，加上黏着化脓的水泡，合成一团令人恶心的腐烂血肉。长途行军光脚穿皮鞋最好。关于脚上穿什么有很多讲究、很多理论，其中一个有趣的理论是，如果你撒尿在自己的靴子里然后穿着走，这双靴子会变得一辈子都非常和你的脚。这一招我还没亲自试过，但是有闲的时候的确可以跟进一下这主意。

1960 年 9 月 9 日

老克洛克昨晚站岗时惹了点麻烦。他是个有点傻傻的德国人，很友好，人不错。他总是心态很好，总是面带笑容，为人本分，不会斤斤计较；偶尔会跟你急，但过后就没事了。总之，他是个简单的人，强壮如牛，却不会咄咄逼人，属于泰迪熊类型。世上其实有很多这类人，与好人可并排站一列。

但克洛克在执勤时睡着了，不幸恰好被魏斯曼发现。魏斯曼抓过他的步枪，用枪尾对准他的太阳穴狠狠一击（这一招法文叫"coup de crosse"），以这种方式被叫醒，天呐！

克洛克去了趟医务室后，再被送进监狱，脸肿得像一个足球——这下子看不到他的笑容了。可怜的老伙计。在每个军队、每个学校都会有克洛克这样的人，为人和善。

与此同时我们继续体能测试，其中有一个测验要求我们背着全副设备和步枪在一个小时内跑完五英里的距离。如果你能保持稳定的速度，这其实不算太难。令人伤心的事情发生了，德格拉夫没能通过这项测试。他说他的脚自上次的长途行军后一直在发炎。可其他人也有脚伤，但都合格通过。可怜的德格拉夫，他的热情已经消失殆尽。我陪着他跑了尽可能长的一程，但他已经没有意志力再撑下去了。

这天晚上，我最后试图说服他再试一次。我拖着他到拉斯提格中士面前，请求明天再给他一次考试机会。拉斯提格表示了理解和同情，但说自己决定不了，要让勒唐中尉来决定。经历了这所有一切之后，如果德格拉夫不能去普利达，会是令人难过的事。我们一路结伴走来，他是我在兵团里唯一的真正的朋友，也是我唯一信任的人。

第二天

德格拉夫不跟我一起走了。他还在幻想着他母亲写给戴高乐夫人的那封信会最终让他退役的。可怜的蠢货，继续做白日梦吧。其余要留下的人包括：鄂普尼、布拉（我极度鄙视的一个人）、讨厌的法国小鬼勒沙里，还有那个可憎的布兰奇。德格拉夫居然要跟这样一堆人为伍。

我们的分队从一开始的 26 人到现在只剩下 16 人去普利达。这其中有种种原因，包括逃跑、骨折、黄疸、入狱，还有最终测试失败。

1960 年 9 月 12 日

勒唐中尉走了——谢天谢地。来了一位新的中尉叫芮葛拉，是直接从法国圣西尔军校被派来的。我对他的第一印象就很好——是个好人！

一周后

天刚亮我们就起床了，乘车去西迪贝勒阿巴斯。在那里我们搭上一辆运载牲畜的慢速火车前往奥兰，这是我们去普利达的第一段旅程。脱离石丘的喜悦因为德格拉夫的告别而重重打了折扣——也许再也见不到他了，虽然我会永远记住他——我们一起挺过的基础训练，这是难以忘怀的。

这是一段漫长的火车之旅，我们在路上的每个小村庄都要停。每一站都有很多儿童涌上来，举着他们的小手，向我们兜售各种物资：甜瓜、枣子、蒸粗麦粉、塑胶袋装的柠檬水，还有烂橙子。

路上发生的一件事情将让我永生难忘，因为那是我这辈子见过最重的一拳。在等火车离开西迪贝勒阿巴斯之前有两小时的休息时间，当时我们有四五个人站在铁轨边上闲聊。一个叫马洛农尼的家伙和哈利·史塔波都在。史塔波是个一米九的大高个，浑身上下都是肌肉，体重大概有 195 磅。马洛农尼矮小一些，但也很壮实。我们平时叫他马利欧。他耳朵上有个开裂的疮口在化脓，已经两个多月了——就像任何割伤或擦伤，在这种天气里永远好不了。这些疮口一直流脓，令人沮丧至极到发疯抓狂。马利欧今天就是这样的一种心情。

也不知道经历了多少星期的疮口流脓，现在马利欧耳朵上终于结了个痂。正当我们闲聊的时候，自天亮就一直在喝酒庆祝我们离开石丘的史塔波，借着三分酒兴，开玩笑打了马利欧的侧面一巴掌，刚好把耳朵上新结的痂给弄掉了，导致那疮口又一次开裂。只有当你可以理解马利欧这两个月以来耳朵不停流脓的经历和痛苦，可以体会到这可恨的疮口终于结痂的喜悦和解脱，可以想象这个快好的痂被一个醉汉揭掉时的一种白热化的盛怒，你才真正可以理解马利欧对这玩笑举动的反应。

马利欧的右手像活塞杆一般，自下而上捞过短短的八英寸。他没有先把手臂往后拉，仅直直地甩起拳头往上砸在史塔波的下颌侧面，就这样把一个180斤的身躯活生生地击飞，让他仰面跌落在铁轨的另一边。这一拳的背后是一个疯子般的蛮力和高速列车般的威力。毫无疑问，这是我们在场所有人见过的最重的一击，除非史塔波足够愚蠢还想爬起来报复！好在史塔波没有这样做，过了好一会儿，他坐了起来，眼神完全失焦。马利欧的怒火逐渐消散，几分钟后，他平静了下来，我们才敢上前去扶史塔波起来。我们几个都在脑子里做了个记号，告诫自己一定要远离马利欧的耳朵，也不要因任何事情跟他发生纠纷。

1960 年 9 月 25 日

普利达是个梦想世界。这里是正规军跳伞训练的中心，一个巨大的营地。而我们在这里是贵客！在习惯了我们以往的兵营生活后，这里简直奢侈地令人难以相信。食物丰盛无比，而且不限量供应，这可是我们在外籍兵团里闻所未闻的。每隔一餐就会有美味牛排和新鲜色拉，早餐则是取之不尽的炒蛋和吐司。

这里有两个电影院，四五个餐厅，还有三个巨大的"廊吧"，什么都卖，从爱马仕的围巾到五道菜的大餐。这让人意识到在法国军方的后勤供应名单上，外籍兵团排在多么低的位置，除了武器之外什么都轮不着。

第一天到营地，我就碰上一个令人满意的医生。他对我腿上的疮口感到震惊，这么长时间了，还一直没有任何愈合的迹象。他在伦敦待了很久，我们双方都满怀想念。噢，英格兰、聚会、朋友们、《泰晤士报》、地铁、莱切斯特广场的电影院、乡间的周末，这一切都那么遥远。

这里的训练质量很高。短短一天内，学到的东西要超过在石丘一个月。这里的士官又被称为"moniteurs"，都很棒很有幽默感，完全不像外籍兵团里的士官们那样带着装酷的面具作为他们制服的一部分。我们现在的连队是正规军和外籍兵团成员五比一的混搭（号称 promotion，"晋级连队"）。这样的配置在第一天做了一轮测试，24 个正规军士兵没通过，所以我们这个连队相对比原先规划的要小很多。然后我们又划为几个小分队，反复练习落地，模拟跳伞，由滑轮悬吊着嗖嗖地飞越练习场来模仿在强风里降落。时不时地会有休息时间，可以去吃点心、喝啤酒。这里的气氛友好而开心，士气也高涨。管我的小分队的士官叫勒酉尼中士，真是太棒了，没有比他更好的人。他会经常给我们一些明智的建议，比如，"如果跳下来之后你的伞没打开，要记得高举你的左手"。

"为什么？"有人天真地问道。

"为了不要砸坏你的手表，活着的人还能用得上。"

我们学会如何把降落伞折成非常精准的形状（在外籍兵团我们都自己折，这样万一打不开就没人抱怨）。关于跳伞的知识，我们该吸收的都吸收了：如何在空中控制方向，如何加速减速，伞打不开的时候如何应对……现在就差真的去跳一回了。

昨天我又收到珍妮弗的信了。她在意大利旅游。天晓得这些女生的生活怎么会这么惬意！我还收到老朋友阿里斯德·赫尔从中国香港寄过来的信，整整 14 页的长篇大论。他一定生病了！总之他对英国皇家骑兵团和整体军队生活都很失望。这引发他扪心自问："这一切有什么意义？我到底要去哪里？"而这些问题的答案一般都很令人沮丧："上帝知道——可他不会告诉你!"话又说回来,阿里斯德的役期只剩两年了,我却还有五年。相比之下我觉得他的处境好多了。

今天最后的项目是跟其他分队一起坐飞机,看他们跳伞。看别人玩很精彩,然而当自己站在机舱口往下看,意识到下一次就轮到自己跳,这可绝对能让你头发都竖起来。

1960 年 9 月 28 日

今天早晨我们起得很早,而我在号角声响起前就已醒来在床上静静地躺了很久。真正跳伞的一天终于到来,肾上腺素全面启动,令人紧张而激动。

每个人都有点反常地默不做声,慢条斯理地穿戴整齐后才散步去餐厅喝咖啡。居然没什么人相互交谈!之后我们安静地开车到机场,每个人领到降落伞,穿在身上试了一下,细细检查了各种系带。然后又脱下,折好摆成一排,站在边上一边抽烟一边聊天,等待飞机到达,等待命令。飞机终于来了,伴随着一声吼叫:"穿上装备!"顿时我感到血液开始沸腾,立刻跑去站位。

背上扎好降落伞包,大家开始把各种带子系紧。这个程序我们已练了几千遍了,闭着眼睛都会,可这一次是来真的。

手指突然变得不听使唤，好像气都有点喘不过来——难道只有我一个人有这种感觉？我发疯似地嚼着口香糖，希望自己至少看起来还是很放松很平静的，可真相是我紧张得要命，其他人看起来好像在享受一次盛大舞会似的。收拾完毕后，士官们来做最后的检查。几乎每个人都弄得一团糟，系带没绑好，扣子没扣上，还有人降落伞包没扎好有一半吊在外面。真是一场灾难！

士官们帮我们整理一番，一切就位后，大家上飞机。一共36个人，挨着机舱两边的长凳坐着，座位不够，还有四个坐在地上。飞机的引擎开始轰鸣。空气里弥漫着紧张而激动的情绪。相比好奇，恐惧还是占了上风。

勒酋尼老兄冲我咧嘴一笑，我还了他一个歪嘴笑容。他忍俊不禁。这个王八蛋，在嘲笑我呢！有人开始唱歌，所有人都加入了进来——这是另一个灾难！管跳伞培训的资深准将也在飞机上，昂着头神气地走来走去，脸上挂着一个大大的笑容，享受着我们痛苦的紧张。他花了很多心血教我们如何正确地跳伞，现在到了验收的时刻了。

飞机缓慢地滑行到起飞的位置，发出最后几声疯狂的轰鸣声，我们就离开了地面。

时间一分一秒的过去，从椭圆形的机窗望去，离开大地已经有千米以外。然后飞机停止了往上爬行，开始平稳缓慢地飞行（这时候我那颗老心脏跳得跟台二冲程的发动机那么剧烈，而大概历史上从来也没人像我当时那么全力以赴地大嚼口香糖）。

飞机隔板上的红灯突然亮了。勒酋尼挥手冲大家喊道："起身！上钩子！"每个人都站了起来，把降落伞勾在头顶舱壁上跟机身一般长的金属丝（强制开伞拉绳）之上。士官迅速顺着两队人逐次检查，着手确认我们是否正确无误地连在开伞拉绳上。我们像沙丁鱼一样紧紧地挨个站着，我的双腿则软得像一摊水。

"一路顺风！"勒酋尼检查我行头的时候对我说。我强迫自己给出一个掺水的笑容（专门为这种场合练的）。这时候引擎的轰鸣突然被一阵尖锐的蜂鸣盖过，我感觉我的心脏跳出了胸膛。红灯变成绿灯，排在第一位的老兄已经处在跳伞的位置。士官喊了一声"跳！"并拍了他后背一下，他就跳下去了。队伍向前挪，马上轮到排在第二位的。我简直不能呼吸，嘴巴如盐湖一般干燥。我从未意识到自己能害怕到这种程度。老天，懦夫一个！但是如果你害怕那你就是害怕，没有什么办法。

队伍不停地往前移，我就快到门边了。正要跳的是穆拉斯卡，勒酋尼对他喊"跳！"，这位老兄却一动都没动。勒酋尼又吼了一声，拍了一下他的背，可他还是僵在那儿。引擎轰隆隆地响着，勒酋尼开始破口大骂，一脚踹在他屁股上把他踢了下去。然后就轮到我了。我双手各扶着两边的门，一只脚往前这么站着。往下望去，大地看起来非常遥远。

我已就位，脑子飞快地转着，试图回想所学过的如何从飞机里跳出的教诲。准将挤在门边观察我们，给每个人做记录。耳旁引擎的轰鸣震耳欲聋，时间似乎凝固了。然后勒酋尼的命令好像从很远的地方传来，很难听清楚。也许哪里出了什么错，一切都取消了。然后背上感到被拍了一下。

我突然想跳了。我鼓足了浑身的力气猛地一跃，力所能及地向最远的距离跳去。坠落，坠落，无休无止地坠落……我的眼睛紧紧闭着，都快往外翻出来了。然后就听到降落伞打开的一声巨响，人一下子打住，飘浮在空中不再下降。感觉奇妙极了。

完美的静止，完美的沉寂，无比神奇、无比壮丽的感觉，简直妙不可言。我回头看飞机就在上面，我后面的两位战友也跳下来了，降落伞拖曳在他们身后。在强制开伞拉绳的尽头，伞打开来了，他们突然变得像两只海鸥，温柔地飘浮在空中。往下看，地面上白色点点，那是已经着陆的人们的伞。像坐热气球一般，我们飘浮了一会儿。可是地面出其不意地突然就逼近了——这可是摔断脚踝的时刻。双腿并拢，膝盖微屈，胳膊肘往里收好，双手抓住肩带缩到颔下，低头，等待触地的撞击。如同一袋土豆砸在地上，我落地了，感觉棒极了！轻而易举嘛！

他们说第一次跳伞是最刺激的，一辈子都忘不了。第一次我们花的时间会最多，种种新的经历、新的感觉都像奇迹般美妙。的确是这样，我已经很向往明天再跳了。

大家都回到地面上后，我们把自己淹没在啤酒堆里。每个人都畅谈自己独特的跳伞经历，个个兴高采烈，自我感觉相当好。这时候准将出现了，他揪着我的耳朵把我拉到众人面前并宣布："这是今天队里的冠军。他跳得非常出色！"

面对如此盛誉，我有些尴尬，但免不了感到很开心。他说他在普利达教跳伞这么多年，从未见过第一次跳伞表现得像我这么好的。大多数人都只是"掉下去"，而我却像个香槟酒开瓶时的塞子般飞了出去。他对此很满意，我也暗自得意。这说明恐惧能让肾上腺素激增，而肾上腺素激增相当于给你的脚装上弹簧！

这次跳伞的后果是有人双腿骨折，有人脊椎断裂，还有几个人伤到脚踝。在最后真相揭晓的一刹那，有十个人卡在机舱门口拒绝跳出，其中只有一个来自外籍兵团。对这些人而言，这将是他们一辈子要背负的可怕的经历。在放弃克服恐惧的那一瞬间，他们变成了懦夫，不仅在别人眼里，更重要的是在自己眼里。这是个悲剧。拒跳的这些人必须坐在去接下一拨跳伞小组的飞机回去。这可谓真正的折磨。试想他们爬出飞机的时候，下一拨等待登机的士兵已经排好队伍，他们得从队伍面前经过，忍受众人眼中的鄙视、嘲笑与惊奇。如果队伍中有朋友，可以想象那些朋友脸上的震惊。那个雇佣兵一定觉得他把整个雇佣兵团给抹黑了。不难想象他当时经历的恐惧有多么深刻，宁可选择贴上懦夫的标签回来面对战友的羞辱，也不愿跳下去。可怜的家伙！

当我们回到兵营时，一个不认识的外籍兵团中士来给我们作了一通关于懦弱的演讲，并叫我们把这个让兵团蒙羞的家伙带回宿舍揍一顿。这是为了证明什么？证明我们雇佣兵团有多么强悍，不能容忍恐惧？证明给谁看？给我们自己吗？也许吧，可是我们明白这是不对的。**我们知道每个人迟早都有害怕的时候。恐惧本身并不可耻，有些人能克服，有些人不能。但是真正管辖我们在恐惧面前是进或退的决策时刻，往往就是瞬间的零点几秒；若我们选择退缩，有可能一辈子都要背负着那一刻。**这个拒跳的雇佣兵正是如此。谢天谢地没有人揍他，但老天已决定了他的命运。

几天后

一切都结束了。明天我们要回石丘去。在普利达的日子精彩而难忘，也很开心。我会记住这些日子，因为跟此前艰苦残

第一次跳伞登机

跳! 一脚踹在屁股上

跳伞真相时刻

忍的雇佣兵团生活相比，这段经历有质的区别。我们完成了六次跳伞演习，每次在设计和操作上都跟上一次有所区别，最后我们获得了伞兵徽章。

我们在普利达期间有过一次"高空火箭"的经历。那天我在地面观看跳伞演习。第一次跳伞过后，我们就不再挨个跳，而是所有人同时从飞机两边的舱门跳出，36 个人能在九秒钟之内通通清空，真感人！那天当我仰望着天空时，只见飞机像一根气泡管往外吐泡泡，数不清的降落伞打开飘浮在空中，然而其中一个却像一块石头一样飞速下降。地面上所有的人都停止了谈话，像冻住一般一动不动地望着这个小黑点向地面和死亡猛冲。这时站在我边上的一个士官突然扯开嗓子用吃奶的力气发出一声长啸："腹伞！"可是正在坠落的躯体根本无法听见。然后，正当大家觉得为时已晚、地心引力准备迎接致命冲击的时候，黑点上方出现一个白点，白点一下子撑成一个冠状大伞。他拉开了备用伞，腹伞终于打开了！在离地面最后几码的瞬间，他开始悬空飘浮。大家舒了口气，继续喝啤酒吃点心。

今天是我们在这里的最后一天。下午有盛大的游行仪式，我们被授予翼形章。准将把我叫到队列跟前，跟着的还有另一个外籍雇佣兵和四个正规兵，宣布他自己和士官们的一致意见，我们六个人取得本次小组最佳跳伞员的荣誉，并授予纪念品。我得到了一盒香烟。多棒的友好示意！老勒酋尼后来还在上面给我签了名。他真的很出色，我会永远记住他的。

还有一条好消息是，我的腿伤终于快愈合了！这证明了良好的营养绝对有疗效。我觉得痛快极了！

第三章　伞兵团

泥泞

1960 年 11 月 2 日

浦后兵营在阿尔及利亚东北部的海港城市菲利普维尔的外围，是法国外籍兵团第二伞兵团的大本营。它位于一座山上，面向大海，通往兵营大门的是一条蜿蜒陡峭的山路，可以进入令人赞叹的宿营地带。宿营地全是沙地，黄色石头砌成的兵营宿舍有着橘色的屋顶，随意地散布在营地各处。宿舍里边很干净，不带任何个人色彩的石头地上什么都没有，除了双层的金属床。每张床上有稻草芯的薄床垫和灰布枕头。每个宿舍都带一个卫生间，只是水时有时无。此外，这里还有一个半圆形的活动营房，里边有个小卖部（也就是"门庭"），遇上好日子还会在活动营房放电影。

现在这里没有军团的人，他们正在往南 300 英里以外的奥雷斯山里执行任务。现在营地里的是基地连队的成员，很显然，他们应该是军团里最不中用的一帮人。从留在这儿的人们外表来看，应该可以证实这一点。

我们将在这里住上三天左右，全副武装起来，然后搭上第一辆护航的联络车辆去加入军团。

刚刚在石丘度过的三个星期简直像是在地狱。不过我对芮葛拉中尉的判断是对的，他果然很不错。问题是士官们都没变，我们从普利达回来之后连一秒钟都没闲过。我真高兴石丘的生活彻底结束了。大部分在石丘的战友后来都被编到第一伞兵团。编制本身没有什么特殊的讲法，主要看两个军团中哪个最近丧失的兵力比较多，从而空缺比较多。我们六个人被派到浦后兵营，除我之外还有史塔波、马洛农尼、雪弗、皮隆尼和洛法尔。人数一直在变少。

1960 年 11 月 3 日

军中被广为接受的一条潜规则是新兵初来乍到，要干的活总得比应得的多一些。这里也不例外，唯一一点区别是，在这里我们不是要多干一些活，而是要干全部的活。所以日子突然变得像回到了巴黎和马赛，我们无时无刻不在削土豆、扫地或者铲东西。反而基地连队里的成员们过着惬意的生活——美食、牛排和取之不尽的美酒。晚上可以进城消遣，下午可以泡澡沐浴，他们的日子过得真轻松！

晚上在"门庭"喝酒的时候，我学到一些关于对付叛军的基本军事知识。一般军团执行任务是四个月在外，然后回到菲利普维尔休息 15 天左右，重新补足装备。

当军团离开菲利普维尔的时候，这里的一切都会跟着一起走——小卖部、战地厨房等。新的基地会在指定任务的某个区域里形成前沿阵地，然后那儿派遣连队做三到五天的出击。每个人带着六天分量的供给和弹药、半个帐篷（如有需要可以和别人的半个组成两人帐篷）。这样的前沿基地大概每隔两周会连根拔起移走，当然这主要根据叛军的行动来对应。看来我们待在菲利普维尔的时间会相当少。

四天后

黎明时分，我们搭着由六辆卡车组成的护航车队离开了浦后营地，往南整整开了一天。很快，地中海海岸线葱绿碧蓝的颜色就被甩到身后，迎接我们的是奥雷斯山脉单调的褐色。沿途我们经过巴特纳市，选了通往洛乌菲的西南向主干道前行，在天快黑的时候终于到达任务据点的营地。呈现在眼前的是不可思议的景象。

放眼望去，眼睛可以看到的每个方向，到处绵延伸展着上千个微型帐篷；再仔细看，你就会发现原来这些帐篷排列得井然有序，一丝不苟地按直线排开，只是因为太多了，第一眼望去反应不过来。在这些小帐篷中间散落着一些大营帐，应该是军官的营帐或设备营，比如医护中心、小卖部等。边上可以看到战地厨房，巨大的锅正在冒着蒸汽，预示着晚餐大有希望吃到热菜。

地上到处是厚厚的粉尘——不是沙子，而是像石灰粉一样的干泥粉，脚踩在上面会陷进去。人的脸上覆着一层粉，遮没了五官，只露出两只眼睛。粉尘附在眉毛上、头发上，把鼻孔都堵住。这地方冷得要命。

我和哈利·史塔波被分到了第三连队，报到之后有人带我们到军官的营帐。他坐在一张小桌子前，桌上点了支蜡烛，勉强照亮昏暗的室内。整个气氛阴森险恶，一点欢迎的情调都没有。这军官叫威勒蒙上尉，他对我们简短冷淡地发表了讲话，比之前的格拉瑟上尉差远了。威勒蒙边上是一名中尉，听介绍名叫拉哈斯塔里尔，是我们被分派到第三分队的指挥官。他看起来很瘦但很硬朗，像一根尼龙绳。

明天军团要转移整个大本营，我们中间有些人要留下来清理和搬运帐篷。连队其余的人要到山里边待上两天，然后与我们在新的营地会合。史塔波和我的帐篷合二为一，挤得简直转不过身来。现在是军营入睡的时候了，人们的声音慢慢地从低语变成耳语，再从耳语变成一片寂静。这是个鸟不拉屎的地方，远离一切，寸草不生，艰苦的程度简直就跟北极没什么两样。

1960 年 11 月 8 日

连队的大部队一早就离开了。我们卸下几个大营篷，把装备都装到通用产的卡车上后，向西开车越过山脊去坎塔拉。那里将是我们新的基地。坎塔拉是个只有几座泥屋组成的小村子。我们的帐篷营房一边靠着峡谷搭在平原上。峡谷底部有一条溪流，令人耳目一新，溪流一直通向远方的山丘，两边一路长满棕榈树。

夜幕降临，帐篷全搭好了，我们坐在篝火边上烤热罐装的豆子和奶酪饺，安静地交谈着。偶尔山间豺狼会一阵长嚎，打破夜的静谧，但这嚎叫也会莫名其妙地突然打住，正如它突然响起一样。今晚我们中间有一位比利时人，明天他就服役满五年要退伍了。突然间我感到极度羡慕，我可是才刚开始呢！今晚我跟皮隆尼面对着峡谷坐着喝啤酒，聊了许多事情。他问我在英国有没有女友，问我是否认为她会等我五年……真是浪漫的话题。我说也许会吧，他叫我别痴心妄想。这合乎情理！

1960 年 11 月 9 日

阳光暖和地照耀着，我们继续准备布置营地，这真是美好的悠闲时光！可惜好景不会太长。皮隆尼和马洛农尼被送回菲利普维尔参加驾驶培训。真是个美差，意味着不用走路行军了！对他们来讲最难也就不过开卡车而已。就这样，从石丘一起过来的就只剩下我、雪弗、史塔波和洛法尔了。想当初在穆阿斯凯尔的百人队伍，现在这里只有我们四个人。

战士们回营了，个个疲惫不堪。

峡谷里那条溪流用来洗衣服、刮胡子，还有其他的各种活动，真是太方便了。从上往下俯瞰，浸在水里岩石间的裸体战友们，让我想起金斯利所著的《水孩子》[1]。溪水蜿蜒着穿过一片片棕榈树向远方潺潺流去。这里真是度假野营的好地方！

下午我被召去士官的营房里，首席中士凯仁博格要见我，他是我们分队的二把手指挥官，和他一起的还有两个中士，开罗斯和多纳克，也都是德国人。凯仁博格看起来很苛刻，绝对不好惹。但他那严厉的外表下似乎藏着幽默感，会不会有机会见识？只有时间能证明。他跟我说他在兵团待了12年，总共见过五个英国雇佣兵，却都当了逃兵，因此他会密切关注我。

开罗斯看起来比较消极，而多纳克长得像屠宰场的领衔屠夫，肥胖、霸道。当然，对队伍里的每个人下结论还为时尚早，现在大家都比较放松，休息得不错，等环境变严峻时才可能显露真正的本性。

我的分队里，赫什菲尔德下士是德国人——是我们小组的领队。除了我之外，小组其他队友还有西尔博、狄麻尔和奥里埃马。赫什菲尔德是个有八年军龄的老兵；他身上挂满勋章，证明在战场上有丰富经验。他大概32岁，看起来十分友善。

1　*The Water Babies by Charles Kingsley*，19世纪著名英国童话。部分内容包括生活在水里的拇指般大小的孩子们。

西尔博也是德国人，可样子看起来像希腊人，个性像意大利人。他高兴起来的时候那真的是高兴，能喝能侃。我第一眼就喜欢他。

另一个德国人狄麻尔则很刚强、很淡漠，以任何标准来判断都是个冷静的家伙。他告诉我这里的行军几乎是冷血的，我可能一开始会很难适应。显然对新兵来讲这会是常态，不管他们自以为有多强，但总会容忍他们适应一段时间——但只是一小段时间而已。对此我可不是很期盼。

然后还有逍遥自在的意大利人奥里埃马，彻头彻尾的懒骨头，自由散漫、不拘小节，可能是来自某个意大利小镇的小混混。关于奥里埃马的一则传言很能精辟地总结这位老兄的德行：有人问他参军前的职业是什么，他回答道："我帮我父亲打点杂。"人家问："那你父亲是做什么的？"他耸耸肩答道："哦，他是无业游民。"

1960 年 11 月 11 日

星期天。战地厨房在温馨运转，为我们提供了鲜美的鸡肉午餐。我逐渐对分队里的组员有了进一步的了解，他们大都有至少三年的服役经历。气氛友善，有问必答，大家都乐意分享，分享小东西，每个人都多多少少能聊上几句——不过不是聊自己，而是除了自己之外的任何话题。

大多数人在行军这个话题上跟狄麻尔的看法一致，大家都能找出自己或他人在行军过程中累到放弃的例子。行军这件事好像对谁都意味深长，它是一道关卡、一个测试，要么成功，要么失败，没有折中的结果。你必须通过行军证明你自己，才能真正成为外籍兵团中的一员。我觉得我还算强壮，现在还不能理解真正的行军到底有多难。然而的确没错，生活充满了意外和惊奇。

夜晚来临，我们兵营帐篷里有两队扑克游戏正在进行。帐篷里每张床的床头都点着一根蜡烛，扑克玩家们的黑色剪影随着烛光闪烁不定。我现在已经知道了分队所有人的名字，当锻炼记忆力吧，我把能想起来的名字过一遍：波斗，一个准中士，或者叫首席下士，德国人，很安静，看起来有一点鬼鬼祟祟。他有很多勋章，不晓得这是否能说明他其实比外表看起来更加有真才实学。

分队里还有另外两个下士——比奇德里和卫斯。比奇德里是意大利人，话多、声音大，但感觉做事是有效率的。如果我看人准的话，他应该是个有价值的人。卫斯是比利时人，也一样话多、声音大，半桶水，比较容易被激怒的类型。查温，小名"查理"，是个无线电操纵员——有个性的一号人物。他看起来像50岁，其实才30岁；酷爱喝酒，一个人的酒精消耗量是整个分队加起来的总和。除了身上扛着 22 磅的无线电，他还随身带着足够 40 人解渴的啤酒，外加满满两铁壶的红酒。他从没在路上行军时倒下过，虽然他的腿看起来像两根火柴，但其实比钢筋还要硬。

再来就是史塔辛斯基，别号史塔辛，来自波兰，是我们分队的医生，很直率、开朗的一个人。跟他关系很密切的是一个皮肤黝黑的西班牙人潘查斯。

柯曲是个年轻的德国人，自我感觉良好，但肚子里没什么货，我倒是蛮喜欢他的。葡立兹和菲左分别是拉哈斯塔里尔中尉和凯仁博格首席中士的勤务兵，他们俩都是德国人，都比较懦弱。还有腊多菲，外号"麋鹿"，因为他长得像麋鹿，他和普洛门都来自东德，都蛮严肃的，和人们对东德人的成见一致。另外还有史提芬，一个年轻的德国小伙，品性跟柯曲差不多。还有个德国人叫古诺伯，他看起来还蛮讨喜，但我怀疑他有点轻微的神经不正常。这群人中只有他还讲点英语，但口音太重很难听懂他在讲什么。他对过去那场大战有自己非常独特的见解。最后要介绍的是一名年轻的法国人考里尔，跟我和史塔波一样是新兵，他在塞伊达受培训。

这就是我们分队的所有人。在接下来很长的日子里，这些将是我朝夕相处的亲密伙伴。我对他们现在的描绘是粗线条的，相信时间会画出每个人更丰满的肖像。

1960 年 11 月 12 日

军团有八个连队和野战部队，加起来大概一千人，其中 800 人已在执行任务。八个连队中有四个战斗分队，一个运输队，一个突击队，一个增援部队，最后就是在菲利普维尔大本营的基地连队。今天又有四个连队在外执行任务；我们处于储备状态，直升机在边上待命，一旦有什么情况就要把我们运载到战场。不过没什么情况发生，所以今天以在"门庭"喝啤酒结尾。

1960 年 11 月 13 日

我们又处于待命状态。这让大家可以做自己的事情，写信、打牌。其实打牌是被禁止的，可军官士官们都对此睁只眼闭只眼。打牌被禁的原因是如果一个人在牌桌上玩输了，经常会不择手段地想去补偿损失，包括盗窃。这在历史上也发生过，要知道对外籍兵团来讲，盗窃比谋杀还严重。

今晚最后一件事是凯仁博格首席中士带着另外两个中士来到兵营里，向我们下达了明天的任务：起床时间是凌晨 4：30，我们将驱车往东到奥雷斯山脉执行任务，每个人领三天的口粮。

1960 年 11 月 14 日

又黑又冷的清晨，我们在微弱的烛光下穿戴整齐，而这对老兵们来讲只是一个普通日子的开始。人们四处走动领取设备、口粮、无线电等，影子随着烛光摇曳。每个人睡觉的时候，他的步枪或冲锋枪要放在自己的床顶上，弹药袋和子弹袋悬挂其上。对新兵们来讲，现在绝对是激动的时刻。每个人都在忙自己的，只有下士们在喊叫："做这个！拿那个！"当有人抱怨前一天他已经背过额外的无线电或子弹，叫道"看在老天的份上，为什么今天不换个人背呢？"下士就会大声斥责。

一阵忙碌后，我们总算在帐篷外的夜色里按分队集合排好队。资深士官们代表各分队向分队首领进行报告，分队首领再报告给连队的行政参谋准将，这里的是首席准将坎兹，再报告给威勒蒙上尉。然后再从上尉回到分队首领再回到资深士官，我们士兵时而"立正"，时而"稍息"，等待这一连串等级体系严明的上下传递的命令完成。

这就是军队。军队的行为有自己的一套理由，自亚历山大大帝的军队开始，就是这个样子，只是没有人去深究这种理由到底是什么。现在集合的队伍开始依次上卡车。往南开三小时，途经贝斯克拉，再沿着 31 号公路向东北开，再往东岔到提法拉尔，沿着粗糙崎岖的山道进山。天亮时我们已经在行军爬山了。

行军速度相当快，简直差一点就赶上跑步了。

大约爬了三小时的山，抵达海拔 3 500 米的高度。在顶峰我们才得以放松一下，任务行动正式开始。

我们一字排开在山顶坐着，像快乐的猎人在坐等松鸡从头顶飞过。从我们现在的位置可以俯瞰山谷里绵延的茂密森林。两架俯冲轰炸机正准备把这片森林炸掉；在我们后方，大炮开始发出闷闷的轰响。突然间，炮弹击中山谷喷炸开来，腾起一团浓烟和灰尘。山谷另一边的远处可以看到直升机队正将第一连队放下——组成包围网的另一边。

我们终于接到了命令开始搜索行动。危险的游戏开始了：除非直接击中，炸弹、炮弹经常不能保证目标毁灭。而幸存的这些"野鸟"，一旦没有了退路就会拼死一搏。在进入山谷的过程中，我们会成为他们的步枪或手枪的靶子。你只有祈祷说如果你被选为狙击目标，那你或你的战友能在他们开枪之前抢先发觉。另外一条路上有浓密的树木、灌木和纠结缠绕的矮木丛，但瞄准了要射击的时候，不断移动的目标很可能刚好被这些植物挡住。

第一连队现在在山头坐下来了。今天他们是守株待兔的猎人，而我们是把兔子赶出来的助猎者。但是目前一只"兔子"都没抓到，到晚上完事之后我们就在山里搭帐篷睡下。山里的夜晚可真冷。

1960 年 11 月 15 日

四点起床，开车两小时进入深山，然后行军一直到中午，抵达 6 000 英尺的高度。太累，太累了！谢天谢地，山顶上覆盖的白雪，冰冰凉凉，令人耳目清新。在顶上，我们花了半小时煮了些咖啡，吃了些罐装的奶酪，然后开始下山。我们搜遍了所有的角落，可是毫无生命迹象。当天深夜，我们回到坎塔拉，到达的时候都凌晨两点了，大家倒头便睡。

1960 年 11 月 17 日

今早三点起床，按照熟悉的程序，开车经过冰冷的黑夜又回到深山。还有另一个山谷等着我们去彻底搜索。又是行军好几英里，身体里所有的水分都被挤出来了，汗水从额头上像下雨一般滴下。行军速度非常快，几乎导致呼吸困难，好像下一秒钟就要窒息的样子，感觉自己像被挤干的柠檬。

在山里边我们看到几只野熊，它们个头庞大，会突然从树木中冲出，穿过山路，但很少主动攻击。野熊看起来像小型的野牛，低着头，有着粗壮笨重的肩膀，速度却很快。

夜幕降临，我们扎营在高原上。每个人都在自己睡觉的周边用小石头堆圈墙以防突袭。凌晨两点到三点，正好轮到我执勤放哨，这意味着两点以后就没有觉睡了。山里特别冷，一旦醒来，就冷得再也睡不着了。

1960 年 11 月 18 日

又一天过去。我们在山谷里扎了营，生火热了罐装豆子和汤做晚餐。静夜里闪烁不定的火光让大伙儿看得入迷。我观察每一张在凝视火光的脸庞，每个人沉浸在自己私密的思绪中：关于过去的快乐，关于过去的痛苦，当然，主要是关于人。夜晚是一天最美的时光，在宁静的山里，一天即将结束的时候，躺在温暖的篝火边上，让自己迷失在深山密林，迷失在无穷的遐想中。

白天在山顶的时候，我们望见山外有山，延绵千里，直到消失在蓝色的天际线。那美景堪称奇观，只是因为荒凉贫瘠而稍稍打折扣。没有任何人、树、鸟的影迹，只有一望无际的尘土、矮灌木和秃岩；晚上寒冷彻骨，白天又炎热万分。

1960 年 11 月 19 日

任务继续进行。我们已经持续行进五天了。今天下午我差点倒下。这行军真不是一般的活动。后来西尔博主动帮我扛包，才得以勉强坚持。他真是个好人——虽然个头小，邋里邋遢得像匹设得兰群岛上的马驹[1]，却健壮顽强得不得了。

一路行进，不断会碰到小农场。默认规则是，如果我们能逮到家禽牲畜的话，军官们一般会睁只眼闭只眼。如此一来，每每经过一个农场后，你会注意到走在前面的队友背包里有动静，还传出母鸡的咯咯叫。这样的稀有山珍可是改善我们日常主食沙丁罐头的极佳补充。只是母鸡的主人们要烦死了！

我们地毯式扫过一条严峻的山谷，仔细搜索一阵后再加上五英里的飞跑，终于看到等待我们的卡车。看到卡车的那一刹那，我感到一股欣慰的洪流注入身体，像冰冷的水注入干涸的喉咙。我已经精疲力尽，再走几百码绝无可能。

回到峡谷边的大本营，我们吃到五天以来的第一顿像样的晚餐，再跳到溪水里好好地泡洗一通。同样的衣服已经穿了五天，白天、黑夜和醒着、睡着，一刻没离开肌肤。脱掉的那一刻像脱掉一层油腻的皮，感觉好极了。

邮递员来了，我又收到一封珍妮弗的来信。**一张纸可以承载那么多的意义，穿越那么远的距离，真是不可思议。**在此地看到一封信，简直就像突然看到伦敦的公交车——在这被遗忘

1　设得兰群岛属英国领土最北端，近北极圈，当地所产的马匹身材娇小却韧性十足。

的地球角落，突然出现了文明的迹象；伴随着信还有一盒吉百利的巧克力。我从未料到一块巧克力可以对我产生这样的效果：刹那间悲喜交集，一股无比纯洁的愉悦，交织着无比思乡的痛苦，所有的老朋友都好像一下子从珍妮弗的字里行间跳了出来围绕在我身边，而同时，现实和幻想的时空差距又一下子把我抛进孤独的深渊里。我不知道这一生她是否有机会能明白她的信所带来的这份冲击——我不知道皮隆尼讲的那些话是不是对的，不知道时间是否会腐蚀掉这条穿越时空牵连两个灵魂的纤细纽带。今晚我会怀着美梦入睡，即使明日清醒时仍须承受失望的情绪。

1960 年 11 月 20 日

四个连队都出去执行任务了。我们这个连队驻守在大本营干活，白天值班。我的运气把我带到厨房去干杂役。战地厨房经营得非常好，高效有序。如有需要，一千人的宴席都能提供。军团士气的神经中枢就在这里。一周至少要吃上一顿好饭，生活才不至于令人厌烦，两顿好饭那就更棒了。大厨是一个意大利的肌肉男，身材的宽度和高度几乎相当。他那胳膊一挥，保证能劈掉一头小牛的头——你一定不想在月黑之夜的路上碰到这个人。大家对他的爱称是佩德罗，跟他说话的时候要面带微笑，绝对不能让言语的障碍导致任何的误会。

昨天，第四连队"发现"了几只母牛，带回来给佩德罗一一屠宰。地上到处都是牛头，还没轮到砍头的母牛在一旁忧郁而安静地看着佩德罗的表演，深知相同的命运即将降临，没有表示出一丝反抗的迹象。我真为它们感到遗憾。

第二连队有个自称乔的土耳其人，我之前碰到过，挺不错的一个家伙。他英语讲得很好，在伦敦住过。他在这兵团已经服役四年，还有十个月就要退伍，过正常人的生活了，对此他已经做好美妙计划。晚上我们在小卖部会面，就着美味的可罗南伯格啤酒彼此交换了一些轶事趣闻。

1960 年 11 月 21 日

我们要把大本营挪到玛地纳，它在坎塔拉以东 80 英里，深藏在伽利亚山脉里。在那里，狄杰贝山高达 7 000 米，爬坡行军很困难。今天一早，先遣部队已经先去玛地纳搭帐篷，其余的人凌晨三点徒步去执行任务。我们在滂沱大雨中行军五小时后到达了一个山脉的顶峰，精疲力尽。而当第一缕晨光透过地平线时，我们准备行动。

山顶浓雾缭绕，能见度只有一码左右，要地毯式搜索根本不可能。我们在那里坐了整整一天，又冷又湿又潮，等待行动的命令。命令一直没下来，傍晚的时候我们就搭帐篷休息了。

雨一直下，一刻都没停。所有的人所有的东西都湿透到骨子里去。地上是厚厚的泥泞，天气冷得令人难以忍受。早一点的时候，我们偷偷生了火来烧热水，冲泡脱水的汤喝。热汤下肚一直烫到胃的角落，在体内生起一丁点暖意，让我们意识到身体里还是有热血的。今晚将是一个又冷又湿的夜晚——这没什么新意。

在瓢泼大雨中露天站完两小时的岗之后，已经是凌晨，我从头到脚都是泥泞。狄麻尔跟我睡一个小得要命的帐篷。我的睡袋湿透了，但也没办法，就这样浑身泥泞地钻了进去，靴子都没法脱，挣扎着想睡却无法如愿以偿。

1960 年 11 月 23 日

铅灰色黎明在细雨中来临。我们在泥地上挣扎着把湿透的睡袋塞进湿透的背包里，开始步履艰难地往回走到停卡车的地方，再开回玛地纳。我们的背包有 30 多公斤重——里边有口粮、弹药、服装、睡袋、铲子、无线电电池、帐篷、步枪等。当它变湿后重量足足翻了一倍！

玛地纳处在伽利亚山脉所围绕的一个开阔平原上。这里跟北极一般冷，作为慰藉，每个分队领到一个炉子。我们一天都在干活来加固设施，在帐篷周围挖排水沟和垃圾污水沟，锯木来准备烧火的木料。

附近小农场有鸡蛋打折卖，因为有炉子，我们终于可以毫不麻烦地吃到鸡蛋帮助御寒。这是个被遗弃的地方。凌厉的风呼啸着掠过平原，寒冷像冰冷的钢铁标枪直接刺到你的骨头里边去，不管你穿多少衣服！

1960 年 11 月 25 日

领薪日。扑克游戏如火如荼地全面展开。小卖部生意兴隆，几乎每个人都给自己添了两箱啤酒来补充营养振奋精神。当我们个个胳膊下夹着啤酒箱回到连队时，首席准将坎兹冷眼旁观着。他显然滴酒不沾，一旦发现有人酗酒过度，他的惩罚会铺天盖地的像砖头一样向你砸来。

附近农场的鸡蛋也在畅销。这是快乐的一天，好吃的好喝的都很充裕，手头有点钱，大家都尽情享受。

晚上十点了，夹着喧闹嬉笑的风声传来时隐时现的熄灯号角声，帐篷里的蜡烛被吹灭，按照惯例，纸牌游戏在偷偷继续进行。西尔博打牌陷入困境，到现在已经输掉四个月的薪水，狄麻尔紧随其后，输了三个月的薪水。查理把两箱啤酒都喝光了，虽然还周转顺畅——但非常勉强！帐篷外，气温变得更冷，离下雪不远了。

1960 年 11 月 26 日

午后两三点的时候，我们中途休息，坐在一个山头俯瞰山谷，有几个与世隔绝的农场散布在山谷里。敌军经常以这样的农场作食物供应，有时候跟农场主人有协议，但更多的情况下没有。我们沉默地坐着，密切关注着这些农场里是否有任何可疑的牵涉到敌军的举动。这是个平静的差事，每个人都带了充足的啤酒和食物来补充日常口粮。狄麻尔早在我右边20码的地方熟睡；奥里埃马在附近的灌木丛里读小说。这样度过闲暇的时光还蛮愉快。

眼前的乡野景色相当迷人。炊烟从山谷中的小农场袅袅升起，牛懒散地躺在院子里。快傍晚时我们回营了。

我也逐渐对队伍的人们更了解了。几个德国人有过离婚的经历，赡养费高出他们能支付的水平；德国青少年犯罪受到的处罚显然也比在英国严厉很多。普通犯罪的惩罚是三年的监狱，而参加外籍兵团可以替代三年监狱。在英国，青少年犯罪，尤其是21岁以下的，处罚会宽容很多——但也许德国人讲的普通犯罪也不那么普通吧。

1960 年 11 月 27 日

今天的集体长途跋涉如此艰辛，就算是头骡子走到现在也一定累垮了。我们爬了 6 000 英尺。因为白天值勤，我们分队作为连队的领军小组在前面排横队带头。排成横队加上赫什菲尔德的速度，比正常纵队行军要艰难二十倍。你得一路快跑来保持横队成一条直线。腿和背剧痛，可最要命的是你上气不接下气，要发狂般挣扎着呼吸。我不知道自己是怎么坚持下来爬到山顶的，不过是跌跌撞撞跟跟跄跄的，在赫什菲尔德的咆哮指示下，我硬是没倒下来。精疲力竭到生不如死的地步，我凭着最后的一丝力气，终于抵达峰顶。

又到了晚上，寒冷如常。我感到有种跟队友隔阂的孤单——并不是因为语言障碍或背景差异，我现在用法语或德语交谈都没什么问题了。但要队友真正接受你，当你是团队的一员，必须等到你能在行军中证明自己的能力。其实我们分队的法国新人考里尔比我还更困难些，但因为他不在横队里扛着斯登冲锋枪飞跑，而是背着步枪跟在后头，所以没我的表现那么明显。行军能力会随着实践和习惯长进。

卫斯大腿内侧有一个很大的洞，大小深度跟高尔夫球一样。看起来很恶心，像是中毒了。医生史塔辛斯基往上面到了些白兰地，说会没事的。卫斯什么都没说，埋头喝了更多啤酒。医生也一样。

潘查斯和史塔辛这对形影不离的朋友之情终于散了。寒冷的天气，酗酒，还有让人闲得发慌的任务，加上其他种种原因让人焦躁不安。他们今晚在帐篷里吵起来了，史塔辛叫潘查斯到外头打架决胜负。结果被喊的这个西班牙人挪都没挪一下，帐篷里其他人也没有，因为这是结束吵架的传统方式，跟任何人都没关系，不管你什么级别的人来劝架。史塔辛把词典里能用在潘查斯身上的词全部叫了一遍，"懦夫"这个名字起码喊了一千遍。令我大开眼界的是潘查斯自始至终没动一下，即使整个分队的人都在暗地里鄙夷他。每个人都理解恐惧，可是很少人能容忍懦夫。就这样，凭着一挪不挪，潘查斯的勇士精神彻底死了，同时让目睹这件事情的同伴再也看不起他。可怜的家伙！

1960 年 11 月 30 日

又一次可怕的行军，从黎明到日落，中间只休息了一小时。雨下个不停。我们翻山越岭地巡逻，一直在爬山。我又一次经历了抓狂般的呼吸困难，对缺氧晕倒的恐惧，加上沉重背包导致的背痛。有那么一刻，我的双腿一软，瘫倒在地。

赫什菲尔德下士在此前一小时一直在叫我走快点，这时候怒不可遏地过来踢我的背，把我从地上拖了起来。也不知道怎么回事，我居然坚持走下去了。

开罗斯中士后来跟我解释说，这样的事他见多了。赫什菲尔德或许是最王八的混账，但是从长远来看，他其实是在帮我。一匹良种赛马会一直跑到心脏爆掉死在赛马现场，而人一般是在接近体力 30% 的时候容易瘫倒——但离死还远着呢。这个时候要靠意志力来主导，或者靠恐惧来激发出剩下可以用的30%。我琢磨自己当时已经耗掉 70% 的体力，而被赫什菲尔德再逼出 20%，剩下的实在不多了。有意思的是，今天第二分队有五位老兵倒下了。然而这一切艰辛换来的仅是一无所有。

1960 年 12 月 1 日

今晨我们又开始翻山越岭的常规巡逻，午饭后开始爬伽利亚的最高峰，海拔 7 000 英尺。

第二连队此时在我们右边的一座山上，突然遭到炮弹轰炸袭击，我们立刻接到命令跑步到峰顶，以便瞭望敌人的据点山头。几分钟内增援部队就到了，天空中传来直升机嗡嗡的轰响。很快，机关枪震耳欲聋的扫射和手榴弹的爆炸声把场面推向混乱的高潮。

我们连队借着地理优势，充分利用轻机枪、迫击炮，还有作用小些的步枪，对敌人造成了损害。冲锋枪基本上一点用都没有。第二连队在敌军的第一次密集扫射中少了二十多个兵力，五个当场暴毙，其余的受重伤。洛法尔和乔阵亡了，跟他们喝酒聊天开玩笑的时光好似昨日。

整个炎热的下午，我们都在跟敌军展开艰苦的拉锯战。他们的战壕挖得很好，如果没有直升机援助的话，要想在夜幕降临之前干掉他们恐怕不简单，因为我们的迫击炮似乎效果不佳。在迅速飞行的云雀直升机的密集扫射下，敌人抵抗渐弱。下午四点时，第一连队和第四连队接到命令去发动猛攻，排成一队开始往山上行。

我们可以看到他们向上迂回前进，在岩石间迅速移动，除了偶尔暂停喘口气，一刻都没有歇脚。我们第三连队得继续向那山头扫射为他们作掩护。第二连队已经撤退回去整顿伤亡，吃点东西，他们在山上一整天了。

交火在近傍晚的时候终于结束。我们可以看到兵团士兵在敌人的山头迅速移动，从灌木丛到另一个灌木丛、从地堡到另一个地堡，他们身影攒动，向敌人战壕扫射机枪、扔手榴弹。结果是53具敌军尸体，没有人投降，没有战俘。纷争需要由自己解决。

我方死了9个人、伤30人，从敌方缴获大约20支冲锋枪、6支轻机枪，包括布兰式枪支和德国42型号，还有几支步枪。

收获颇丰！但这一天没有就此结束。

我们第三连队在今天的交火中并未直接介入，因此现在轮到我们行动。我们所在山头的背后是一座山谷，因为地势陡峭，看起来几乎是一个峡谷。头顶上的直升机报告说峡谷里有敌军的踪迹，于是我们奉命去搜索。第十三半旅[1]也在此地区，派遣了一个连队去封锁山谷另一边的出口。我们开始下山。

山谷的长度有一英里半左右，两边十分陡峭，浓密的矮木丛和地面植被把谷底藏得严严实实，高耸入云的冷杉挡住俯瞰的视线。我们小分队因为又是白天值班，排成横队走在中间地势最艰险处，两翼分别是第四分队和第一分队。

浓密的植被加上每个人都高度紧张，我们的进展很慢。由于可见度只有几码之远，如果有突袭的话估计没有多少时间反应。但是我们知道突袭是迟早要来的，因为第十三团的人挡住了唯一的出口，敌人已经没有退路。

下山到一半的时候，我偶遇一个外面铺了稻草的小山洞，很明显是个藏身洞穴。问题是里边是否还有人在。我们第三分队的指挥官拉哈斯塔里尔中尉亲自过来视察，半个小分队都过来围在洞口。拉哈斯塔里尔通过无线电与直升机确认这里就是发现敌军的地点，然后给多纳克中士下了个命令，让他派一名

1　13th Demi Brigade（英文：half–brigade），法国半旅编组，最早出现于1792年
　　法国大革命期间的军队编队。

志愿者进洞，就一名。当他对着一张张瘦脸，一圈看下来找志愿者时，得到的回应是清一色的表情传达着同样的信息：你自己进去！

第一个进洞的人必死无疑，虽然最后洞里的敌人也必然全部死光。一个人进到洞里什么都看不见，然而对已经身处洞中的人而言，外边的人背着光进来，无疑是笃定的攻击目标。

多纳克突然叫我的名字，递给我一个火把。所以我就成了倒霉蛋。西尔博和奥里埃马不满地咕哝了几声，但也没能怎样。

我把火把绑在一根棍子上，左手拿着，这样火光离我尽量远；右手持冲锋枪，手指扣在扳机上。我冲进洞里，左右迅速移动，期待敌人的机枪声音随时响起——但什么都没发生——然后突然听到拉哈斯塔里尔在外面狂叫："出来！出来！"我像爆开的香槟瓶塞一样冲出了洞。直升机发现在我们正前方一百码左右有三个敌军。

我们又开始往前移动，每个人都极度谨慎。当你知道前方一百码的树上或者灌木丛里，坐着一个你看不见的人，手持散弹猎枪或者冲锋枪，正等着扣动扳机把你射杀，你一定会万分小心。随着我们的靠近，敌我之间的距离缩短，狙击手的优势变小，树木掩映让敌人很有利，现在在双方的能见度变得相当。我们越来越靠近，踮着脚尖极慢地走路。

我的左边是麻塔内克，再过去是奥里埃马，我右边五码处是西尔。我看不见他们，但是听得见他们挣扎着穿过树丛的声响。我前面是一片小空地，15 码最多了，当我向它挪近的时候，我觉得我看见眼前的灌木丛在移动。

突然麻塔内克发出一声高呼："注意！"紧接着就是一阵机枪扫射，子弹离你很近的时候还真的是带呼啸声的。在同一刹那，我已卧倒在地，对准刚才移动的灌木丛密集扫射，像用水管浇玫瑰一般。西尔博、麻塔内克和奥里埃马也在疯狂地扫射，然后突然听到西尔博叫了声"手榴弹！"，射击瞬间戛然而止，所有人都低头用胳膊护住眼睛，屏住呼吸……嗞嗞作响的几秒钟沉寂之后，巨大的爆炸声几乎震破耳膜，响声冲过整个山谷，在山壁之间跳跃着。

那是西尔博扔出的攻击敌人的手榴弹。用不着弹片去伤人，只是用一个爆炸让敌人低头而已。当爆炸还在耳边回响时，我们已经又开始对着那片灌木丛扫射。机枪的声音追着手榴弹爆炸的回声，听起来像魔鬼邪恶笑声的尾音。

身后传来"向前！向前！"的吼叫声敦促我们往前进。然后一切都结束了。在灌木丛里躺着三具尸体。

他们的装备很不错：两支恩菲尔德步枪、一支英国的斯登冲锋枪、望远镜、指南针、高品质的靴子。在他们的布挎包里，每人都有一套刮胡用具、牙刷和毯子，身上带着些纸片。我们收走他们的器械和装备，然后下到山谷，最终与第十三旅会师。他们在傍晚就把火生好了，我们围着火堆站着等待扎营的命令。

今天我们在一日的尽头来到山谷谷底时，第二分局有位军官会见了我们，命令我们要安排几个人回敌人丧命的地方把敌人尸体带回来，用来检查和拍照。

多纳克凭借他难能可贵的韧性，又点了我的名字，还有奥里埃马。我们两人只好跟着他出发，顺着山谷往上寻找敌人的死尸。天色暗得很快，多纳克在发疯一样地打手势，低语敦促我们要绝对保持安静，保持目光锐利，以防出事。

这时连队因为担心出事又派了人来找我们。我们可以听到他们在远处呼喊我们的名字，多纳克示意大家不要发出声音。喊叫声越来越近，突然在不远处听到自己的名字，我喊了一声回答——多纳克猛地一跳举起斯登冲锋枪对准我。他看起来绝望之极，嘀咕着诅咒我再发出声音的话我就没命了。我相信他说的是真的，同时内心对他充满厌恶。我们开始朝山谷往下走，花了整整 45 分钟才重回谷底。现在天已经全黑了。

第二连队的几个西班牙人煮了一锅汤，其实也就是往我们口粮的脱水干汤加水加热。这是迄今为止最长的一天。晚饭后，我们登上卡车开回玛地纳。借着卡车的灯光，我们花了两个小时卸掉帐篷，把装备都堆到车上。午夜时分，我们开始了漫长的回家之旅——菲利普维尔城！冬夜漫漫，我的思绪转向了圣诞节。

第四章　菲利普维尔城

一个阿拉伯村镇

1960 年 12 月 17 日

回到菲利普维尔已经两周多了。生活内容由无聊的打杂、无尽的装备检阅，加上进城逛街混合构成。星期天一天都可以自由出营，平时晚上也可以凭通行证出营，只是有个小障碍。

这个障碍来自军团准尉伯格恩，出营前谁都要先通过他的检查。这人不论外表还是个性都很讨厌。他出生于法国，以虐待成性著称，尤其是对付我这种小辈，和所有下士级别以下的人。他的检查很严厉，任何不符合标准的着装（意大利人总喜欢穿彩色袜子混过去）或军帽上的任何污迹，换来的结果是通行证被撕掉，很可能再加上一拳捶到小腹上。

这样的障碍让晚上能出来的人越来越少了。菲利普维尔其实并不值得去惹这样的麻烦，因为它主要能吸引人的也就是酒吧和迷人的小茶馆，里边有位同样迷人的服务员女郎，这我第一次进场就发现了。不过别人也有同样的发现。还没等我把板凳坐热，周围已经挤了很多其他人，都在大批量地点奶油蛋糕，以此证明自己的爱慕。没有人有机会得到他真正想要的"奶油"，包括我在内，但是她报以所有人迷人的微笑，秀色可餐。她的名字叫香塔尔。

常规的进城套路是一家家酒吧逛，喝透保乐力加酒，跟其他的外籍雇佣兵或者正规军人聊天，然后去电影院，仅此而已。回营只有一种方法，就是凌晨一点在市中心搭乘军车回去。这使午夜后的那一个小时变得很难堪，令人沮丧，开始怀疑一开始为什么要进城。我一般会买些零食，一个人一边吃一边在街上溜达。偶尔从街道的另一边会有人打招呼，从穿戴上看是一个烂醉的战友——还想最后再找人喝上一杯。我拒绝后继续漫无目的地闲逛。狂欢一夜后，最终军用卡车送大家回营。

跟本地的城里居民有所交往几乎是不可能的。有一天晚上，我在一家小餐馆里用餐，吃了牛排、薯条，喝了一升的红酒，后来跟主人聊了起来，聊这里的未来。餐馆主人很乐观，说他们家在此已经三代人了。

过去几天发生了几场暴动。为此，我们处于戒备状态。我们现在只等待下一步的命令。

1960 年 12 月 19 日

时局稍稍平静了些，过几天我们又要去玛地纳了。圣诞节不能在菲利普维尔过，我感到很遗憾。尽管有不足之处，但菲利普维尔毕竟是文明世界的一部分，而且气候温和。玛地纳正相反。

第五章　山地行军

行军训练

1960 年 12 月 21 日

凌晨三点，我们离开了菲利普维尔城。滂沱的大雨和强劲的冷风一路追着我们南下，一整天都不罢休。我们走公路经过康斯坦丁到巴特纳，再向东沿着荒芜的路径抵达玛地纳。还是我记忆中的老样子，又凄凉又阴冷，像英国的达特穆尔高原。

1960 年 12 月 23 日

从我们到这里以后，雨就一直没停过。车辆不停地来来往往，加上人们不停地踩来踩去，已经把整个地方变成一片名副其实的沼泽地。我们花了很多时间到老农场里找木头、捡石头，再用大锤把找来的材料锤到碎石地上，在泥泞上铺出条路来。现在开始下大雪了，谢天谢地，希望地到明天能够变硬。没有什么比泥泞更糟糕了，或许仅仅除了严寒之外。

我们开始了过圣诞节的准备。德国人对过圣诞节是很认真的，装饰帐篷花了很多心思。庆祝活动将在明天晚上举行，而圣诞节当天则是用来恢复体力。这将是我在兵团的第一个圣诞节——天呐，日子还长着呢！

午夜时分。我刚刚站完两个小时的岗。外面天寒地冻，刺骨的寒冷就像没上麻醉直接开刀。帐篷里的队友们在安静地浅睡。地球上没有比这更孤单的地方了。

1960 年平安夜

圣诞前夜，一切庆典活动的准备工作都已就位。帐篷里的床都给塞到角落里了（来保证今夜无人入眠），支架撑起来的长桌子跟帐篷一样长，五彩缤纷的阿拉伯地毯铺在上面做装饰，桌子上酒的种类和数量繁多。圣诞节日的气氛很浓郁。我们分队的 24 人每个都贡献了两箱啤酒，士官们一人五箱，连队更是提供了各种各样的葡萄酒、干邑白兰地、开胃酒等。此外，我们还将享受到佩德罗和他的快乐厨师帮所能提供的最好的八道菜大餐。

今晚七点钟，军中的上校会经过每个分队跟大家用法语说圣诞快乐，而大家会分别用自己的母语回过来祝他。然后，我们开始豪华隆重的圣诞盛宴。

1960 年圣诞节

要描述好昨晚并不容易。中间有一个环节是我们集合在主营房，收到威勒蒙上尉的礼物：一件套头毛衣和一套田径服。然后，我们坐下用餐。宴席无比丰盛，堪比皇室级别。五花八门的冷切肉盘、烤鸡、火腿、羊腿、堆满奶油的蛋糕、水果、各种奶酪（比如，布里白奶酪）、色拉、芹菜、利口酒、巧克力、白兰地、红酒、白酒、粉红酒和香槟酒，数量多到可以供比我们多五千倍的人消耗。佩德罗干得太漂亮了。

这是美好夜晚的美好开端。人们唯一的目标看来就是用最快的速度把自己喝醉喝倒。快乐消失了，本来可以是一个美好的节日庆典，但现在完全被滥用为酗酒闹事的机会。我们花了这么多精力把这个地方装扮得这么漂亮，而现在乱糟糟的，多么令人伤心。酒醉会从不同人的身上挖掘出不同的性格表现，有倒头便睡的，有发狂怒吼的，昨夜我们都见识到了。

食物没吃掉多少，可酒全没了。天知道酒都到哪儿去了。很快到处都有人摇摇晃晃地走路，而那些不摇晃的，要么倒在地上失去知觉了，要么在外面雪地上把肠子都要吐出来了。到处闹哄哄，那种噪音跟英超阿森纳球迷发疯的时候不相上下，然后打架就开始了。赫什菲尔德今天一大早就不知为何大发雷霆，现在正在死命尖叫着追赶古诺伯，俨然要置他于死地。总共花了十个人的力气才拦住他，而最终还是被他挣脱继续去追，幸好古诺伯逃得无踪影了。

帐篷外，篝火在燃烧，烟花阵阵，点亮夜空。对我来讲，这不像是圣诞夜，而更像盖伊·福克斯之夜。什么都没有节制，完全失控：似乎人们的情感压抑堆积太久，最后像水管爆裂一样迸发出来。

夜晚的活动在继续，一直到第二天。凌晨时分，透过帐篷可以看到外面有人影映着火光在动。有的独自一人，步履迟缓地走在寒风里，紧紧地裹在厚重的大衣里，裹在自己的思绪中；还有的成群结队，又唱又笑，刚刚结束寻欢作乐从镇上回来。

我也喝了一整夜，但却非常清醒。我无法完全融入这样的庆典。我很高兴自己处在节日的边缘；寒冷，圣诞节精神似乎被强迫成必须喝醉的一种命令，这一切都让我感到一点快乐都没有。慢慢地，我也喝到极限，然后跟其他已经喝醉的人一样，倒在帐篷角落的一个货箱里睡着了。

今天早上充满了痛苦，宿醉的代价正在以全额偿还。每个人都在遭罪，没有例外。也有超级勇士，像西尔博和奥里埃马之类的，还在继续发扬圣诞的庆祝精神，丝毫没有显出要在新年来临前停止喝酒的迹象。这一天大家的情绪都烦躁异常，天冷得像刀一样刺骨，冷到浑身疼痛。今天是休息日，可是我们就这样漫无目的地混过去了，吃吃喝喝，假装还在享受饮酒的乐趣，没法睡，没法休息，盼着明天的到来，盼着一切恢复理智和正常。

而这就是我在兵团的第一个圣诞节——不是最开心的，但并非没有尝试过。有四个朋友寄来了圣诞贺卡。天呐，每个人都离我好远！

1960 年圣诞节的次日

照常执行任务。一整天都在下大雪，我们在深山里一直跋涉到晚上。查理跌了一跤折了胳膊，现在应该已经在巴特纳的医院里疗养，幸运的人啊！我们回到兵营的时候发现整个帐篷积满了雪，其中一个帐篷被压折了。凯仁博格一小时前来到营中下达明天的命令。明天我们将前往阿尔及尔，我们的新角色是扮演维护欧洲人和阿拉伯人之间的和平守卫者。这听起来挺有趣。

1960 年 12 月 27 日

一大早，天空黑暗，飘着鹅毛大雪。我们把装备放到卡车上，往北行驶。主营房被留下了，每个连队留下一个人组成后卫部队。

整整一天我们都坐在露天的卡车后背，寒风凌厉，毫不留情地扑打我们的脸。大雪覆盖了卡车上的所有东西，我们都冻僵了。一天唯一有机会动一下是下车给轮胎装上链条来防滑，等路况好转的时候又把它们卸掉。我好像一辈子都没这么冷过，尽管我穿了一件长羊毛背心、套头毛衣、田径服、战斗服，以及一件轻质的厚大衣。傍晚的时候我们决定停下来扎营，吃冰冷的沙丁鱼来补充营养，然后就这样浑身脏脏地入眠。这期间我鼻窦发炎，导致右边的脸不停地抽痛，所以我并不指望今晚能睡好。

1960 年 12 月 29 日

我一辈子都没有经历过像昨天早晨那样的醒来方式。与之相比，拿破仑从莫斯科撤退的经历就像是在海德公园散了个步一样轻松。

昨天早上五点，当天空还一片漆黑的时候，突然下起滂沱暴雨，15 分钟内就把我们的帐篷淹掉了。暴雨狂泻一小时后，换成冰雹像雪崩一般砸下，最后终于又变成下雪。顷刻间，我们已陷入铺天盖地的暴风雪，地上一下子积了五英寸的雪。这一切都在伸手不见五指的黑暗中发生，一丝秩序都没有，完全一片混乱。帐篷塌掉了，人们左冲右撞、磕磕绊绊，跌倒在别人身上或压到装备上。什么都一团糟，人们在泥泞里挣扎着爬起来，要把装备放到卡车上，而手脚身体都已冻僵，不听使唤。黑暗里有些人被拉绳绊倒，衣服、毯子跟口粮弹药一并落在烂泥中。到处都是烂泥，连我们的眼睛、鼻孔、耳朵甚至该死的嘴巴里都是泥。随着物资的丢失，人们的好脾气也丢失了，大家遭的这份罪简直无法用言语形容。与此同时，有些时刻我完全绝望了。

你会发现自己完全一动不动地站着，完全被冻僵，如果不是有人在黑暗里撞到你，或有声音在你耳边吼叫，你会真的蜷缩成一团倒在烂泥和积雪里睡去。

感谢上苍，黎明的第一道光出现在地平线，终于可以看得见了！我们装好卡车，把它们从嘎吱响的泥泞里推到路上，到上午八点又上路往北行进。情况跟前一天一样，我们坐在卡车后背缩着挨冻，每隔一小时下来给轮胎装卸链条。我的鼻窦炎和抽动的脸神经痛得似乎要把眼睛从后脑勺给挤出去，感觉离发疯仅剩一毫米的距离了。

晚上我们又扎营住下，我如此疲惫，已经懒得去注意我们到哪里了。帐篷一点用都没有，睡袋里已经被烂泥浸透，所以大部分的人就直接睡在地上，把帐篷盖在身上，等待着天亮，等待肺炎发作。

第二天我们还是一直往北走，但抵达阿尔及尔之前却掉头向西了。听说了这么多关于阿尔及尔这座伟大城市的传说，却没机会去了，我很失望。我们沿着海向西再往南，到下午三点多的时候抵达西迪贝勒阿巴斯，回到很久以前生活的原点。

整个城市的人都出来迎接我们。在兵团乐队的鼓乐和仪仗队游行队伍的陪伴下，我们的卡车队缓缓驶过拥挤的街道。人群中闪过许多熟悉的面孔。在欢声笑语之上，还有老朋友认出彼此时相互的呼喊问候。人群中高举的友谊之手短暂地握住卡车上的手，又迅速分开，卡车队继续往前行驶，所以一切都只是模糊的刹那，人群中认出的面孔也只是脑海中回想时的闪现。但是随着这样的闪现，你会由衷的快乐，当你看到训练时期的老朋友们时。人们向卡车上扔啤酒和葡萄酒，欢呼声不断，加上高声鸣响的音乐，这场景就像嘉年华。

然而这一切结束得太快了，我们从"故乡"驶过，最后的音乐声消散在远处，人们挥舞的手也逐渐在视线中隐去。但是这样的经历感觉无比幸福和温馨，虽然很简短，但真的感觉好极了：过去的记忆碎片突然浮现，那些生活在阳光下的日子。意识到友情从未离自己远去，这种感觉比什么都能让你的意志更加坚定。然后我们就回到了路上，向西北摩洛哥方向行进，晚上在特莱姆森市外的一个废弃已久的半圆形活动营房住下。能睡在屋檐下真好！我们也终于能吃点热的食物，终于能避开寒风好好休息一下，真是久违的感觉！

1960 年 12 月 30 日

旅途终于告一段落，我们到了马尔尼亚外围的一个小型营地。几个连队的驻扎阵线展开有十英里之长。这营地本来是属于正规军海军陆战队的，但他们现在已去了阿尔及尔，不在此地。营地小而紧凑，但是对我们而言已经极其舒适，大家都很满意。摩洛哥边境离这里只有三英里。

1960 年 12 月 31 日

一年的最后一天，多么难忘的一年。我很高兴今年过完了。这是我在外籍兵团的第一年。今年的二月份，好像已经是很久以前。今天大年夜，我们却什么酒都没有，连啤酒都没有——与英国著名的迎新年狂欢地点特拉法尔加广场、皮卡迪利广场比较起来，真是差得太多了！

1961 年 1 月 1 日

今晚快到一点钟的时候，凯仁博格来到营棚里把大家都叫了起来。靠着奇迹般的运气他成功搞到一箱啤酒（一定是在附近的正规军营里去求来或偷来的）。多好的一个人！一心不想让他的分队渴着告别 1960 年。他把我们一个个摇醒，塞给每人一两瓶啤酒。这情景不知道为什么感觉很美好、很温馨，触动人的心弦。

我从史塔辛那里借了个晶体管收音机，调到伦敦台。伦敦比这里晚一小时，所以正好能赶上 BBC 的新年问候——"祝大家新年快乐！"收音机里传来熟悉美妙而久违的声音，我已经有好几个月没有听到了。大本钟敲响新年钟声，伴随着思乡之情缭绕耳际。我站在床边，把小小的收音机紧贴在脑袋上。在每一记钟声之间，就像是故乡所有朋友传来的美好祝愿："祝愿远在异国他乡的朋友们，祝愿住在医院的朋友们……"诸如此类。这让我变得安静严肃，思乡甚切。我身边的战友们因为两瓶啤酒而正在乐得发疯，而此刻我在另外一个世界里。

1961 年 1 月 4 日

在这里吃得好，睡得好，有自来水，想洗澡就洗澡，而且居然还有个电影院。跟我们习以为常的标准比起来，这里简直就是巴特林的度假营。天气也暖和了很多，今晨是我很久以来第一次早上醒来时床上没有积一堆雪。

西尔博、岱考威和威尔开下士昨夜凌晨两点打牌被抓，结果被判八天监禁，包括"派对"的惯例惩罚。当然，他们还被剃了个大光头去冷静冷静。

上午我们在边界上简短地巡逻了一番，那里的景色让人大开眼界。

我收到两个巨大的食品包裹，是从福特纳姆食品综合店寄来的，有圣诞蛋糕、水果罐头、香烟等。这就像在私立寄宿学校的时候收到包裹一样，仿佛一下子把熟悉的亲朋好友都带到了眼前，就连这里也似乎在瞬间变得文明。我们分队开了个小派对来分享这些意外的美食，个个喜笑颜开。队友们以为我大概是那种行为异常的百万富翁，没法理解我为什么待在这儿。我自己也变得不太确定了。之后又收到伊恩·麦卡勒姆寄来的一个包裹。多好的一个人！一百根土耳其香烟，加上一本奥斯卡·王尔德的名言录《机智与智慧》。在马尔尼亚享受到福特纳姆店里的东西——这简直不可思议！

1961 年 1 月 26 日

1月20日，我们离开了舒适的小窝，向东开往西迪贝勒阿巴斯。在这里待了两周了，真舍不得离开。在山里行军累了一天，晚上回来可以舒服一下真好。砖头房子和湿漉漉的帐篷有本质的区别，尤其是大雨滂沱的时候。砖头和水泥代表持久和稳固；而住在帐篷里每两个星期挪一次却是一种流浪不安的生存状态，日子长了很令人厌烦。

在西迪贝勒阿巴斯，我们驻扎在我曾经来过的 CP3 兵营里；那是记忆深处里的一个昏暗清晨，我第一次到达时的情景还历历在目——感觉那是很久以前的事了，当时的我还是一个怯生生的新兵，而现在已经是一个老手了。在外籍兵团过完第二天，谁都会马上变成老手的！

我们接到好消息，说会在西迪贝勒阿巴斯住上两天，因此，第一个晚上大家扑向了闹市区。本地人突然变得很友好，有很多人争着给我们买酒喝。这可是新气象。我们是来领薪水而不是来思考的。我去了花园酒吧，石丘时期的老据点。整个晚上我都在跟派翠西亚聊天。我们之间似乎有种默契，我也很满意这种关系的发展，可惜我缺的是时间。如果再有两天就好了！她一直在甜甜地微笑，看上去很美，可是笑容里还看不到进一步发展的暗示——暂时还没有！

哈利·史塔波和我把以前的老路线又走了一遭，老街小巷、酒吧，还是老样子，没有什么变化。在这儿的最后一天，我们又一次在西迪贝勒阿巴斯的街上行军游行，同样的，整个城市的人都出来看热闹。街上挤满了人，一张张笑脸，一只只挥舞的胳膊，军乐队也表现得相当出色。大家的自尊心提升了不少。

走之前我碰巧遇上芮葛拉中尉。再次见到他真好，换个环境的话，也许我们能成为好友。兵团里的规矩是军官和士兵必须保持距离。我们聊起石丘时期的旧时光。想想我还要服役 48 个月，这个数字可不妙。

接近傍晚的时候，我们离开了西迪贝勒阿巴斯。一小群军官在城门口给我们送行。我们的卡车队缓缓地开出大门，军乐团奏着欢送的调子。芮葛拉也在军官小分队里，我们彼此注视了一会儿——相互致意，相表尊敬。派翠西亚也来了，在一辆敞篷的红车上，打扮得很漂亮并疯狂地向我挥手；在军乐的轰鸣中，她大声喊叫我的名字"约翰尼"。她的车跟着我们开出了城。我在卡车车尾，我们就这样相互对望着，感受着生离死别，虽然手指都没碰过一下。然后道路岔开，她就永远消失在视线以外了。时间这位大师，又一次打败了我：对于芮葛拉和派翠西亚这两个人，我都需要更多时间，而天知道什么时候还能再见。派翠西亚和我就像两艘在黑夜里擦肩而过的船，什么都没发生，而激动人心的只有对可能发生的遐想。

我们向东经过穆阿斯凯尔（更多的回忆，但没有停靠），然后再继续前往到提亚雷特，当天晚上在那里扎营过夜。早上我们改向南行，往巴特纳和奥雷斯山脉方向开去。一路向南，天气也直线恶化。在巴特纳外围，我们度过了一个寒冷的夜晚，到了黎明又接到命令让我们 180 度转向，往北返回菲利普维尔城。一路上天气很糟糕。

晚上我们抵达了浦后兵营。

三天后

我们昨天天亮时离开菲利普维尔，向西开往科洛的方向。到早上七点时就已经下车且开始爬山了。这是个多山的国家，跟南边干燥寒冷的奥雷斯山脉完全不同的是，北边这里几乎像热带山区。树林里的地面覆盖厚厚一层植被，证明这里雨水充足。我们在茂密的树林里穿行了整整一天，用砍刀开路，大约走了20英里，进展很慢。汗水和山里迅速流动的蒸汽，让我们从头到脚一直保持湿透的状态。我们在一个百分之百湿度的环境里生活、呼吸。我们一方面大汗淋漓严重脱水，另一方面全天候沉浸在高湿度的环境里，水分得以不停补充，也许正是这种天然的平衡让我们走下去。

到了晚上，大自然对我们侵扰山林的惩罚充分体现出来了：大家浑身湿透，脸上和胳膊上被树枝刮出一道道伤痕，衣服撕成烂布，我们却接到通知说接我们的卡车没有到碰头的地点，因为山路被雨冲掉了。结果我们又走了15英里回营。

今天早晨五点，我们又集合阅兵游行。昨晚没怎么睡，雨一直下。我们只好大半夜都在帐篷外围挖沟，以防帐篷被水淹掉。早上在黑暗里列队站好后，雨往我们身上不停地泼洒，而士官们却只顾着喝咖啡，让我们足足在雨里等了15分钟。不可原谅！

1961 年 2 月 10 日

狄麻尔说行军是场考验，果然没错。我们每天黎明起床，然后就四处游走。没有机会休息，没有机会在惯例的汗水和辛苦里稍作停歇。晚上也一样不安宁，漫山遍野小心翼翼地走，搜索隐形的敌人，哪怕他们犯下最小的错误都可能被我们发现。

一天午夜，我们又离开营地上路，在崎岖不平的山野走了二十多里路。风雨交加，摧折好多树，我们在黑暗里被纷纷绊倒。为了穿越湍急的河流，我们得手脚并用才得以爬上溜滑的河岸。夜黑到伸手不见五指，前面队友喘粗气的声音是你唯一的指路灯。很多人倒下又被迫爬起来继续走，因为有恐吓说会把他们丢下不理。考里尔在行程开始五英里后就倒下了，当时我们才走了一个多小时。

天刚亮的时候，我们到达了一个地方，各就各位摆开射击的阵营。第二连队的任务是白天执勤，负责把"兔子"赶到我们守株的位置，结果连个鬼都没出现。下午趁太阳还没下山的时候，我们照原路返回。

今天得到的情报是在上午十点左右，几分钟内天空中就布满巨大的香蕉状直升机的阴影。我们被迅速降到山顶上，其他直升机也在大批量地往山腰外吐人。行动马上要开始，各个小分队纷纷跑来跑去，找好藏身掩护的地点，一片匆忙，十分激动。我们搜遍整个山谷，每块石头都翻了一遍，却连个人影都没有。计划落空，于是又行军三小时撤回营地，四肢酸痛，肩膀劳损，背像被压断了一般，因为背了一天沉重的布袋：武器、口粮、水壶、手榴弹、铲子、无线电以及其他一大捆没用的东西——脊梁像被一座山压了一天。

回到兵营时，我收到珍妮弗的信。她订婚了。长时间没有消息的沉默终于被打破了，我意识到我已彻底失去她，虽然我知道这是迟早的事情。仿佛一只胳膊被砍掉一般的痛楚——我现在知道这是什么样的感觉——胸口的压力突然加大了一百倍。我和世间正常的一切之间到底有多远的时空？我不知道这距离是否也在改变我自己。

一周后

今早醒来的时候狄麻尔不见了，完全地人间蒸发。他的所有装备都在他床边。有人看到他五点半的时候离开帐篷，按常理是去小便，但他再也没回来。营地茅厕离帐篷有一百码的距离，大部分人认为他是被敌军抓走了。自己逃走不太可能，尤其是他的烟都还留着——烟瘾这么大的一个人不太会留下烟逃走的。还有他昨天状态很好，跟平时不太一样。但狄麻尔是个独来独往的主，要读懂他那张神秘莫读的脸后面藏的到底是什么想法需要一个读心术达人。

今晚我们又一次连夜行军，目的还是一样，要在第二天一大早给那些正在准备早餐咖啡的敌人伙计们一个突击。不过，计划又落空了。

1961 年 2 月 23 日

在山里一个小十字路口上面的丛林里，我们已经坐了三天了。这三天里除了爬到灌木丛里小便或响应大自然的其他号召，大家都只能一动不动。夜里很冷，我们在灰蒙蒙的早上脏兮兮地醒来时，四肢是僵的，血液像冰镇的。我的烟快抽没了。早上运到了新鲜的一拨口粮和物资，分到灌木丛里的各位弟兄手中——咖啡、啤酒和橙子。这个举动很受欢迎，后勤的组织能力有提升。

在山谷里围剿的圈子日益缩小，夜幕降临，我们按兵不动。

次日

黑夜又一次降临，我们已在精神上准备好在灌木丛里过第四夜。大家已经把最后一根烟给分享了，还设了一个放哨站岗的，以便轮流睡觉。一个人坐在两条路交界的路口盯梢，每隔一小时换另一个人。还有一个警卫长负责组织轮班。除了这两人外，其他人都可以睡觉。这样夜晚就不至于太累了。

我刚得知我今晚十一点到凌晨一点放哨！

1961 年 2 月 25 日

午夜刚过，我正坐在某十字路口的石头后面，安静而放松，突然在深夜的寂静中传来一声金属刮到石头的声音，绝对没搞错！声音从我左下方传来，那条路穿过茂密灌木向上通往我的位置。然后，我就听到有人蹑手蹑脚走路的声音。

他们在朝我的方向靠近。我开始一阵恐慌——突然感觉自己的呼吸声音太重，就塞了条手帕在嘴里。夜一片漆黑，什么都看不见，反正我是坐在掩护的石头后面，要看清路上情况的话非得有大动作不行。

他们越来越靠近，走得非常非常慢。我暗地祈祷他们不要包抄到我背后将我射杀。从声音判断，他们大概是五个人。我小心翼翼地扳上冲锋枪的扳机，感到手有点晃，但已下定决心。当你马上就要向五个人开枪时，不管你是谁，都可能额头冒汗。刹那间有几个恐怖的念头闪过，比如枪里的子弹卡住了，比如没把敌人全干掉前弹药用光了，这些都突然让人极度口干舌燥。唯一的安慰是天很黑，你可以对着他们的背开枪。我的策略是等敌人全都先经过我这里，然后我从背后干掉他们。对着他们正面开枪这样的英雄气概是没必要的，而且还可能被指控有自杀企图。

当他们离我只有20码的时候，卜道尔出现在我身边。他是守卫长，正轮到他值班。我平时不太跟他来往，可是现在只要是个人我都欣然欢迎。他马上明白了事态，可能自己也已经觉察到敌人的动静。他身上只有一把手枪，于是他斜过身子从黑暗里拿过我的冲锋枪，同时轻轻敲了下我的手榴弹。

所以他的意思是他用枪，我用手榴弹。我一共有四个手榴弹，他又给了两个。我真恨不得把整个分队都叫醒，但任何动静都可能惊动敌人，会让他们瞬间溜走。所以，现在能做的事情只有等待。

敌人行进得极慢，慢到令人痛苦。他们突然停下来，五分钟没有任何动静。这时如果有任何人轻轻咳嗽或发出鼾声，敌人就会马上逃走。他们深谙山谷里的每一寸沟壑、每一株灌木。他们的行进很有技巧，我几乎怀疑自己是否真的听到过任何声音。但是在深夜的死寂中，任何小声音都会成为大噪音，碰触树叶的轻响暴露了他们正在接近。

我可以感觉他们现在就在我们藏身石头的另一边，而不是十码以外，而且我已经屏住呼吸足足十分钟了。卜道尔用力地碰了下我的胳膊，我拔了手榴弹的保险针。他们听到导火索嘶嘶作响后立刻掉头狂奔。

但此时我已扔出了第一颗手榴弹，同时第二颗也拔了保险针。卜道尔等爆炸声响过，从石头后跳了出来，对着黑暗的山谷和敌人的后背一阵狂扫。而后第二颗手榴弹紧接着扔了出去，卜道尔马上卧倒在地，继续发射冲锋枪。

这时整个营的人都被吵醒了，喊声不断，加上枪声和爆炸声，场面一片嘈杂混乱。我又朝敌人逃走的方向扔出一个手榴弹，尽可能扔得最远，然后卜道尔对我喊停，他自己跑去追逐敌人。我也跟着他跑，但没有武器我帮不上什么忙。我听见他就在我跟前很近的地方，停下来开了一通枪——有人中枪死了。他喊我去拿对方的枪，又继续往前跑。我希望他对自己的弹药储备有准确估计，因为他只在我这儿拿了两盒弹匣，像他这样扫射的话一会儿就没子弹了。

好在这一切很快就结束了。人们在四周乱跑，到处都是火把。每个人似乎都参与到其中来，山路远处还有人在开枪，那其实挺危险。过了好久，人们才渐渐搞明白到底发生了什么事。死了两个敌人，后来第三个在较远处也被发现了。如果说还有其他人的话，那么他们已经彻底消失了，蛛丝马迹都没留下。陷阱终于关闭了。

我们返回菲利普维尔城。今晚小卖部人满为患，凯旋时总是这样。我们放声高歌一直到喉咙发痛，开怀畅饮一直到啤酒从耳朵满出来。

1961 年 2 月 27 日

今天放假，我进城"腐败"去了。这一天下来可没有变得更明智！

1961 年 2 月 28 日

古诺伯报告说他的布袋被偷了，里边装满了装备。其实很可能是他自己把它卖了，编个谎言来自圆其说。后果是我们整个连队接受了史上最彻底的装备检验。我们把每一件东西都摆了出来，陈列在游行广场的地上，一名中士照着发过的所有物资的清单一项一项地念，任何遗失的东西立刻被计入需要当事者补偿的项目。清点过程长达四个半小时——古诺伯的装备没有找到——但一些人的物资超出应有清单的部分，都被交出来分配给其他有需求的人。这算是找回来一点平衡吧。

珍妮弗又来信了，描述的全是她的未婚夫如何如何——守卫队的军官——真正一流！收到我给她的手表的时候她将感觉糟透了——我倒希望她窘迫不安！

1961 年 3 月 2 日

今晚我在菲利普维尔城执勤巡逻，发生了一件不同寻常的事。当时我坐在一辆卡车上，而巡逻队的一名中尉正在里边喝酒。这时有人出来告诉我馆子里有个英国平民。这样的事情可是闻所未闻！

我让这人进去把那英国人拽出来，就这样我遇到了马丁·费舍尔。

没经我花多少口舌，费舍尔就回去拿了几瓶红酒出来，于是我们坐在卡车后背上聊起天来。他在一艘希腊的船上当无线电报员，在此地港口停留一两天。我问他为什么是在一艘希腊船上，他解释说当一个人隶属于英国的商船队，到哪个国籍的商船上工作并没有限制，水手们经常在不同国籍的船上干活，主要看这条船上的活儿是否和他的专门技能匹配，薪酬是否合适。我跟他说我曾经也在一条商船上做过服务生，那是开往南美洲的一条不定期航行的货船。他问我是哪家航运公司，我说是南美圣徒航运。他当即惊呼："我的天，是不是'圣阿凡斯'号？"

我说："对啊，老天，你怎么会知道？"

然后不可思议的真相就呈现了。他说："因为我也是搭的'圣阿凡斯'号，我在上面做服务生。那是我一生搭坐的第一艘船。"

他比我早一年上那条船。此时此刻，两个曾在一条名不见经传的"圣阿凡斯"号待过的前服务生，坐在一个鸟不拉屎的北非小镇的馆子外面的卡车后背——周遭方圆几英里内仅有的两个英国人。如果这个不能证明世界是圆的，那我真不晓得还有什么可以。

九天后

明天我们又要启程去巴特纳了。卡车已经装载完毕，等待出发；兵营里除了钢铁床铺和草芯床垫，已经完全清理一空了。这情景有点像学期结束的样子，可是一点都没有像要开始假期的感觉。每次离开菲利普维尔城都很舍不得，虽然这里没什么特别引人入胜之处，可是至少这里是文明之地：有商店、平民，有砖瓦的房子而不是帐篷，有车辆而不是骡子。海洋也在某种程度上使这个地方更富有人情味。换成和平时期，这里的海滩算是个奇迹——绵延无边的白色沙滩，绝对是旅游度假的好去处——或许 20 年以后的某一天有可能实现吧。

1961 年 3 月 16 日

向南开了一天车，依着贝斯克拉的南边扎下营来。山顶上还有白雪。夕阳西下时，熟悉的黄昏景色又出现在眼前：士兵们手捧热汤弓着背的身影映着篝火夜色，眼睛凝视火堆上加热的豆子罐头，肚子咕噜噜地响着表示嘉许。

今早天亮我们就动身，向南再开四个小时，进入洛乌菲地区。这是死亡乡野。红褐色的山地贫瘠而荒芜，漫山的尘土覆盖着稀稀拉拉的矮灌木。没有树能在这里生存下来——到处是大片的砾泥和岩石。这是可憎的干旱荒原。看着这片土地就能令人渴得喉咙冒烟，虽然冰冷的寒风对此微有调和作用，可太阳出来的时候情况会更糟。

卡车队终于停下来了，我们下车的地方正好在一个宏伟壮丽的峡谷上方，这地儿简直就像有人拿了一把巨斧把大地劈开一样。这就是洛乌菲峡谷（Ghoufi Canyon），绝对是天工奇观，峡谷边缘已近垂直且呈圆形，谷底的河流是一个巨大的新月形状，峡谷岩壁就如罗马圆形竞技场的内壁一样。

峡谷边上有一条三英尺宽的小径，我们沿着小径下到河谷。从上往下俯瞰，可以看到河边岸上散布着一些很小的方形阿拉伯住宅，挨着岩面而建，而岩石里凿出的洞穴用来做驴棚。从峡谷顶部到谷底一半高的地方，有些小房子很惬意地靠着岩壁而筑，前门就直接对着这三英尺宽的小径。

我们下到这个不可思议的峡谷谷底，过河从另一边往上。我们眼前是一条荒岩和沙砾组成的山脉，向天际无限延伸。我们一路向上爬。

艰辛地爬了好几个小时，太阳当头照，毒辣地燃烧着我们的头和背，硬石地面的反光刺痛我们的脸。很多人都到了，在一个转弯处往后望，我看到掉队的远远地落在后头。拉哈斯塔里尔中尉仍在精力充沛地领头，维持飞快的行军速度。每次到达一个顶峰，另一个更高的就会突然出现在眼前。在我们后面和下面是山的海洋，一直延展到天际——洛乌菲峡谷从这里望去像地底平地上一根发丝般的细线。

下午四点半时，在我们西面两英里的地方，第二连队遭遇袭击。敌军藏身在这百万群山中某个山头的几个洞穴里。在第二连队两侧的第三连队和第四连队，以钳形攻势夹着第二连队对着洞穴发射猛火。轻机枪和迫击炮大显身手，持冲锋枪的只好在一边看着，等着围进去后近距离进攻。而事实上在我们的远程掩护下，是第二连队慢慢地向敌人靠近。五个敌人高举双手走出洞来投降。死了十五个敌人，缴获一批冲锋枪、布兰式轻机枪，甚至还有两支汤普森冲锋枪。第四连队有三名士兵阵亡，第二连队失去两名士兵和两名士官，还有几名受伤。我们第三连队很幸运，毫发无损。晚上七点时行动结束。

今早我们出发时本来以为可以当天上下山，考虑行军跋涉就把装口粮和睡觉装备的布袋留在营地，而现在已经来不及在夜晚来临前下山了（黑夜行军下山太危险，不仅因为地势太陡峭，而且有可能遭伏击）。我们只好准备在山上过夜。大多数人已经把水喝光了，所以大家又干又渴又饿，而且山间夜晚的气温开始骤降。后来直升机来了，本来是要带来我们的装备布袋，没想到他们搞错了，带的是另一个连队的，结果又飞走了。

黑夜迅速降临，我们面对的是一个寒冷刺骨的山顶之夜，没有吃的没有喝的。周围倒是有一些积雪，堆在白天阳光找不到的地方。积雪帮助解决了口渴，可对其他的问题无济于事。到夜里十一点的时候，第二连队过来援助我们，他们比我们更累。他们拿出仅有的口粮跟我们分享，然后两人一组盖着帐篷布睡觉。这是难以入眠的一夜，寒风肆虐，大家相互紧挨着蜷缩在一起，冻得发抖，但庆幸还能用彼此的体温取暖，汲取彼此冻僵的血管里血液流动产生的微弱热量。

晨光熹微，照亮的是灰涩的脸孔、深陷的眼窝。很久以来第一次，我们热切地期盼第一缕阳光的出现。

下山很缓慢，我们一边走一边搜遍每一处灌木，以及许多山洞。这是一次耗时费力的下山过程，整整花了七个小时，走到脚出血。一张张可怜的脸，因寒风而干燥开裂。我们找到一个敌人的储物处，有衣服、鞋子和食物，但是别的报偿一无所有。最后终于下到平地上，回到我们的布袋边上。真好，本该昨晚享用的食物现在可以吃了。

今夜我们在平坦的平原上扎营，俯瞰着洛乌菲峡谷，精疲力竭，而我在午夜还要去站两个小时的岗。

1961 年 3 月 29 日

第二天一整天我们在原地枕戈待旦。这里连一片树叶的影子遮阴都没有。队伍里出现过度疲劳的症状，还出现各种各样的感染，疖肿尤其常见。这是营养不良的结果。那天晚上我感到很冷，发着高烧直冒冷汗。

接下来的一天我们回到巴特纳市外新建的高级大本营。我们到达的时候，帐篷已经搭好，可还没等把装备卸下，又接到命令说拆帐篷。计划有变，我们要在天亮就回去菲利普维尔城。

我们照做了，这趟旅程的目的是给一位五星将军阅兵游行。将军晚到了三小时，而我们一直在阅兵广场上站着，一支正规军乐队重复演奏着"柏忌上校进行曲"，一遍又一遍，竭尽全力让大家和他们自己不要睡着。将军离开后五分钟，我们又开始准备回到南边。次日凌晨三点，在黑暗和痛苦中，我们又启程回到巴特纳。在近麦克马洪村的地方，我们停了下来，冒着倾盆大雨扎营，一直弄到半夜，铁的竿子，巨大的帆布，无数的帐篷桩子、绳子，手脚不听使唤，大雨不停地灌到脖子里，到处都被淹了。

之后的一天是我 21 岁的生日，我在暴风雪里挖厕所和排水沟度过我的生日。那天晚上开了个小卖部帐篷，可是大家都已经囊中空空了。赫什菲尔德找到几法郎，坚持要请我喝啤酒来庆祝我生日。我出乎意料地还收到一份电报，居然穿越了重重阻挠复杂的兵团通信系统到达我手中。电报来自我的老朋友们——猎鹿人俱乐部，我在学生时代组建的一个俱乐部，9 个成员是真正的好男人。我们约定每年聚餐一次，但可以确定的是今年我参加不了了。总而言之，他们的电报从世界的另一端来到了这个被遗忘的角落。多棒的心意，多美的记忆，多好的朋友！在奥雷斯山脉这个被遗弃的地方，知道自己被朋友们惦记着，是多么美好的一件事情。

今晨天蒙蒙亮时，我们抵达一座村庄，像一群饥饿的梭鱼一样在里边游走。所有的村民都被抓了出来，搜身、审问。没身份证的抓走详细讯问。我们在每个农舍里详细搜索每一个角落，用小刀刮开屋里的墙壁，寻找秘密贮藏处。

半天我们什么都没找到，又搭乘直升机去另一个地带，第四连队在那里发现了一些洞穴。他们召集志愿者进洞探察。作为一个有经验的探洞者，我想我应该做志愿者，但等我到了队伍前面时已经有三个志愿者进去了，我只好当后备。结果洞里什么都没有——又一次白忙活！正规军的一个将军正在当地，坐着直升机到达现场。他亲自嘉奖了三位志愿者，口头授予他们英勇勋章。真可惜我当时动作没有快一点！大概我在伽利亚探洞的那次，这将军没在附近吧。

晚上我们回到营地。谢天谢地终于可以睡在睡袋里了。在奥雷斯山脉过夜的人都永远不会忘记那刺骨寒冷。太阳落山的那一刹那，气温陡然下降，发烧的人开始浑身发抖。

1961 年 3 月 31 日

今天居然在一个帐篷里为我们提供圣餐礼服务，这实属罕见，于是我也去参加了。圣餐礼举行得非常好，一个很棒的热情洋溢的牧师，他对着六个人讲道和主持圣餐礼，就像对着五百人一样尽心尽力，这本身就令人觉得很值得。

1961 年 4 月 2 日

复活节星期日。这是怎样的一个复活节！这天像任何普通的日子一样开始，四点起床，进山，到中午时我们已经走了 15 英里。我们以为这天差不多就这样了，在等卡车接我们回去的时候，把水都喝光了，而卡车一直没来，突然间队伍里一阵兴奋激动，直升机马上要来把我们载走。我们迅速分组等待直升机。原来一个法国正规军的伞兵连队，红色贝雷帽部队，在一个峡谷里中了伏击。短短几分钟内，天空中到处是直升机，我们被运到行动现场。我们作为储备一开始藏在出事的峡谷后方，从峡谷另一边传来的机枪声震耳欲聋。

什么时候能有下一次休息还不清楚，我们被建议说先把手头的食物全吃完。于是，第四分队的葛莱克和我坐在一个小山丘上吃着一罐沙丁鱼，从我们坐的地方可以看到第二连队正在竭力帮助正规军死伤伞兵从有埋伏的峡谷里撤退出来。峡谷的一边有一面垂直的岩壁，上面有些洞穴和断层，敌军就藏身其中的某个地方。

突然间一阵机枪向葛莱克和我扫射过来，扬起一片尘土。没有中弹，我们发狂般卧倒在地，试图躲在一片草叶后面。子弹停顿了几秒钟，我们狂奔到山丘后面安全的地方。太险太刺激了。丘吉尔曾经说过："人生中没有什么比这更令人兴奋了：有人向你开枪你却没事。"几分钟后我们又爬起来开始行动，这一回十分谨慎小心，一路利用可以俯瞰全局的山顶地形作掩护。路上碰上几个疲惫邋遢的正规军，从火坑里逃命出来正庆幸着。我们经过的时候问他们要点水喝，因为我们大部分人都很渴，可他们却不愿分享。这叫作"知恩图报"！

就位后，我们瞄准敌人这一边的峡谷猛烈开火，一直到手指疼痛，但因为峡谷里硝烟浓厚，我们很难吃准敌人的准确位置，我们的火力能打中几个只能碰运气。他们注意到我们的位置后马上回应我们的火力，而他们的机枪很致命。第四分队正在翻过山头，在没有掩护的情况下，短短几秒种被敌人机枪干掉了七个人。伤员发出痛苦的叫声，医护人员狂跑去援救，上吗啡和敷料。到处噪音一片——扫射的机枪、叫器的命令、尖叫的伤员。整个下午一直在跟敌军酣战，来福枪热得烫手，斯坦冲锋枪烧得哒哒作响。两架俯冲轰炸机过来援助我们，向峡谷投下火箭炮和凝固汽油弹，可是效果不大，因为敌人一直没有停火。直升机在头顶盘旋，一刻不停地在开火，还是没有明显效果。峡谷里敌人的那一边俨然已经成为燃烧的一个地狱，惊人的是他们还能待在里边，对每一次轰炸报以不屈不挠的机枪火力。

夜幕降临，火力无歇，诺德机飞来在空中投下照明弹，夜战如火如荼地继续。我们都累得半死，因为前一天的行军，同时又渴又饿，饥肠辘辘地几乎都啃草吃了。敌人此时的感受应该也差不多。

我们把整个峡谷重重包围。快到午夜时，直升机运来新的一拨军火，当然，没有食物，只有子弹。一架直升机撞到燃烧的峡谷里坠机了，不是飞行员被打中，就是峡谷里升起的热气形成空气真空，直到半夜三点，火力才慢慢停歇。飞机整夜都在投照明弹，我们躲在伞兵坑里看着。敌军要么在夜里逃走，要么在天亮时被擒。我们透过照明弹产生的昏暗光线使劲地盯着，看他们有没有逃走的动向。

这天黎明来得特别慢，慢得令人焦急。我中间睡过一小会儿，跟考里尔轮流放哨。我怀疑轮到他放哨的时候把表拨快了（我自己没有表）。

射击停止后，我们开始小心翼翼地往前挪。等到达敌人据点的峡谷那边时，在岩石间我们发现了四支来福枪和七具尸体。原来有一部分敌军沿着山崖的一条狭路逃走了，那条路从我们这面看不太见。我方有 17 死 46 伤。大部分的伤员都是在试图从谷底营救正规军出来的时候受的伤。没错，就是昨晚拒绝给我们水和烟的那帮正规军。这天对我们而言绝对是难忘的一天一夜。

复活节快乐！到了中午时分直升机来了，这回运来了很多食物，甚至还有复活节彩蛋！我们狼吞虎咽了一通，然后在漫长的下午到处巡逻搜索敌人的影子，可是什么都没找到。

傍晚时分，我们开始行军回到昨天这一切开始的地方，本来要上卡车的地点。考里尔在行军途中累倒了，被罚了两个礼拜的杂役和夜勤。我至少现在算是找到行军的感觉了。对我来讲行军变得容易了些，至少没有比其他人觉得更难了。

我们回到麦克马洪，享受了欢迎我们的热汤。阿里斯德来信了，都是好消息，还有克里斯提寄来的快乐洋溢的贺卡。

我的腹部一直到腿部爆发出一片疹子，看起来像上千个小水泡。史塔辛看了觉得担心，但也不知道是怎么回事。看来明天得去把这情况汇报给医生了。

1961 年 4 月 4 日

我去了医务室，一个年轻的上校级医务长给我做了检查，诊断为"非正常带状疱疹"，管它是什么意思，反正得待在病房里治疗。于是我在这里接受了注射青霉素等抗生素，还要吃各种颜色的药片，并在疱疹处涂上龙胆紫药水。到中午时我发烧到103华氏度（约为39.4摄氏度），疹子痒得都要烧起来了，于是注射更多的药水、服用更多的药片。

我边上床铺的小伙子得了疟疾，当体内寒气发作时，他往身上劈头盖脸压了一堆毯子，那堆毯子时不时地剧烈抖动，伴随着痛苦的呻吟。可怜的家伙！

十天后

我在医务室待了十天，吃了大量的金霉素，一天注射两次依米丁和士的宁。日子很长，很无聊，直到我身体感觉好些才开始阅读。安卡希寄给我一些书，我开始享受阅读盛宴：海明威、斯坦贝克、沃夫、劳伦斯·杜雷尔、约翰·马斯特斯及其他人的作品。我人生第一次如此集中地读这么多书，可好像也是记忆中第一次生病。

前天我回连队了。居然还这么虚弱，连我自己都觉得寒碜。稍微用点力气就不停地流汗，恐怕我离自己的正常状态还有很长一段距离。

今天我重新恢复执行任务了。昨晚在卡车上坐了一夜，到早上扎营在菲利普维尔城南边。还没等把帐篷搭好，又得坐卡车进山。当卡车停下时，我觉得我弱得连把布袋从卡车背上掀下来的力气都没有。我们开始行军，帕普克中士不得不拎着我上第一座山。一整天我苍白无力，腿软得像摊水，更糟的是还发高烧。帕普克够义气，他一次次地拽着我往上爬，唯一的抱怨是医生太早把我放出来，而且我出院时的状况比进去前要糟糕十倍。这是极度漫长的一天，完全没有任何休息。到了傍晚的时候，我终于感到天旋地转，两眼一黑晕了过去。等我醒过来时，我正仰面躺着，连队医生波多因正在给我胳膊打针。拉哈斯塔里尔对这件事情十分气愤，认为我在医院里灌了12天的抗生素后，至少应该恢复上一星期才能出来行军。

我现在的状况被描述为"疲劳综合征"，唯一的疗法就是在本地放假一周。今晚当帕普克提到这种可能性的时候，我就像在事情糟糕透顶时突然看见转机的一线光芒，要能放几天假我真是求之不得！可现在我们还在山顶上，明天任务还会继续进行，所以看起来比我刚幸存下来的今天好不到哪里去。

第六章　混乱

奥雷斯山脉

1961 年 4 月 22 日

我们来到荒野，一晃六天就过去了。我感觉稍微好了点。过去几天全是常规活动，然而今天情况突然有了变化，陷入一片混乱。

今天早晨与以往没什么不同，我们回到菲利普维尔之后把装备从卡车上卸下来。紧接着却收到完全相反的命令，要求我们再次装备上车并准备离开。之后命令一再更改，到了中午，所有人都意识到有某些不寻常的事正在发生。到了晚上，我们终于获得一些事实：第一伞兵团似乎接管了阿尔及尔。

发动者是一群陆军上将，带头的是摩莱斯·茄利，由沙朗在背后撑腰，并获得加尔地将军（曾为外籍兵团里的监察长）、奈勒和裴赫的支持。整个行动由第一伞兵团为先锋，而指挥他们的是圣马可少校，他替代了正在法国休假的杰拉尔德上校。有好几个正规军的伞兵团都加入了，还有第一骑兵团与第二骑兵团。至于我们的立场则仍未清晰，想必我们的军官达姆瑟斯想仔细观察局势，再决定该投身哪一方。

到了深夜，四周的氛围已逐渐升温，濒临失控，我们却得继续等待。显然我们有可能被直接派往法国空降。在巴黎上空跳伞的情景闪过脑海，人们的兴奋之情难以想象。然而却没人知道狡猾的达姆瑟斯会站在哪一边。他在部属眼中人气很差，在军官眼里也没好到哪去。相较之下，他的副手葛柏拉特更受大伙儿仰慕。

因此，事情终于发展到这局面，我们则仍然站在分界线上，等待着长官下令。星期天快到了，看来这会是个漫长的周末。

隔日

我们半夜被叫醒，收到命令收好行囊准备上车。一长列卡车载着我们的军团向西行，朝 300 英里外的阿尔及尔而去。下达命令的是葛柏拉特，显然当我们离开时达姆瑟斯仍在沉睡。我们整晚没有一点睡意，每个人把大衣和围巾包得紧紧的，沉浸在自己思绪里——想起巴黎，幻想跳伞落在凯旋门上方或降落在埃菲尔铁塔上（这可不妙）。家乡的朋友一定急切地想知道混乱中的我身在何处，正在干些什么事。他们完全无法感受我现在与同伴挤在卡车后面，逆着风暗夜疾驰的感觉。

清晨慢慢到来，露出铅灰色的凛冽的天宇。然后，突然白昼伴随阳光出现。一波接着一波的欧洲人出现在道路两旁，在我们经过时疯狂欢呼。汽车喇叭此起彼伏，那是三短音两长音，响个不停。人潮情绪激昂，挤成一团欢呼相互推搡。模糊的脸孔与挥舞的手臂像是起伏的海浪，而我们的卡车就是漂浮在中央的游艇。他们热爱我们，为我们而疯狂。在此之前他们从未表达过这种感情，这令我不禁怀疑此情感有何根基。然而，此刻在他们眼中，我们却成了救星。他们相信我们会保护他们。这些人来自大大小小的城镇，组织起一股庞大的欧洲人潮就只为了迎接我们。

然而即使到现在，仍有件极度不可思议的、一个尚未获得解答的问题：我们到底站在哪一方？

午夜时分，我们走过阿尔及尔市郊，占用了法国正规军的兵营；他们似乎已消失了。我依然感到无法置信，完全没有任何一位长官向我们解释情况。这或许代表他们视我们的智商不足以承担任何情报，认定我们会与往常一样无条件遵从命令。因此，我们只能依靠收音机获取片段信息。

次日

今天一大早当我们开往机场时，我们的角色突然明朗了。任务命令我们占领机场，而驻守的法国海军陆战队理所当然不肯让步。因此，我们手持警棒——沉重有刺的那种——形成一条长列慢慢向前推，把陆战队员当成公羊来赶集。他们不停反过来想攻击我们，却遭到我方更野蛮的反击，最终结果令人哀伤。陆战队军官被我方的军官推推搡搡，爆发双方你来我往的呐喊，质疑彼此的忠诚，叫嚣指责对方为叛徒。拉哈斯塔里尔重击某陆战队员脑袋，打断了自己手中的棒子。渐渐地，陆战队员全被赶出机场，我们因此占领这里为基地，准备飞往法国，空降巴黎。

夜晚来临，情况似乎陷入僵局。这稍微浇熄了我们对巴黎的幻想——那些想在巴黎跳舞、在马克西姆餐厅享用明天晚餐的狂妄。当然，若往坏处想，我们也可能面临围困。

夜里我们睡在停机棚里头；人们继续交谈，却得不到眼下事态发展的明确信息。或许茄利与刚从西班牙来的沙朗两人正积极交涉，试着想说服尚未下决心加入行动的人。我在想或许兵团会遭解散，士兵全被遣散回老家。带着这种幻想，我入睡了。

1961 年 4 月 25 日

事情没有往前推进的迹象，这表示已遇上障碍和阻力；上层领导音讯全无，人人脸上全是迷惑。今天有飞机试着降落，却被我方的坦克给制止。然而，要运送我们的飞机究竟在哪里？到目前为止完全没有他们的踪影！

今天一整天不断有事态进展的汇报进来，内容却多自相矛盾。我听见 BBC 的报道，有人说我方的人马已杀进巴黎！

还有消息说若法国当地执意举枪抵抗，空军将士便不愿意
配合。

1961 年 4 月 26 日

我们展开返回菲利普维尔的漫长道路。

第一伞兵团正式被迫解散。他们炸毁了自己在勒洛达的兵
营。那应该是所有法国军队里最宏伟的基地，由人们遵循外籍
兵团的传统亲手打造，一砖一瓦从地基开始筑起。

我们卡车一整天朝着东方驶去，循着不久前经过的那条路
径原路返回——但欢腾的群众已不再，人们崇拜的神情已消
失；浪潮般舞动的手、胜利的喇叭声、迎接勇士归来的欢腾，
已统统消失。命运之轮流转的速度真令人难以置信！

1961 年 4 月 27 日

抵达菲利普维尔后，我们却被禁止前往自己的兵营。或许
他们惧怕我们也会干出同样的事——把兵营给炸了。因此，我
们被要求待在山里，扎营地点是距离菲利普维尔两英里的树林
中。明天情况一定会更有趣。

他们迟迟未付我们工资，大伙儿都憋着一股怨气。

1961 年 4 月 28 日

我们有三天时间打包并离开浦后兵营。卡车被没收之后，每个连队只剩下一台吉普车和一台道奇。才刚来几个月的新长官布兰卡队长，以及其他一些军官和资深士官，通通消失了。我们不清楚他们是逃走了还是已被送往法国。有传闻说外籍兵团里出现越来越多的逃兵，也有谣言说某支秘密军队正在成形。第十四伞兵团与第十八伞兵团遭到解雇。一切都发生得太快，而我们从非官方来源获得的传闻，总是鱼龙混杂且前后矛盾。

前往浦后兵营领取装备的过程中，我们经过正规军的基地，他们以欢呼和啤酒迎接我们；所以到最后我们还是有些朋友。达姆瑟斯回来了，他被任命为第二十五师的指挥官。对他来说这算是件大事，以忠诚所换来的红利。

1961 年 4 月 29 日

坐立不安的感受如同闷热黏稠的空气笼罩着整个兵营，长官们全是紧绷彷徨的模样。我很好奇现在拉哈斯塔里尔中尉心里在想些什么。目前由他指挥整个连队，因为布兰卡消失的时间难以估量，有可能永远不回来。我一点也不羡慕他的处境。然而我们呢？法国外籍兵团完全遭遣散的可能性依然存在，士兵可能通通被送回老家。但对许多人而言这或许是个好消息，包括我自己在内。我需要休息。

1961 年 4 月 30 日

今天是卡马龙日，也是自从 1863 年起最缺乏酒意的卡马龙日；我们就像囚犯，待在半山腰的树林俯瞰曾经被视为故乡的菲利普维尔。然而，我们连通行证也没拿到，只好悲惨地坐在山坡上暴饮暴食，狂咽食物啤酒以补偿低落的士气。然而，到现在我们还未领到钱。笼罩着军队的绝望正逐渐变成厌恶的情绪，人们怨声载道，若不尽快处理好很可能会爆发。

布蓝卡又出现了。他是个怪男人，冷漠得难以亲近，沉默寡言且从来不笑。或许他脑中正在思考些什么；有人说他非常同情那些"黑脚"[1] 的处境。他生于北非，又是葛柏拉特的好朋友，当我们前往阿尔及尔时，就是他担任葛柏拉特的副手。

1　法国统治时期居住在阿尔及利亚的欧洲血统的人。

1961 年 5 月 3 日

战争依旧在持续，我们被派回奥雷斯山脉执行任务。

传统上，只有法国圣·西尔军校毕业的前六名优等生可以选择到外籍兵团服务。来我们这里的军官都是最棒的。没错，虽然他们必须与士兵保持某种距离，打交道的方式永远欠缺关怀，但我始终相信他们对我们怀有情感。现在，为国家服务这么多年之后，长官们一个接着一个从我们的身边被带走。

两天后

我们昨天突然接获必须回浦后的兵营的命令。有没有可能所发生的一切都将获得原谅？我无法这么相信，但至少我们收到工资了。同时，我收到安东尼寄来的信，信中贴满英国报纸的报道剪辑。

今天举行了盛大典礼，达姆瑟斯将军团的指挥权交接给他的接班人——钱农上校。达姆瑟斯的离去对大伙儿来说是极大的解脱。然而即便如此，他在外籍兵团的事迹广为人知，传闻在战役中曾有优良表现。我曾经在穆阿斯凯尔见过他一次，当时钱农负责整个外籍兵团的训练事宜。他是个大个子，看上去像只温驯的熊，但他只要轻摇你的肩膀就能弄断你的脖子。今天下午，他一副想多认识营里弟兄的模样，以不拘小节的态度在兵营里溜达，并且边走边与人们聊天。他看来既祥和又友善，但我知道他是个强硬的老恶棍，那双眼眸底下蕴藏着宛若钢铁的冷酷。

宿舍检查

第七章　自由的味道

科罗塔峡谷

1961 年 5 月 18 日

我们已回到山区两周，执行一些普通的军事任务。然而今晚培朴奇忽然宣告说我获赏去菲利普维尔度十天假，明天可与护卫队一起出发。这真是大好消息啊。我确实需要好好休息一阵，现在我全身上下都是疮伤和溃疡。

隔天

其他人才正要展开清晨集会，我已和护卫队离开了营区。拉哈斯塔里尔说了一番话后，与我握手告别并预祝我假期愉快。

去休假的共有三个人，我们怀着愉悦的心情坐在辛可式卡车后头前往菲利普维尔，整趟行程不停地往干涩的喉咙倒啤酒，并想着其他仍在山里的倒霉鬼们。我们在傍晚时抵达菲利普维尔。

1961 年 5 月 20 日

我们打包好行李来到菲利普维尔的曼君兵营，也是当地的军营休假中心。这是个三层楼高的军用营房；高高的天花板、单层的床架，干净且位于市中心最方便的地带。虽然每日必须回报一次，但我们被允许自由行动，并且手中握有永久夜间通行证。这是好久以来我再一次感受到自由。

能随心所欲地进出真是美妙。白天的菲利普维尔是个深度文明的地方，可看见人们因日常工作来来往往，妇女则在杂货店买东西；一切看来平凡得近乎反常。我的口袋已空空见底，但仍难以抵抗各种花钱的诱惑。然而我们的娱乐活动仅限于电影和酒吧，而上次来菲利普维尔遇见的女服务生香塔尔，顾客是被她吸引来，而非为了品茶。

今天我与她聊了好一阵子。她穿梭在桌椅之间，以微笑和招呼迎合每个人，对我却送来风情万种的笑容与媚眼。我觉得她给我的微笑比其他人的更温暖些。然而，这么一来有些问题：她是某位法国正规军准尉的妻子，她老公正在南方某处服役。也就是说我再怎么殷勤地追，能获得的最大回报除了每天肚里灌满的茶水以外，就只有她那些笑容了。

1961 年 5 月 24 日

天大的好消息！珍妮弗寄信来了！过了好长时间的第一封。

她收到我的表了——看来相信马尔尼亚的小店主是正确的。他已把包裹送达，只不过速度可与骡子比拼。珍妮弗非常诧异；她信中听来也带了点迷惘，似乎不确定到底怎么回事，这是个好征兆。她的婚礼尚未确定日期，这绝对是更好的征兆！

1961 年 5 月 29 日

　　事情的发展越来越有趣了。我在海滩边与一位叫亚菱·莫路的平民谈话，他介绍了几位女孩给我：名字叫乔西什么来着，以及妮可·芭普萝丝。妮可美丽极了，看上去二十来岁，但可能更年轻；法国女孩似乎都这样。她留着一头深色的长发，从脸庞两侧倾注而下，轻柔地落在肩上。她曼妙的身材与晒成深棕色的肌肤都令我双腿发软。我们在海滩边懒洋洋地闲聊一阵后，她们回家了。但当天晚上我们又再度碰面，散步于海滨人行道。

　　妮可因为我是英国人而着迷。她在公立中学读书，希望我能帮她通过英文考试。我理所当然地为她这想法煽风点火，并尽快约好下次见面的时间帮助她学习。海滨散步后我前往休闲茶室，头一次在香塔尔面前感到相当放松。我若无其事地提议她明天该跟我去海边走走，她同意了，着实把我吓一跳。为什么事情总是一窝蜂地发生呢？现在鱼与熊掌都在我手上，必须非常小心否则可能全丢了。

　　曼君的当地新闻说一位正规军的士兵被当地人捅了一刀，因此我们必须两人成对出门以防万一，尤其是夜间出游时。否则，很可能造成许多麻烦。

隔天

我赶往丝多拉海滩，开始感到心慌时，她出现了——香塔尔。她与妮可的感觉完全相反，有着长长的金发与蓝色碧眼。26岁的年纪比妮可要成熟许多，非常有法国味儿，举止敏捷、身材娇小却时髦雅致。还有着完全把我融化的迷人笑容。触碰到她的手温令我的体温直接爆表。

在炎炎夏日、白沙蓝海上与美女相伴，还能做些什么？当然就如经典香烟广告一般：在沙滩上奔跑欢笑、相互泼水、低头嬉戏，然后是身体的接触；肢体触碰启动了两人触电般的关系，然后我们滴着水的湿润身子倾躺在艳阳下——指尖缠绕——而双方的表情正诉说着相同的渴望。我带她到一间法国小餐厅享用晚餐。整间店只有我们两人，识趣的老板把我们安排在阳台上的座位，海浪在底下十英尺处悠悠拍打着岩石；格子花样桌布、浪漫的蜡烛与轻柔的音乐，这将是令我永难忘怀的夜晚。我们告诉对方自己的人生故事。她与丈夫之间出了问题，离婚是迟早的事。我立刻相信她所说的。我会不会过于天真？反正无论事实如何我都不在乎。走回菲利普维尔的路上，我们每三分钟便停下脚步欣赏夜空中的月亮，看着它在水面上照映出光波般的轨迹，然后我们相望。如果说爱情无需以时间证明，那么此刻稍纵即逝的爱情乃是最美。经过漫长的三小时后我们才回到菲利普维尔，在黎明前我送她到家门口，并为一切画上句点。打从一开始，我们双方就从未奢求过其他可能性，但双方皆清楚若再这样下去，情况将有所不同。

1961 年 5 月 31 日

今天整天与妮可、乔西在海滩上度过。老天，事态越来越复杂了。我带了拉乌一起来，他是从第四连队来度假的比利时人。妮可则介绍一位朋友给我，名叫克里斯蒂安·塞尔夫。他邀请我明天去他家里吃午餐。

1961 年 6 月 1 日

初次踏入当地居民的家里，我受到塞尔夫家庭的殷勤款待。他们永远不会了解被视为平民百姓而非雇佣兵的那种喜悦。克里斯恩的父母亲很有魅力。我希望他们能矫正妮可母亲的一些想法；显然，若知道自己的女儿正在与一位雇佣兵交往，她会活活气死。傍晚时我陪伴妮可走路回家，我们双手相依，眼眸羞涩，凝视彼此时露出微笑，与学生时代没两样，我十分享受这种感觉！

1961 年 6 月 2 日

这段美妙的时光或许无法长久，但它将深深烙印在我的记忆中。这并非因为妮可或香塔尔本人，而是她们代表我枯燥严酷的人生中，难能可贵的快乐时光。一切都相当不真实。

我整天与妮可躺在沙滩上，然后到了晚间我们散步于环绕城镇的峭壁小径。她告诉我许多关于自己的事，听起来她的父亲应该很可怕，母亲也相当恐怖。看样子她的父母吵起架来跟疯狗没两样。妮可说她只跟母亲提起一点我的事，说我是克里斯蒂安的朋友，就被教训了一番。之后，当她母亲要她回家时，我便离开了。

1961 年 6 月 3 日

拉乌认为我变得太过文明，有忘却现实处境的危机。因此，今晚我们去了军方提供的移动式馆子。我们刚抵达就与一位当地人起了争执，正要走进其中一家馆子时他试着强推我们出去。所有人来到外头对峙，那人突然掏出一柄闪耀的小刀。

拉乌与我相当放松，或许看起来过度放松了点，大概是因为此时体内的酒精已起了作用。我们围着他缓慢绕圈，寻找空隙。然而这是在门口，很快群众便来围观。某个瞬间，当那人位于我们正中央，我把平顶帽丢过去并朝他手腕踢。我踢偏了，他却因此而分心，让拉乌的回旋踢直接命中背部。刀子掉了后他沿着小街逃离，放声惊叫。拉乌像头猎犬追赶上去，雷电般飞快地劈向他的后颈部，令其立刻倒地。十秒后军警队抵达——他们是正规军团，红色贝雷帽的伞兵们。我们向他们描述发生什么事之后，他们立刻放我们走。

现实的处境现在再一次清晰地呈现在眼前。

1961 年 6 月 7 日

城镇里发生了更多当地人与军方之间的冲突事件。那次拉乌与我引起的小冲突，似乎加速引爆一连串斗争，每晚都有事情发生。

法洛队长下午将我们集合起来，警告说若与当地人的冲突不立即停止，所有人的休假都将取消。他这么说有欠公平，因为引起麻烦的并不是我们。

有人认为外籍雇佣兵团已经对国家安全造成威胁，将把我们从三万人的军力裁减至两万。这表示有足足一万人将被送回老家！听起来棒得难以置信。

今晚我安排与妮可在车站附近会面。车站后面有条小径通往山里，能够俯瞰整个城镇，我们便沿着走了一两个小时。

接着我们坐在山腰上，地中海的夜风吹向我们，望向底下整排屋顶，眺望海浪，然后再彼此凝视。我认为我们已坠入爱河，至少我自己是这么感觉的。21岁，身陷爱河。天底下还有什么更美妙的事情？

次日

公鸡刚啼鸣我便起床，往海滩直奔。我们在阳光底下，在彼此的怀抱中度过一整天。周遭人们的身影变得模糊，映衬着碧海蓝天为背景。美好的感觉涌上心头，知道她深爱着我，我也深爱着她。

夜晚来临时她如往常离去，消失在人群里。然而她的倩影仍留在我心里。即使心头饱受煎熬，但我依然感到满足，回到曼君兵营后我便直接入睡，从没有过这么好的感觉。果然一个人身体的情况取决于心理状态。

1961年6月11日

我和塞尔夫家庭与他们的朋友们在贞德海边野餐。但妮可没有出现，我的活力立即少了一半。我在想是不是两家出现了摩擦。有些事不太对劲，但我无法集中精神找出原因。夜晚终于到来时我才松了口气，赶紧回到曼君兵营换衣服，然后赶往那属于我们的地方。我不确定若她没有前来我该怎么办。但她出现了，还是如此美丽。我们绕行在车站后头的丘陵，步上与之前相同的小径。在这种气氛之下，没有人会愿意改变人生中的任何事。

隔天

整个早晨我们躺在海滩上，脚趾转动于沙滩里。炽热的艳阳曝晒着背部，但我们不予理会，沉溺于凝视对方的眼眸，触碰彼此的双手与嘴唇。她在十一点必须进城去，于是留下我一个人在这里。十分钟之后，香塔尔毫无预警地出现了；这地方真是越来越小。我与妮可相处时最怕遇上两个人——她的母亲，再来就是香塔尔。但我猜某天这将可能发生，到时候我吹的惊天大气球会在一声惊响之下被戳破。

1961 年 6 月 13 日

我会永远记得丝多拉的海滩，与心爱的妮可躺在艳阳下那段时间。

妮可走了之后，当晚我又巧遇香塔尔。她从我身后突然出现，而当时我才知道自己对她已经完全没感觉了。或许人们真只能一次爱一个人。

在我身旁的同伴穆拉斯卡，对于我与香塔尔熟识这点感到吃惊。若我们以光顾她店里的人数为依据，那么青睐她的人显然包括整个外籍兵团以及法国正规军里一半的士兵。店里的顾客总是多得挤到门口，而他们可不是为了品茶而去的。

1961 年 6 月 14 日

我和妮可、克里斯蒂安与他的女友海伦的车在滨海公路上开了好一段路，我终于在今晚遇上了麻烦。妮可与我正在人满为患的大街上朝她家的方向走去，手牵着手闲聊，忽然她的母亲就出现在前方。妮可整个人僵住了，差点无法呼吸。她母亲以响亮的声调，给了我此生难忘的一次严厉批评，身旁的车水马龙登时一切停滞。她的母亲以法语尖叫："先生！我请求你让我女儿走在马路这端，而请你滚到马路另一端！"我拎起帽子，虚弱而慌张地想回应几声，但她已拉着吓呆了的妮可朝反方向走去。

老天，我究竟该怎么办！要得到那种母亲的认同根本不可能。外籍雇佣兵团一定声名狼藉到某种境界，足以激起人们这种反应。

当晚我在塞尔夫家吃饭，以香槟酒淹没心中所有悲痛。

1961 年 6 月 16 日

那片海滩对我而言已成了一片无人沙漠。我怀着绝望的心情等待了一整天，她却不再出现。到了晚上，我独自走回城里，让忧郁吞蚀自己。

1961 年 6 月 17 日

我与克里斯蒂安及他的朋友们回到海滩；他说会设法说服妮可的母亲，让她跟他们一道出来。然而克里斯蒂安失败了。他带来一封妮可写的信，信里写着她晚上会来海滨人行道。当晚她确实来了，她母亲也来了。

她母亲成了一道铁网挡在我们之间。明天我必须回到浦后的兵营归队，假期即将结束。说到底，这一切仍是一场空，和我预料的一模一样。我早该知道的。我在酒吧一条街闲晃，感到无比沮丧，只能借酒消愁！

1961 年 6 月 18 日

周日。我凌晨四点起床，匆匆跃上要载我回兵营的卡车。我将面临 24 小时的守备任务，且必须整洁无瑕地在 6:30 列队站好，迎接伯格恩首席准尉。我的平顶帽必须比一般的白色还要洁白，衣裤的折痕必须烫得比完美更加完美。

我在一座俯瞰着大海的山丘顶端度过站岗时段，整天眼中却只看到妮可在蓝色海水里的模样，这让我厌恶外籍兵团到极点。

守备队的中士名为雪福，他偏执到整天不让我们坐下，以免糟蹋了衣物上的折痕。每次若有上校或其他资深军官进出大门，我们就必须冲出去举枪致敬。在外籍兵团已待了 15 年的雪福，想要我们看起来体面又无瑕——好像那些人会在乎似的。我还听说他明天要离开了；他只是从另一个军团过境这里，准备退役。那他为什么这么在乎，真是个呆板的人！

时间流逝，我感到越来越疲惫，但我很高兴今晚将见到罗宾·怀特，他刚从西迪贝勒阿巴斯归来。他拿出一瓶酒，为了庆祝归队而与我畅饮。

到了午夜，我果真闯了大祸。我猜是酒精对我产生不良影响，尤其当身子如此疲惫之时。晚间十点轮到我负责站岗。守卫的那座山顶上有间小屋，墙边紧贴着一个箱子。当我站在黑夜里面对徐徐吹来的海风，我感到昏昏欲睡，直到自己不自觉地坐在那只箱子上。下一刻有把枪抵住了我的太阳穴。世间没有任何一件事，能比得上暗夜里冷硬的枪口触碰皮肤时，瞬间将你拉回现实的震撼感受。

雪福中士在他巡查途中安静地走了上来，冷不防逮着了我。虽然我的守夜工作已结束，但他明天仍将举报我，这使我面临莫大的危机，完全不看好明天的来临。突然所有疲惫一扫而空，我这辈子从没这么清醒过。这真是结束假期的良方。

1961 年 7 月 1 日

12 天过去了——12 天在兵团监狱的漫长日子。我几乎想不起来一切是怎么开始的。那次守夜后的隔天早晨，我是最后一位离开守卫室的士兵；收拾睡眠装备时，就已感到心神不宁，完全未见那位守卫中士的身影。我不敢相信自己会那么简单就逃过一劫，而事实证明我猜对了。伯格恩就在外头等我，双脚站开像座山挡在路中央。他把我叫过去，我行了礼后习惯性地立正站好。在他身旁有两名持枪的士兵陪同。

拳头重重落在我的脸部和肚子上，瞬间让我倒地，听见"立正"的呼喊声，我再度惯性起身站直，只为又一次饱尝伯格恩的拳头。这情况重复了三次，之后我的身体已是一团糟。

伯格恩的指头穿戴着数个戒指，因此拳头击中脸颊时感觉像打穿了骨头。

接下来是理发时间——我们统一的发型叫"boule a zero"，剃光的头顶搭配囚犯装：缺乏钮扣、仅用松弛线绳绑起来的牛仔衣，没有鞋带的靴子，然后是两小时的"派对"训练。光溜溜的头上戴着缺乏内垫的金属头盔，背上是装满石头的帆布背包，用金属细丝做成的肩带，然后我们像马戏团里的马四处奔跑，中间是位中士以哨子吹出急促的短音；一声前滚翻身、两声屈膝走路、三声卧地爬行。就这么重复了整整两小时。老天，我痛恨拿着哨子的中士、恶棍伯格恩和他那伙人，但我仍竭尽全力把它执行好。我有种自己正代表着全体英国人的感觉；不管这个王八蛋给我们什么挑战，我们都能胜任！我猛烈翻滚，享受背部石头带来的痛楚，直到感觉逐渐麻痹。要我再跑个六小时也没问题。

一个半小时后，那名中士突然以英文大叫："约翰尼，别停止微笑！"我意识到他话中带着友善，他是真切希望我能挺住；那中士并没有为他必须做的事感到愉快，我因此对他产生好感。中士尽可能将哨音的间隔推迟让我只需慢跑，唯一例外的情况是当伯格恩不时来观赏我表演。

操练完毕，我被命令站在营房的墙边，等待投诉我的长官到来。烈日炎炎下我站了整整两小时；太阳越来越毒，直接照在我的头皮上。我的鼻子与墙壁间顶着一张薄薄的纸，僵硬地立正站直，由一位手持机关枪的卫兵监视。那张纸黏着我的汗水因此不会轻易滑落，但我无论如何都不能让它掉下来。最后我双手抱着后脑，被带到一个上尉面前；他们指控我守卫期间渎职的罪行。这非常严重。在任何军队都是严重罪过，更何况法国外籍兵团。我没什么好反驳的，被判了 15 天的牢。

总共有大约 15 个人被集中押上卡车，载往一个采石场，身旁一直有人看守着，在那里我们挥舞锤子过一整天，击碎整块大理石，再运回卡车上。这是份沉重的工作，尤其在 6 月骄阳的无情摧残下。傍晚时分我们回去，却仍必须执行一小时的"派对"惩罚。好一个消遣活动啊！

这就是我们每天的流程，没有任何益处，但至少它使我们的掌心变得更粗实、背肌变得更有力。每天结束时，我们必须列队举行升旗仪式，然后再排成纵队走回监狱。那是个半圆管状的营房，铁刺网环绕着，里头只有坚硬的地板，每人再分到一条毯子，就没其他东西了。即使如此，我总是睡得很沉。

有几条监狱里的保命法则必须赶紧牢记，否则伯格恩的盛怒会像铁锤般，从任何地方、任何时间袭来。这些铁则包括：

在任何时刻都必须以迅捷的速度行动。

有士官经过身边时，必须摘下帽子并立正站好。

任何时候皆不允许站着毫无动作，小便时刻除外。

不准说话，除非守卫或士官先对你开口。

不准抽烟。

　　我在监狱里的时间，思绪从未离开过妮可。海洋就在视线可及之处，自由似乎唾手可得，却加深了遭囚禁的感受。我曾经想象她会来探望我这囚犯，但想到她会感到难过，我自己也伤感了起来——其实这不过是自怜自哀！事实上，我觉得自己真的是这样。在这里所有人都像巧克力一般黑。我们既健康又强壮，每个人都觉得自己可以承受更多刑罚，监狱里所有活都干得了。而我们也在里头交了一帮好友，彼此分享走私到监狱的香烟与啤酒。

　　无论犯了什么罪，每个囚犯所受的待遇都差不多，唯一差别只有待在这里的时间长短。罪行本身则五花八门，有逃兵、缺乏纪律、偷窃等。这里有位下士因为朝一间索价过高的酒吧投掷手榴弹而被抓来服刑。真牛啊！

　　曾进过平民监狱的人都说外籍兵团的监狱比外头糟上十倍。然而事实上，我觉得这里还是有某些好处。12天后我就被放出去了。

　　我跟着第一批护卫队回到军团营地，他们目前驻军在菲利普维尔西边50英里，在海滨小镇科洛一旁的山丘上。我回归后获得大家的欢迎，所有人看到我都很开心。我猜蹲过牢房让我更被这群人接纳，成了他们的一分子！

我们连队来了一位叫杰伊斯的新指挥官，同时也来了一位新的分队领导——班农特少尉。他完全不是那种守旧派的军官——很可能他刚从法国圣西尔军校毕业。这是个好兆头。但他感觉有点过度鲜活，很明显自我感觉良好。我们很快就会知道他到底有几斤几两。

第八章　回归前线

摩洛哥边境

1961 年 8 月 31 日

我们已在山里过了整整一个月，今天才回到菲利普维尔。卡车开了好长一段路程，经过几个阿拉伯小村庄，里头全是树枝麦秆、再涂上泥土和粪便搭成的简陋房子。感谢上苍让今天阳光明媚，若是冬天这里的情况定会更糟。

村里的长者看来像一位有哲学气质的智者。男人坐在屋前无所事事地嚼着烟草闲聊，女人弯腰工作，背上是一捆捆树枝。她们面无表情，看不出是忧是喜，只有空洞神情底下的千百条皱纹，是长年的泪水流过的河床。泪痕也已干涸，因为疲惫的脸庞已经没有任何水分。她们就像干掉的枣子从树上掉落后，被遗留在风沙中逐渐枯萎。

遍地都是死去的绵羊，半死不活的牛和驴子呆滞无神地站着，四肢被绑住而无法脱逃。它们的口鼻不时轻扫着干裂的土地，然而这里已好几年寸草不生。它们目前还有搬运的用途，而当它们饱受蹂躏的身子再也无法活动时，仅剩的用途就是被当作晚餐。

这些人的生命与生活的意义，和法国人富丽的农庄、光鲜的柳橙与葡萄藤、辉煌的宅邸比较起来完全是悬殊两极。那些阿拉伯人的人生根本是黑白的，他们在一个缺水而贫穷的世界像鼠蚁一般得过且过。干热的西洛可风席卷整个村落，刺痛着眼球、灼烧着鼻孔，并卷起沙尘导致数不尽的旋风；它能找到方法袭击每一寸裂缝、每一处溃疡、每一个紧皱的眉头；他们的世界是一片褐色的干旱。这些可怜的人们！

1961 年 9 月 3 日

在浦后的兵营度过两天，这期间我们没法进城，因为总有数不尽的装备审查和站岗视察。接下来我们便离开往南方了。现在我们驻军在奥雷斯山脉里，位于玛地纳和洛乌菲两地之间。整个连队外出进行军事活动，唯独我留了下来，因为我的背上有颗乒乓球大的疮。这些天我负责帮一位分队指挥官背着无线电通讯器材。这表示他们器重我的法语能力吧。然而它非常重，而且不断摩擦着背部，我的背又一个月才碰一次水（这就是我们洗澡的频率），这才导致严重感染。

1961 年 9 月 5 日

拉哈斯塔里尔和曾参与军事活动的剩余军官全都被召回法国了。看着他离去我很难过。我们曾同甘共苦徒步行军。他是个好军官，是我非常尊敬的人。然而当最终的传唤到来，对他而言或许是种解脱。没有什么比等待坏事发生的不确定感更让人焦虑。当一个人认识到最糟的情况已经发生时，只有那一刻他才可能凝聚内心的力量来面对它。

现在有许多替补进来的新军官，连外观看来都是新手。他们显然缺乏在山里作战的经验，也应该没有亲临过多少死亡的现场。

1961 年 9 月 7 日

我背上的疮已感染到尾椎一带的所有腺体，是时候去报告我发病了。医务棚里的军医是个肥胖的比利时人，有点像法鲁克一世。他戴着深色墨镜，全身冒着汗水，与其说是军医倒不如说更像个屠夫，而他所干的事还真印证了这一点。我脱去衣裳面朝下趴在病床上，他用两面镜子让我看见背后的问题在哪儿；我确实遇上大麻烦了！我的疮已不是乒乓球，而更像颗网球，周围一圈红彤彤的皮肤有盘子般大。

"法鲁克一世"叫我把贝雷帽塞嘴里咬紧，然后他开始干活。他健壮的手夹住那颗疮，猛地全力挤压。天呐，这真是地狱般的痛苦！我真以为他想把我的背给折断。

一切告终——除了随之而来的标准注射流程，里头含有大量的青霉素。

三天后

我的疮已经快痊愈了。外籍兵团的特殊疗法看来的确奏效。现在是晚间，我们在海拔 6 000 英尺处远远高于玛地纳的地方扎营，并做好过夜的准备。

哈什科几个小时前被蝎子给螫了。那蝎子潜伏在一块他正想拿起的石头底下。现在他已被直升机接走了。这里是蝎子大批出没的不毛之地，既干燥又石块遍布；它们最喜欢这种地形。今晚真是冷得要命，而我们将要进行伏击的任务。

隔天

黎明前两个小时我们已起身侦察山区。今天我们至少走了30 英里路。有时我们会经过村落，并仔细搜索里面的每一个角落。我们一到这些村子，女人们会像牛羊般聚集在一起，而男人们早已销声匿迹。

今天很早的时候，我们经过一个小村落，有只小巧的松狮犬跑了出来，边吠叫边朝赫什菲尔德冲过去。他二话不说，高高举起他的 L 形铲子，然后以全身力量砸向小狗。

正午之前，我们来到一个村子，这一次里面的男人没时间逃跑。当第二分局的军官质问时，他们拒绝承认自己与敌军有交往，个个寡言少语。然而当我们放火烧草屋并把他们关在里头时，情况立刻改变了。他们开始激动地尖叫呐喊，被放出来后他们的嘴巴完全止不住了。

最后他们选了其中一人为发言者，他说会带我们去一个囤积武器的地方，大伙儿便立刻出发。我们跟着他越过山丘、平原和峡谷，整整 15 英里的路，最后他却说找不到地方。当时我们已停下脚步，闲在一旁等待动身的命令，而那人则拼命向第二分局的上尉解释。他的语调含糊，双手绝望地挥舞着。当时我所坐的地方刚好位于那人正上方。从我这儿看过去，他们的身旁是个小山谷，谷底有着干涸的河床。

回程的路途相当漫长，因为我们与目的地的卡车之间隔了一座高达 5 000 英尺的山峰。天气太热，而我们已太疲惫。

一星期后

每天的流程都差不多。黎明动身行军数小时，在山地里进行搜索任务，休息时饮用咖啡和罐装奶酪，然后再次起身行军。虽然我们都跟机器一样被锻炼得不易疲倦，可连续走好几英里路，但在炽热的气温下我们并非无敌。就算再好的机器也有出状况的时候。有天连西尔博也倒下了，我从没想过会发生这种事。

我们经常缺水，夜晚扎营时喉咙干得冒烟，同时脑子里还清楚知道明早依然没水冲泡咖啡，天底下没有什么比这更糟。但我们如同晒过的皮革一样坚韧，肌肉发达的身躯没有任何多余的脂肪，骡子和骆驼加起来还没我们强健。无论在闷热的白天，还是大雨瓢泼的寒夜，我们都能撑过好几里的行军任务。我们已感觉不到沉重的背包带来的背疼，也感觉不到脚下的水泡破裂化脓的痛楚。有时我们甚至好几天不知道自己的脚为何物，因为就算在睡眠时，取下靴子也是相当不明智的。

某个炎热的下午，我们与敌军展开了一场小规模战斗，但他们拿着散弹枪想和我们的机关枪较量还差得太远，我们因此获得胜利。然而我们漏掉敌军当中的一人，他朝第四分队的荷拉德腹部轰了两枪。我看见荷拉德倒在地上，生命就像短路的灯泡在他茫然的眼底一闪一灭；天晓得他怎有办法存活下来。我们的军医在他身上洒满抗菌粉，除了等待直升机到来别无他法。去医院的途中他死了。我们一直没有抓到对他开枪的敌人。

然后某天我们杀了一头骡子。那真是件可悲又肮脏的事。当时我们已在外头一整天，大雨丝毫没有停止的迹象。当天色转暗时我们来到一个山谷边，有头骡子在那里。它看来被整个世界给遗弃了。班农特试着用手枪射杀它，赫什菲尔德也拿着冲锋枪加入这消遣。

1961 年 9 月 19 日

我们晚间扎营的地点正眺望着宏伟的贝斯克拉平原；一百公里宽的广袤之地延伸至地平线的黑暗尽头。整片完美的平坦之地，不见一棵树。

繁星正在隐退，大篷车队迎着黎明出发——哦，加速前进吧！

但为了什么？这是一片我本来可以深爱的土地，她的山丘与天同高，她的峡谷深入地心。她既荒芜、狂野又带着难以想象的美丽。在和平时代，挺适合一个男人带着自己的忠犬与枪，栖息此地。

被蝎子咬伤的哈什科已康复，我们两人把各自的脱水汤包凑在一起泡开，但那混账趁着我晚间站岗一小时的期间，把全部的汤喝掉了。他说以为我去守夜前已经喝了些，但他心里很清楚我根本没有。真是个混蛋，但过去两天他不断递香烟来，我也只好释怀了。我发现把柠檬汁粉末倒进温热的朗姆酒里会成为不错的夜宵饮料，特别当你身处贝斯克拉平原旁的山顶上。

1961 年 9 月 26 日

我们今天整天在山里上攀下爬，我却患了严重胃痛。军医诊断后却说没什么大碍。我担心这有可能是盲肠炎，但军医又有什么理由可担忧呢？这是我的肚子，又不是他的。

隔天

我的胃痛好了！那军医的判断是对的。真是惊人啊！

1961 年 10 月 2 日

今早我收到安东尼来信，说珍妮弗中止了她的婚约。这是长久以来第一个好消息。

1961 年 10 月 3 日

曙光乍现时我们动身离开，而当卡车缓缓离去，好几百个小孩从整排屋子里跑了出来，他们每几秒便停下脚步，在我们扎营地的草石间翻找着遗留物。我在想我们留下了什么——大概是一两只手表、几个硬币或照片、弹盒、弹药等。

我们往西北方开向巴特纳，然后沿着主要的国道，也就是第三公路，向北穿过康斯坦丁，再朝西边的密拉而去。抵达后我们立即被直升机空运到山里，突袭某村落的敌军。他们就像现行犯被抓到手持兵器，只好放弃了反抗。

进入村落之前，皮勒图来到帕普克中士身边询问能否"处理"村里的女人。我很高兴帕普克中士把他臭骂了一顿。皮勒图竟会要长官允许这种事，我觉得颇惊讶。像这种人，你最好任何时候都别让他走在你身后。而帕普克中士的反应正如典型的他，一个正直男人会做的事。然而我认为他的价值观算少数派，显然皮勒图被拒绝时看起来也很惊讶。

夜幕来临前，老天接连送了赫什菲尔德两条命。他经过树下的时候听见枪扳机打在弹膛上的咔嚓声——连续两次。他抬头看见一个敌军拿着霰弹枪正对准他。那倒霉的敌人原本想从赫什菲尔德背后给他两发的，但两个弹药筒都失灵了，代价是他自己的命。

敌人赶紧满脸笑容地从树上跳了下来，道出一连串急促含糊的问候语，说什么不朽的友谊之类的。但他手中仍握着短管霰弹枪，那模样十分欠缺说服力。没有人会比赫什菲尔德几秒前的处境更接近死亡，所以他要确保这个人没有再一次尝试的机会。他拿起冲锋枪，朝敌人射光了半盒弹仓。故事就这样结束了。

1961 年 10 月 11 日

晚间八点多我们从山中回来。用完餐之后我们在帐篷里头看书打牌、喝酒闲聊，事情就发生了。犹如炸弹般的轰然巨响突然引爆开来，在场的每个人都震惊到足足有五秒钟没反应过来。而震惊过后，我们同步奔向外头的黑暗中。15 码外的连队总营帐成了一团冒烟的残骸。我们扑上去，试着用刀子和双手扯开残骸，而当帐篷的罩子被掀开，眼前出现的是惊人的一幕。

吉普车从四处飞奔而来，大灯聚焦在这片恐怖的场景上。不过几分钟之前还有十个人坐在帐篷里。他们才刚执行任务回来，而其中一人脱下装备时，有颗手榴弹的保险栓不经意卡住，被拉出来了（这是过了几小时后才侦查出来的结果）。我们每人身上的装备带都吊着许多手榴弹，之前我就意识到这似乎挺危险的，尤其当我们强行穿过茂密的灌木丛时。总之，那是个只有两秒引爆的美国制手榴弹，两秒钟后它炸了。

我们走进帐篷里，现场一片混乱。无人逃过一劫。这是让人难过的情景，它几乎凝固了所有人的情绪。帐篷里的十人中有四人瞬间毙命，其他人则徘徊在生死线之间。

天呐，生命真有可能突然就来一个转折。当我的人生非常顺利时，我一定会提醒自己今晚的事。

1961 年 11 月 1 日

我们回到菲利普维尔。我们必须格外警觉可能发生的骚动。在白天，我们将卡车和人手通通挪往市中心的广场，却未发现任何骚动。然而今晚的报告说阿尔及尔那边出现了暴动，有 67 名阿拉伯人被杀，加上好几起塑料炸弹的爆炸事件，却没有情报说是谁干的。过几天我们就要出发前往突尼斯边境。我忽然对菲利普维尔的一切兴趣了然，期盼再回到山区里。如果我们不能够踏出兵营，那不就像个牢笼一样？那么我宁可回到山里出任务！我们没有电话，被禁止与外界联络。想想我已经近两年连一通电话都没打过，真不可思议！

1961 年 11 月 4 日

我们朝着东方往朝阳驶去，经过彭恩然后到了海边的小镇拉卡利。紧接着气候改变了，我们到达目的地开始组装帐篷时，一阵雷雨让所有人的脾气变得更糟。班农特自告奋勇地让他的分队（就是我们）担任夜间巡逻边境的任务。他还真会找时间逞能！

整个军团沿着大约 50 英里的边境散布开来，每个连队各自执行独立的任务。这一侧的国境与摩洛哥那侧看来一模一样，到处是地雷与带刺的铁丝网，全是些不友善的东西！而两国的国境中间夹着一片无人地带，就与摩洛哥那边一样；这里的中央有座小山，挡住了对立双方人马的视线。而两边国境之间的最短直线距离大约 1.5 英里。

1961 年 11 月 18 日

凌晨三点，我们从睡袋里被挖起来，赶往铁刺网蔓延的边境。敌军用炸药桶炸出了一条路。他们做好精确的协调，在好几个地方同时进行突破；在暗夜的遮掩及混乱的情况下他们大获成功。接下来整个早上，俯冲轰炸机与迫击炮火连续轰炸那片无人之地，但目标早已消失不见，一切都是枉然。

1961 年 11 月 21 日

直到现在，我们从未冒险进入那片无人地带。然而情况似乎不妙，敌军已逼近，就驻扎在边境正中央的那排丘陵后方。这明显让他们贴近我们的铁刺网线，而他们每推进一步，就有更大的机会在夜里突破包围。

虽然我们不停进行规律的炮火轰击，但实战经验告诉我们，面对精良掩护的阵地，这样的攻击必然无益。因此，最终的决定是明天晚上，我们将朝那片丘陵发动地面攻势。

1961 年 11 月 24 日

午夜时分，我们悄然出营——没动用到卡车，确保安静无声。之前炮火已轰炸山丘一整天了，希望能减少一些我们必然将面对的敌方势力。这次是个大任务，整个军团都参与了，同时某些正规军也加入我们。

破晓时，曙光落在士兵们蹲伏的身影上，我们在丘陵顶峰的正后方等待冲锋的指令，准备跨越山头。肾上腺素推动着血液奔流，阻隔了清晨冰冷的湿气。从灰暗之中，我们看见九架B‑26 轰炸机，先是远方一阵嗡鸣，然后它们带着雷鸣般的呼啸声低空飞过我们头顶。几秒钟后，他们朝底下的丘陵投弹，极大的声响随之而来，撼动周围大地。紧接着沉重的枪炮声在我们身后响起，炮弹嗖嗖飞过时仿佛触碰到我们头发似的，跟着轰炸机的轨迹在山丘另一端扬起毁灭性爆炸。

轰炸持续了两个小时，接下来是一片宁静——如果我预感没错的话，这可是不祥的宁静。忽然间，前进的指令悄悄传了下来。我很快咬了一口巧克力便上路了。然而突如其来的反击令我们不知所措。走了不到十码，天空已出现变化，我们睁眼向上望，看着迫击炮的弹壳像雨点般落下。接下来是全然的混沌——根本没有地方躲藏，连能掩护的石头也没有。我们就像池塘中央的鸭子，身处于整片空旷地。但为了攻击我们，敌军已暴露出自己的所在地，顿时我方无线电立即发出信号把位置传给了炮兵，让大炮再度发挥作用。

敌人对我们造成的直接冲击相当严重。轻型炮营似乎承受了敌军最强大的火力。在我四周许多士兵都陷入困境，有人呼喊救命，也有人躺着不动了。然而我没时间去理会这一切，因为我们正朝着山顶冲锋，为了生存而战。

渐渐地，我们把他们逐出无人地带，我们穿越国境追击他们整整一天。

隔天

我们停下脚步休息养伤。有许多人被敌方迫击炮弹的碎片所伤。杰伊斯上尉很欣赏我们昨天的表现，给整支连队买酒表示赞扬。越了解杰伊斯，我就越喜欢他。他很有人缘，到头来这才是最重要的。

发薪日到了。我花了半天与西尔博那老家伙玩扔硬币游戏，他几乎把我给清空了。每到发薪日就是西尔博最光彩的日子；中午时他朦胧的双眼已失去焦点，"喝到盲"是最贴切的比喻。

几天后

这几天我们执行常规任务，白天沿着铁刺网巡逻边境，晚上则埋伏在无人地带。敌军看似没什么活动，他们也在养伤吧。驻扎的位置换了，这次轮到我们搬到馆子旁。人生真美好啊！

有一天，我在小卖部与巴克米尔中士聊了很长一段时间。他有点像连队里的书记，通常很安静，却不乏一种阴险的感觉，仿佛只有他自己握着机密情报似的。聊天中他稍微敞开心扉，二战时他曾为战俘，被监禁在兰开夏郡，邻近布瑞的市郊区域，所以他对北方相当了解。他说着自己在农田工作的时光，还谈起麦片粥和玉米片。他似乎很享受那段时光，显然比我们在科尔迪茨的同胞幸福多了。

他说我的智商是全连队里最高的，意思大概是他对其他人的评价更烂。在贝德福德教过我的所有老师听到这句话大概都会流下眼泪。他还说普拉特马卡、格拉瑟与威勒蒙都曾提名我进士官学校，但每一次都被第二分局情报单位给拒绝了。他们没给出任何理由，但似乎怀疑我的身份与来到兵团的目的。他们会这么想我并不惊讶——我自己都感到彻底迷惘了。从第一天起他们就觉得我很可能成为逃兵，而显然他们依然认为我逃跑只是迟早的事。

1961 年 12 月 12 日

我们凌晨三点动身。绵绵阴雨连续下了八天，一切都湿透了：睡袋、帐篷，里里外外没有一处是干的。衣服更是彻头彻尾湿尽。在这些阴冷黑暗的清晨，我们从梦中瑟瑟发抖醒来，衣服湿漉漉地黏在身上。想要开心是不容易的，更何况也没有任何开心的理由。

前往山区再次把敌军赶出巢穴的时刻到了。我们的行动就像在玩"一二三，木头人"。法国军方的战术有时难以理解，但不得不说他们确实造就了像拿破仑、克列孟梭等伟大的战略家。

这次行动与上次的突击差不多，但受过前一次的锻炼后，我们的胆量更大了。那些敌军尚未深入巩固自己的地理位置，所以我们的 B-26 轰炸机这次便掀起了更具毁灭性的效果。我们很快就逼迫敌人拔腿逃生，然而在那之前，他们用机枪扬起的几波攻势也对我们造成大损伤。有一波子弹仅离我差了几英寸，击中跑在我身旁两码的同伴。他的膝盖中弹时，我从未见过有人如此痛苦的模样。有个军医在附近，我们立即把那伤兵拉到一个山沟里，让军医打吗啡到他体内。我继续往前冲，脑中想着不知何时会轮到我，顿时觉得自己的膝盖似乎赤裸裸的毫无防备。

借着人数与火力的优势，我们将敌人往后推，然而与上次一样，我们得立刻转身，在暴雨和泥泞中拖着疲惫的身躯回家。到底这一切都是为了什么？

1961 年 12 月 14 日

今天收到两份包裹。一个是我哥哥安东尼寄来的保温瓶，另一个来自罗黎斯与莱拉，里头装着整篮"福特纳姆"最棒的产品。他们将永远无法了解这些东西带给我的意义，因为当我们再次见面、当我有机会亲口告诉他们时，情况已经与现在不同。他们无法想象我当下的感受。拥有保温瓶，代表当我在黑夜湿冷的山里执行埋伏任务时，能亲手握着加了白兰地的热茶暖和身子。这如同珍宝。我把所有食物带到第四连队的好友乔治·潘可那里与他一块享用，我们的嘴停也停不下来。乔治再一个月左右就要去士官学校了，心情似乎还不错。他能说一口好英语；借用他自己的话来说，每天被下士、中士级的长官使唤来使唤去，已经忍无可忍了，他觉得是时候自己也成为一名士官了——这听来颇有道理。

我们和往常一样聊起"龙骨"（La Quille），以及当我们回到平民生活时想赚钱成为富豪的打算。龙骨是一艘船的名字，用以将服完刑的囚犯从恶魔岛载回人世间。而在这里，我们把龙骨喻为退伍，也就是离开外籍兵团的那一刻！

1961 年 12 月 18 日

军事行动继续着，雨却从未停过，我们依然得辛苦跋涉到边界之间的无人地带，埋伏一整晚，冷得要冻僵了却一个鬼影子也没见着。所幸其他有些方面确实有进步。

我们收到一些暖贴，只要拉掉上头的细绳贴在衣服里，便会产生热量。它们像是里头装着化学药品的大信封，产生化学反应后可造出热能，很受伏击成员的喜爱。出任务随身携带的罐装口粮也稍有改善。在此之前，我们只能领取各自的军用口粮，M 类是给穆斯林的，其他人则领取 E 类口粮。取决于哪时段还剩哪个种类，他们会直接分发给我们。E 类里头有罐头牛肉、罐头奶酪、罐头沙丁鱼、一条巧克力、一小包脱水浓汤、两包柠檬水的冲泡块、一包咖啡粉、一小瓶水果口味的白兰地酒及一些卫生纸。穆斯林口粮以鲔鱼取代牛肉，没有白兰地也没有卫生纸。总之，现在我们收到集体配额，里头的罐装食品有更多种类，而且摆脱了那可怕的沙丁鱼！

隔天

我们一整天朝着西南方的塞蒂夫前进，穿越大雨、飘雪和狂风并于夜间在卡比利亚山脉的高处扎营。每个人的脸都因寒冷而瘀肿，风沙则让我们的眼珠子变得呆滞，像红色凹槽里的两颗石子。黑暗中，我们冻僵的手指居然成功架起了营帐。我们将两个较大的帐篷组装起来，长官们挤了进去，剩下的我们等到早上才处理。我们在一个名为伯尔布尔罗的小镇附近，一个鸟不生蛋的地方。等到卡车在四周一阵奔忙完毕，整个营区已沦为一片泥潭。

然而就是这样的时刻，人们需要斗志；就是这样的时刻，当周围的情况已糟得不能再糟，当一个人已在崩溃边缘，差点完全放弃希望时，咬牙坚持将有所回报。就是在这样的时刻，真正坚强的人格会脱颖而出，而意志薄弱者则会被彻底摧毁。

四周一片黑暗，什么也看不见，人们要想偷懒不干活是相当简单的事。然而此时此刻，我们需要每一份人力，如果每个人能倾注全力将使最终工作变得更容易。若有人选择躲在暗夜里或刻意不使尽全力，都将危及整体行动。

寒冷是我们的第一大敌——饥饿与酷热还勉强可以忍受，但寒冷会扼杀士气。想象在黑夜中钻进湿透的睡袋里，高山上大雨滂沱、飓风哭嚎，箱子铁杆及各种装备散布在四处，一片混沌中人们穿着结满泥泞的靴子走动，失足绊倒对方……没有什么能够比拟这种感受。若再加上有人跟你说今晚三点到四点轮到你守夜，任何人都会爆掉。

1961 年 12 月 22 日

圣诞节即将到来。每个帐篷都架起圣经里的圣婴马槽与各类装饰品，准备为庆典狂欢。有歌舞才艺的将在圣诞夜当晚，在被称为宴会大厅的大营帐里为大家表演。整体氛围相当具有竞争性；每个分队都想做出丰富的灯光效果与色彩装饰，打造出最棒的节庆展示来击败对手。外头正大雨如注，山中狂风有如孤寂的野狼在叫。圣诞节算是这当中难能可贵的慰藉。

平安夜

我们已巡视过山区，确保在享乐时敌人不会趁机靠近——幸好我们这么做，因为我们与一帮敌军迎面对上。那时刚过中午，人们的思绪已开始期待返程。我们站在某道浅山谷的一侧，底下 40 码有条溪流，再过去的地形则往上斜，那端是岩石覆盖的山丘。与往常一样，敌方的攻击总是突如其来，轻兵器炮火如断奏[1]般从我们侧面响起。右侧的士兵似乎吓着了一组敌军，对方像受惊的羊群直朝我方阵营冲过来。

1　一种钢琴演奏技巧。使钢琴发出的两个音有一定缝隙，而每一个音都能呈现饱满、圆润。

所有人同时开火。这一带没有树木，对方唯一的掩护就是稀疏的杂草和石块。在我方激烈的炮火下，他们有五人在瞬间毙命。其他原本躲藏的人也慢慢走出来投降。他们从地上一个洞里爬出来，兵器高举头上，虽失败了，但看起来却不乏活力。

要像野兔一样住在那种地洞里，这些人一定相当坚韧。他们的洞穴里有衣物、无线电、足以支撑一整个军旅的粮食以及一整个军团的兵器——斯登冲锋枪、布伦轻机枪、双筒望远镜、指南针，应有尽有。真是大丰收，也算是庆祝圣诞的序曲。

每个人都趾高气扬、精神振奋地回到营区，准备好狂欢。

每个篷子的内部装饰都很棒，几乎可以用美丽来形容。人们花了多么大的精力创造出这一切，难以想象这都是由外籍兵团雇佣兵的粗糙双手所完成的。晚上我们聚集在宴会厅的帐篷里。钱农上校巡视各个连队，预祝所有人好运。而德国人用他们独特的唱腔唱起"平安夜"，这里的氛围弥漫着友谊与善意，比起寒冷的室外与今天下午的死亡冲突，真是极大的反差。

杰伊斯上尉给连队的每人一样礼物，热情地握了握每个人的手并说些祝福的话。那些礼物包括收音机、照相机、手表、电动刮胡刀及其他东西，都是"门廊"酒吧的盈利赞助，真可谓高明的福利赞助方法。等活动告一段落，每个分队再回到各自营帐，坐下来享用豪华的晚餐。一个位于深山里的战地厨房可以做出这种质量的食物，烤猪肉和烤鸡肉、色拉和豆子、各种蛋糕和奶酪，令人难以置信。真是场味觉的盛宴！

我们整支分队用了20瓶葡萄酒、4瓶兰姆酒、6瓶白兰地、好几瓶马丁尼和苦艾酒，以及24箱啤酒来武装自己。总的加起来超过300瓶酒，而整支分队只有24个人。我们用酒精驱散夜里的寒冷，也用酒精封杀另一段人生的回忆；我们敞开心扉高声歌唱，拼命灌酒直到它差点从耳朵溢出来。我记得自己兜到其他帐篷去和朋友们打招呼，没有人停止奔波，大家游走在营帐之间，每到一个地方必会受到热烈欢迎，必会被敬酒好几轮。

柯曲和我组成二重唱，唱起《孤寂的七日》与《汤姆·杜利》。在每个分队面前我们均获得巨大成功。柯曲可以为任何调子做和声，我必须承认那听来真的很棒。人们递来酒水表达他们的赞扬。

凌晨五点我依然在狂欢，但此时轮到我站岗了。我的精神已遭酒精劫持，徘徊在营地附近的山区里，意识早已朦胧得就连冰寒的天气也无法让我清醒过来。这真是敌军袭击我们的最佳时机——然而今天下午的炮火重击确实奏效，似乎浇灭了他们一直想找麻烦的热忱。六点时有人来接替岗位，之后我费劲地爬回自己的睡袋里。又一年的圣诞夜就这么结束了。新年即将到来，我心满意足地酣然入睡。

1961 年 12 月 25 日

圣诞节在外籍兵团里永远是令人伤感的一天。昨夜的圣诞晚宴才像是节日该有的样子，而圣诞节本身却成了梦魇。成群宿醉的脸，完全扼杀了节日该有的气息。连过去对圣诞节该有的记忆也被昨夜的酒精给冲淡了。今天成为最寒心的日子，没有欢笑，没有圣诞佳节的精神，没有任何感觉。围绕着我们的地势就像月球表面一般；整片荒芜，没有树、没有草，只剩冰雪、冷硬的石头和冻结的泥泞。在我的四周，人们意识麻木、脑袋发疼。而寒冷——这要命的寒冷，那才是最大的问题。

隔天

有两个连队出发执行任务。他们直接碰上了麻烦，正与我们在圣诞夜发生的事件差不多。而现在整个兵营充斥着抓回来的俘虏。他们正在遭受审问；虽然我没亲眼看到，但传闻我方运用了"老式"的军用手段逼着他们吐出情报。

1961 年 12 月 27 日

距离这里约十英里有个军事行动成员的小型前哨基地。他们的长官全是法国人，但主要成员由法军里的阿拉伯士兵组成。昨天晚上，那些哈基斯人突然起床，杀了他们的军官之后逃跑了。我们花了一整天在山里追赶他们。然而他们的脚步敏捷，这里的地形又是蛮荒一片。今晚我们只好在野外露宿，明天一大早再继续追赶那些哈基斯人。天空下起雪，夜晚一片黑暗，我们身子唯一的热量来源于颤抖本身。

次日

雪花转变为毛毛细雨，我们一步接一步走过无数里路。完全找不到那些家伙的踪迹，仿佛他们已融化在白雪之中。在这山区，黑夜比平常来得更快，因此我们根本没机会找到他们。晚间我们回到营里，等不及把热汤倒入口中。

出乎意料地，妮可捎来的圣诞贺卡再度点燃我的心头之火，激起那曾经饥渴的爱慕，她的身影猛然出现在我脑海中。卡片上没有回邮地址，因此我把信写给克里斯蒂安·塞尔夫，请他帮忙联系。怀着一颗期待的心，让我的状态变得再好不

过。没想到一片雪花或一张纸片对人的情绪竟有如此大的
影响。

1961 年 12 月 30 日

短程侦察任务——更多庆典将至，我们可不想疏忽大意而
遇上麻烦。换句话说，我们可不想裤子还来不及提上就被敌人
打个措手不及。

1961 年 12 月 31 日

庆祝活动开始。到处是欢声、笑声与歌声。这比圣诞节好
上千百倍；人们这次比较有节制，不再盲目沉沦于酒精里。我
们虽然喝了很多，但不觉得难受。

1962 年的曙光即将到来，1961 年则在暗夜中消逝。真是
一个解脱，但我的兵团生涯才开始不久，还没走完一半的旅
程。这想法令我立刻清醒过来，时间仍在运转，而远方的地平
线已出现了第一道微光。今年真是相当漫长，我人生的第 21 个
年头！在军团里度过了一年，但发生了这么多事，感觉仿佛经
过了千百年，我曾经以为这五年将会转瞬飞逝；但时间确实不
可能是飞的，时间挪动的速度让你觉得自己迷失在冬夜的汪洋

里，而天空连一颗指引的星星也没有。

1962 年 1 月 1 日

今天是兵团的休假日！连队集会在主营帐里进行。杰伊斯回顾过去整年的表现，说我们是多么优秀的士兵。我们举杯敬酒，为了我们自己，为了外籍兵团，为了法国、戴高乐，以及其他各种崇高的理由。许多人高歌着行军曲 *Le Boudin*、《白色平顶帽》等，然后要求志愿者站上桌子歌唱的嚷嚷声不断。

令我感到难堪的是，有人呼喊"约翰尼与柯曲"，他们不断重复喊叫，就像足球场里的粉丝。杰伊斯把我和柯曲叫上去，我们只好跳到桌面放声唱。天晓得我们唱了些什么，我压根不愿意回想，但柯曲了不起的和声使我们听起来好极了。人们齐声喝彩，呐喊要我们继续唱——原来酒精对人们的听觉标准有那么大的影响！大伙儿朝我们敬酒，然后大口畅饮。这是很棒的体验，我彻底享受这一刻。今天的氛围相当悠闲，每个人的状况都很好。史提芬的脸涂满黑色鞋油，头上戴着宽大的贝雷帽和黑色墨镜，那模样太牛了；他摇头晃脑地到处走动，手中拿着蜡烛称自己为"蜡烛之王"。查理昨晚恍惚地睡去，今早醒来时全身光溜溜。我们告诉他，他在不省人事的时候遭侵犯了；许多见证者恭贺他成为百年难得一见的情色片公演里头的主角。之后他花了一整天寻找可疑分子，到处抓人问道："昨天是你搞我的!?"当然他找不到犯人。犯人根本不存在，然而他永远不会知道。

1962 年 1 月 2 日

今天我们重拾严肃的态度，再次展开军事行动。我们在破晓时动身，徒步行走于山中一整天。昨天能松口气简直像做梦，是种高强度浓缩的休闲时光；那是这几个月甚至数年来在孤寂的群山、无止尽的徒步跋涉当中，无比珍贵的间歇时刻。

现在是晚间六点，今天的跋涉就到此为止。我在山崖旁的邻海步道上，将睡袋铺开于坚硬的地面，希望补足所需的睡眠时间。太阳已躲到层峦叠嶂的天际线之下；天空的远方透着红色，近处则由蓝色渐转为紫色，而头顶是一片漆黑。在我的周围和下方，军队闪烁的火光点缀着整片大地。山谷的斜坡先向下再朝上延伸至另一端，天空逐渐转暗，幽暗的阴影笼罩整片峡谷，但在它怀抱里，好几排燃烧的火把使黑夜稍微明亮。人们分成小组围绕着火光，身影往前倾，盛了豆子或咖啡后再消失于黑暗中。黑夜像道帘幕迅速降临，人群的声音变得朦胧而柔和，最终化为一片寂静。营火也熄灭了——又过了一天，是时候钻进我舒服的睡袋里，充分休息以面对明天的挑战。天啊，真是趟漫长的旅程！

隔天

安卡希寄来的包裹里满是食物。巧克力上的标签、褐色包装上的邮票，加上意识到它是远在英国家乡的朋友亲手打包的——这些全给了我任何盛宴都无法取代的动力与养分。人生中最简单的东西往往带给我们最真实的满足感——永远，永远不能忘记这一点。这真的是最宝贵的感悟。我这些包裹的质量让波多因吃了一惊，他判断这些全是"高档货"，因此，现在他开口闭口就叫我"约翰尼老爷"。

1962 年 1 月 6 日

凌晨 1:45 要起床，意思是在我们在躺下后不久便要起身。我们的卡车穿越阴暗湿冷的夜幕，在 5 号国道上朝东前往塞提夫。然后我们再从塞蒂夫经由 9 号国道北上，五个小时后抵达科罗塔峡谷。

穿越峡谷的道路迂回崎岖，它是许多年前由外籍兵团亲自建造的，而镶嵌于路边岩壁的巨大匾额就是见证。峡谷本身是个奇景，站在路边你可以看见垂直的岩壁直冲云霄，那是难以置信的结构，无可比拟的地理断层带；这个大地奇观令所有人目瞪口呆、脖子僵硬。然后，众人才惊骇地意识到我们必须往上爬！某种动物在岩壁上留下一道曲折的轨迹，可能是山羊或天晓得什么东西，我们排成纵队沿着它往上攀爬，沉重的背袋压得我们弯腰，下巴几乎要碰到膝盖。大伙儿迎着毛毛细雨爬向天际。岩壁顶端被飘缈的云雾掩埋，我们只能在薄雾里小心翼翼地行走；一个失足命就没了，这我们很确定。

终于到达峰顶的那一刻，我们却遇上一群在此扎营的敌人。他们从没预料到我们的出现，因此双方都极度惊讶。他们很快地逃走了，云雾却阻碍了我们的追击。普洛门拿着机关枪，而我手持着整排弹药，两人合作把它架在石头上，我塞进弹药带，由普洛门使劲发射——机关枪沉重的嗒嗒声响彻云霄。在天气的掩护下对方依然顺利脱逃，算他们命大！在附近，我们找到一个小农庄，似乎是他们之前的庇护所，我们便把它给烧了。他们的卫兵八成是打了瞌睡才让我们有机可乘，等他们停下脚步分析局势时，那家伙很可能小命不保。我知道他们无论法规或纪律都必须非常严厉，因为若非如此，他们早已灭亡了！

我们越过山岭追击，但在云中要找到他们的机会非常渺茫。到了傍晚，我们开始下山，途中经过一道山谷时发现一棵橘子树，大伙儿像蝗虫一般扑了上去——对疲惫的身体与干渴的喉咙而言，我从没尝过这么甜美的水果。我们填饱了肚子继续下山，到达峡谷底端时已经晚上了，而且全身湿到骨子里头。我们找到几个废弃的兵营，里头的地板全铺着麦秆，我们就在那儿度过一夜。

1962 年 1 月 18 日

我们在雨幕覆盖苍穹的拂晓时刻动身，开回菲利普维尔。晚上我和罗宾·怀特碰面，把酒闲聊，交换信息。我感觉罗宾很想去前线出任务，而非整天待在兵营里。他似乎不晓得外头的状况；要跟他换位我什么时候都愿意。

1962 年 1 月 20 日

敌人开始有了大动作。这种冲突本身就是个循环，年初的局势已日趋紧张，通常到最后会突发成为严重事件。

23 点成了宵禁时间，因为塑料炸弹盛行的季节又来了。我进城里，发现酒吧和餐馆的门窗全封了起来；在这时候开店多赚个几毛钱，丝毫无法补偿手榴弹飞进店里的风险。整个地方像座鬼城般死寂。然后我在无人的街道上游荡，或许是期盼命运扭转或奇迹发生，让我能遇见妮可——但我知道这绝不可能，而且我已不是孩子，不会再盲目相信这种渺茫的可能性。

> 我们是音乐的创作者，
>
> 我们是做梦的梦想家，
>
> 走过那孤寂的海岸线，
>
> 栖身于凄凉的河道旁。[1]

　　排水沟里有个空啤酒罐。我稍改变行进方向朝它狠狠踢了一脚，它发出铿锵声滚动在无人街道上，回音反射两旁空房的墙壁——所有人都回家了，除了我。

1962 年 1 月 25 日

　　今天我们为法洛少校举行阅兵典礼，他即将结束 32 年的外籍兵团生涯，那真是段够长的时间。同时军方颁发大批勋章给许多人，或许是为了提升士气，让我们打消转移阵营的念头。传说中的秘密军队规模正在壮大，他们定会惹出来许多麻烦！

1962 年 1 月 30 日

　　"去跟连长报到！"我收到这样的命令，却未获知任何理

1　1874 年的诗歌 *Ode*（名为颂曲）开头，作者为 Arthur O' Shaughuessy。

由，仅被告知要在九点到杰伊斯面前。他检阅我的徽章册子，也就是我的个人档案。他注意到我最初不肯加入伞兵团，这代表我是问题士兵。他还注意到我时常像个旁观者，似乎基于某种原因从未彻底融入外籍兵团的生活。至少这是他过去的想法，但圣诞节期间我的表现已让他稍有改观。我知道他们很重视歌唱，但这简直太荒谬了！他接着问我对外籍兵团的事业拥有怎样的抱负。我差点脱口而出：我想离开这里！但我想了想觉得还是别说吧。谈话的结论是他考虑在未来推荐我去士官学校，并想知道我的反应。对此我尚未表态——未来某个时段或许可行，但此刻我不想成为下士，也不想考虑任何诸如此类的事。

1962 年 2 月 3 日

我们的军事行动必须中止十天，同时位于埃维昂的谈判持续白热化。即使如此，明天我们依然会前往菲利普维尔后方的山区巡逻，军方相信那里有敌军的医院——这可是个无法抵抗的诱惑！

1962 年 2 月 4 日

七点离开军营。暴雨滂沱，我们的行进速度变得极度缓慢，根本难以穿越灌木丛，六个小时才走了两英里，每踏一步就得劈砍好几次。最后我们碰上敌军的营地，但不久前他们已离去，而我们到时天色已迅速转暗，追上去也没用。他们的兵营做得真好，屋子埋在树丛当中，用茅草巧妙地编织成屋顶。即使已下了五天大雨，里头竟全是干的。我们找到锅、油灯，没其他特别的东西。我们把它烧了然后踏上返程，抵达营区已经是半夜了，一身又湿又冷又狼狈。

1962 年 2 月 22 日

完成了两年的役期。是谁说我撑不过去的？

逃兵的比例仍在提高。今天听收音机说有外籍兵团的成员成为刺客，并引述了某位兵团成员刺杀一位律师的案例，说他被判十年刑罚。十年听来简直太仁慈了。

两天后

查理今天在面对梅尔下士的时候突然丧失了理智，竟然朝他挥拳。倒霉的他今晚得睡在"坟墓"里头。当一个人接受"坟墓"的惩罚，他必须在地上挖一个棺材形状与大小的洞，然后睡在里面。夏天时这是会把人烤成灰烬的极刑，冬天则是会淹死人的极刑。查理今晚要冻惨了，而且如果下起雨他很可能会染上肺炎。

两天后

昨天我溜达到兵营旁的小村庄。村民保持平静多疑的神情，但并未展现出敌意。我很少看见男性村民，除了小男孩与老人。壮年人多半已逃到山里去，等待能回家的那天来临，期盼不用再受到我们这些士兵，甚至敌军的暴力胁迫。他们已夹在我们这几方势力的中间太久了。每次看到这些小村落，我没有一刻不感到震撼。贫困让他们毫无翻身机会。泥土和树枝叠起来的屋子看来是那么的脆弱；里头的人们在冬天必然冻僵，夏天则汗流不止。雨要是下得大一些就变成溪流洗劫整座村子，冲过每一幢屋子，却无人在意。到处都是泥泞，每个人营养不良的身躯只披着破布衣服。村庄里仅有一座砖瓦建筑——那曾是他们的学校，现在却已成了牛棚，虽然我认为法国人当时是出于好意把它建起来的。河岸边还有几块适于耕种的土地，留有尝试种植稻米的痕迹，更高处的山腰上则长着橄榄树。然而他们缺乏排水系统，大雨一来什么也冲走了。

他们不了解该怎么做，也没有人有时间来教他们。女人们则像奴隶般辛苦干活；小女孩顶着水壶仓促地奔跑到井口边打水，生活千百年如一日地重复着。

这是个令人清醒的领悟：这么一个贫穷荒寂的国家，老百姓愚昧无知。而今夜我们与他们都将静待于山中，手握枪坐在黑暗的路旁。通往各自目标的路还长着，为之献身还为时过早。

一周后

谈判在埃维昂持续进行，战争则在这里的山区中、沙漠里、巷道间持续进行着。看来秘密军队是谈判无法抵达共识的绊脚石，而这正是他们存在的意图。

昨天阿尔及尔发生 200 起塑料炸弹事件。有颗炸弹在学校里爆炸。我无法宽恕这样的行为，但我了解他们的感受。

今天我们宰了一头野猪，在炭火上烘烤。这肉绝对是全世界最鲜美的，配上大量的穆阿斯凯尔烈酒正好。

休战时刻

1962 年 3 月 18 日，历经了七年的痛苦光阴，双方终于宣布停火。对某些人而言，这是希望与梦想成真的一刻；另一些人则失去了一辈子努力奋斗而来的一切，是一段人生的结束。

这也是全新的开始，然而许多人却必须从头来过。

即使如此，独立的时刻尚未到来。依然每天都有逃兵脱离我们的阵营。

山中的战争结束了，但街巷间的战争很可能刚要开始。

第九章　插曲

搏斗课程

1962 年 4 月 20 日

我们在罕西拉往南 100 英里扎营。脚下的沙漠像无尽的海洋般延伸至地平线彼端，北方的奥雷斯山脉则直冲云霄。整个地方一片孤寂。过去四天有狂风自南方吹来，又热又干，席卷而来的红色尘土钻进我们的背包、食物和兵器中，甚至连眼睛、耳朵和鼻孔也全是沙。我们的唾液腺不知怎的已停止运作，胃口也全没了，一整天下来只用半杯水浸泡干瘪的汤包，硬生生灌入喉咙。

一连九天我们都在执行巡逻任务。在停火协议之下，敌军被允许带着武器进入某些地区，其他地方则不行。这里正是他们不能武装进入的地区之一，按理说他们不会来这里。

无线电里正在广播每天的伤亡人数，塑胶炸弹依然在主要城市造成大量破坏。两天前，阿尔及尔发生严重屠杀事件。一些欧洲人在禁区里行走时遭到攻击。我们被派到远离城市的地区。

一周后

我们目前位于坦拉格麻，大约在奥兰南方 150 英里。这是我们最新的基地，但却像个荒废之地——最近的大城市是康斯坦丁，在 20 英里之外。我们却连那儿都去不了——那里是禁区。法国又召开了一次公民投票，询问阿尔及利亚是否应该获得独立。结果为一致赞成。

1962 年 4 月 28 日

卡马龙日又将到来。每个连队都积极准备许多摊位。一些西班牙人不知从哪搞来只年轻的公牛，伟大的外籍兵团士兵奈尔达承诺会去"斗"它。我记起他们去年在穆阿斯凯尔搞斗牛时引发的事件。我不认为这次会进步多少，但这至少让人们有话题可聊，也让开赌盘的人很爽。赌徒们都押宝在那条公牛身上。

卡马龙日

今早我们有个规模庞大的行军典礼。来了许多高级军官，视察者当中还包括一位四星级的将军。邻近的正规军也来了几位资深长官，携家眷一起观赏我们这些外籍兵团的牲畜都怎么过活。主要活动项目斗牛在午餐后的人群面前展开。斗牛场被一捆捆麦秆围起来，后方的群众不断往前挤。奈尔达穿得干干净净，干了几杯伏特加后他摇摇晃晃地走进场内。观众大声咆哞，公牛朝他冲去。奈尔达陷入大恐慌。看过那头公牛的样子，我不怪他。20个西班牙人赶紧跳进场内挽救西班牙的名誉，用酒瓶、扫帚、锄头柄之类的东西攻击那头牛。它狂暴地冲破麦秆堆的围墙，最后它逃命的身影消失在坦拉格麻村子的主要街道上。

此时，我和史提芬决定趁着骚动发生，溜出兵营去康斯坦丁逛逛。片刻之后，我们已坐在一辆车后面，搭了它的便车，前往那座大城市。

后来证明此举过于欠考虑，否则我们应该不会这么做。如果被抓到，我们必然会被当作逃兵面对控告。但总之，我们一直到许久之后才想到这层面上，因此当时整天玩得很愉快。

晚上在酒吧里，有个领口别着伞兵团标志的平民接近我们，他说需要找人做某些工作，问我们是否有兴趣，他可以立即帮我们安排。他保证两年后会把我们遣返到任何想去的国家。就某方面而言这听来很吸引人。我们说我们会考虑看看，后来在酒吧外面作出决定，若当晚搭不到便车回坦拉格麻，我们就接受对方的提议。最后我们搭到车——却只开了一半的路程。我们走完最后十英里时天空逐渐转暗。

在我们快抵达坦拉格麻之前，有位正规军的少校载了我们一程。不错的家伙。在他帮忙之下，我们成功通过外籍兵团驻扎在坦拉格麻一带的巡逻兵。

卡马龙日检阅

当我们回到村庄，却见到难以置信的一幕。

镇里的商人已接到忠告说卡马龙节日将到来，餐馆、酒吧最好是开着。然而他们并未遵从这英明的劝告，因此当整个军团醉醺醺地来到镇里，看到的是所有门户都关着，顿时引发了不悦。

我们外籍兵团的弟兄把这当作严重侮辱，感觉心理受到负面打击。商店窗户被砸碎，酒吧的门被撬开，酒瓶碎裂；坦拉格麻对任何不是外籍兵团的成员而言变成了危险地带。这里变成全然的灾难之地。军警疯狂地到处奔跑想制止混乱，然而他们寡不敌众，根本对付不了。

当史提芬与我下了那位少校的车，我们看见大街上是上百个外籍兵团成员组成的长队，他们摇摇晃晃地走着，肩上拎着各种战利品——有桌子、衣帽架、收音机、瓶子、椅子——其中六个人甚至抬着一台投币式歌曲点播机。这些人九成以上已神志不清，在昏暗的街灯下看起来相当怪诞，像在进行中世纪的某种游行仪式。

天空下起大雨，却未浇灭人们狂欢的情绪，回到兵营后情况更加失控。所有人全集中在军团馆子门口，士官们急着挡住涌进的人潮，酒吧已陷入一片混乱，毁坏的酒瓶与杯子在空中乱飞，喧闹声犹如火山爆发。

然后突然有人把具有杀伤力的手榴弹丢到人群里，紧接而来才是真正的打斗。积累已久的怨气在此刻爆发，好几位士官获得一顿殴打。局势变得火药味十足，极度危险——然后巡逻警备队带着援军到来，总共十辆吉普车，警笛音量全开。夜幕下人们疯狂奔逃，军警狠狠挥动警棒，狂欢派对宣告结束。

隔天

昨天的统计数字：15 位外籍雇佣兵消失了，连带失踪的是六把冲锋枪、两辆吉普车与一台道奇卡车。第四连队的比利时人乔是其中一个消失不见的。最新报告显示菲利普维尔总部有18 位同志失踪，他们带走两台无线电、九把冲锋枪及三台车。军方取消了所有人请假离开的权利。

1962 年 5 月 3 日

昨天我们被迫行军 35 英里，今天我们又被迫走回去。整个军团都得参与。这是他们把我们榨干的方式。天气热得令人发慌，有九个人陷入昏迷，此外第四连队有人心脏病发作，不是已挂了就是垂死中。停火协议大概让人们变得体力状态失常。

1962 年 5 月 5 日

史提芬与查理・努伊明天将离开，服役五年后他们终于能登上"龙骨"获得解脱。我知道那次在康斯坦丁城，威利（史提芬）根本不可能投靠秘密组织，他只是随波逐流罢了，和我一样。

我们为他们组织了欢送会，一直喝到他们倒下。知道自己将离开兵团使他们高兴得要疯了。他们宣告绝不会再回来。然而虽然每个人都这么说，却有许多人无法适应平民生活，只得在按捺自尊心之后回到兵团里。要适应外头生活是项巨大的挑战，回归军队代表他们失败了，因此那些不得已回来的人多半自愿去其他军团部队，希望认识的老朋友别发现他们又回来了。偶尔当我们讨论起退役的某人，我们会想象他一派轻松地走在香榭丽舍大道上，左右双肩各拥着三个美女；事实上他人可能正在吉布提或马达加斯加或其他的外籍兵团的据点做牛做马。

总之，要与威利说再见了。我很喜欢那家伙，将会想念他的风趣。外籍兵团里打破了人们彼此间的成见与误解，取而代之的往往是无疆界之分的伙伴意识。威利与我就是个例子。然而在每位成员服役的终结时刻，他得踏上属于自己的道路，原本的友谊将随着每一天的流逝逐渐淡化成褪色的记忆。我们有首歌唱着"我们必须开始淡忘"——但我永远，不会彻底忘记。

十天后

上星期我们在基德杰勒（Djidjelli）[1] 南方出任务，邻近泰可萨那。我们留下威利·史提芬与查理·努伊，他们猛烈地向我们挥手告别。我不晓得他们的未来将如何。

虽然我们持续进行军事流程，没有人会期望遇到什么事。这不过是一场闹剧。就算这里头存在什么意义，也在我的理解之外。我们只是不断在山里头爬上爬下。

今天行军时古诺伯倒下了，在窒闷的高温下不省人事。没有人为他感到难过，那家伙的性格与毒药差不多。

三星期后

我们把所有装备从菲利普维尔挪往坦拉格麻。昨天我在菲利普维尔的进城经历很可能是最后一次。在酒吧里我碰到一个人，出乎意外他居然认识塞尔夫家族与他们的朋友。事实上，他似乎认识城里每个人。他证实塞尔夫已全家搬回法国。而今

1　现已改名为吉杰勒（Jijel）。

天一大早，我们最后一次通过浦后兵营的大门，唱着第二伞兵团之歌。我们走下山坡，蔚蓝的海水在视线正前方，我们朝着主要干道而去，卡车正等待着我们；兵营就在身后面，等我们抵达山脚下它已成了过往的回忆。然后我们开向坦拉格麻，在菲利普维尔的那段故事就这样结束了。我会永远记得在此享受的一段美好时光。然而艳阳普照的丝多拉海滩仿佛像上辈子的事——当我依然活得像个人的时候。

1962 年 6 月 6 日

我们已驻扎在突尼斯边境十天。罗宾·怀特跟着最后一批卡车离开菲利普维尔。他说最后一天他们几个人到市里的墓园去清除外籍雇佣兵坟墓周边的杂草。这是最后一次有人打理那些坟墓。

然后，某天在苏格艾赫拉斯，我也在一个奇特的场合下亲身感受到敌意。那是个星期日下午，派夫利西克与我来到城里，经过某个清真寺时，出于好奇决定进去看看。我们脱下靴子，在前来迎接的圣贤面前深深鞠躬，以示敬意。我们仍穿着伞兵团的制服，虽然几位老者看到我们非常惊讶，但他们还是招手示意我们过去，与他们同坐在地毯中央的圈子里。我们所在的厅堂由各种美丽的地毯所点缀，人们坐着或跪在上头冥想。那些老者给了我深刻印象；他们将疑虑隐藏在长长的白胡子后面，伸出手来表示友好。我们坐着谈论彼此间拥有不同的信仰。他们都是好人，所说的话非常真诚。我完全感觉不到仇恨，正相反，我认为我们双方惺惺相惜。空气中有股善意的氛围。然而好景不长。突然有人走来，轻声告诉我们外头来了一些来者不善的人，很可能有麻烦，让我们赶紧离开。我们向那可敬的老者告别后，匆忙穿上鞋子。

来到外头我们吓了一跳，而我心中已做好最坏的打算。我认为在那一刻，派夫利西克和我距离死亡只差一线之隔。然而等寺门打开，那群老者中最年长的一位走出来，在众人面前与我们握手，示意友谊与再会。我们确实松了一大口气；见到长者给我们的祝福后，群众不情愿地让开一条路给我们。我们缓缓通过，竭尽全力克制想拔腿就跑的冲动。终于我们在街角拐了个弯，避开群众视线的那瞬间我们开始狂奔。

1962 年 6 月 15 日

马赛来了令人难以相信的消息：威利·史提芬和查理·努伊因持冲锋枪去银行被抓。这简直匪夷所思，但它听来如此疯狂，所以铁定是真的。我完全无法理解。几周前他们才因能够重获自由、重新展开人生而欣喜若狂，而现在他们却把这一切给毁了。太疯狂了。

所以在未来，当我想起老友威利，我不会想象他在海德堡大口饮酒、与德国小姐在桌上跳舞。我只能想象他在牢房的铁栏杆后头。他是个狂野、神采奕奕的男人。在牢里十年将会毁了他。威利就跟这里的许多人一样；他们仅活在生命的表面，或许我自己也是一样。那是因为我们不需要承担什么责任，不为任何事去焦虑担忧，也不为任何事去用心去在乎。

等威利被放出来他会更不在乎，到时一切都太晚了——那时他所剩的将只是毫无生命的躯壳。

一个月后

我们有个跳伞演习，共 20 架飞机参与。那是我第 25 次跳伞。在那之后没什么事发生，我们日复一日地过。

士气持续低迷，逃兵的比率不曾减退。这几天出现了许多新面孔，证明外籍兵团不管怎样都会招募新成员。有两个英国人到来，一位叫凯尼什么的，另一位是鲍勃·威尔逊。凯尼是一支英国伞兵团的前任士兵，威尔逊曾经是军官。他是个有趣的人，我猜他刻意伪装一些事，很可能表里完全不同。即使如此，我仍喜欢他的陪伴，他们看起来像在遇上麻烦时靠得住的类型，有这样的增援一定是好事。他们都被编排在第二连队。

我们的分队里也来了些新人，许多老面孔突然就消失了。也或许这并非突然，只是我发现得太晚。我们不再整天进入山区，每个人开始有机会认识军团里更多人。人们的脸看来相当熟悉，只不过我们从未在一处久留，未有机会与彼此打招呼。

消失好一阵子后卡尔森再度出现。我过去有时会在菲利普维尔的小卖部与他闲聊。他来自丹麦，稍微酒醒就会开口说英语，但这阵子不常发生。他通常是个活泼的人。我们分队还有个新来的匈牙利人，年轻又健壮得跟牛似的，而且对任何事都不屑一顾。我挺钦佩那样的态度。我觉得自己在意太多事了，但我情愿自己不是这样。这家伙的名字叫胡伯。他曾威胁要干掉古欧下士，这正是我欣赏他的另一个理由。要是他敢真的实行，我会更喜欢他。

大部分的夜晚我们在拥挤的小卖部里度过，沉溺在酒精里，高声唱着德国行军曲。

士官长古欧是个守旧派成员，最近他的人生际遇就跟上战场没两样。几天前我们有个跳伞军事练习，命令指示落地后我们必须安静。古欧因违反命令被关禁闭八天。被放出来后他才刚去馆子里庆祝，却又立刻惹上麻烦。他本来应该要在那里值班，这是只有士官才能轮流享有的特权，但他却以整箱的香槟酒灌醉了所有人，包括他自己。当人们发现喝醉的女人们干不了活，顾客暴动了。有人抢走收银箱跑了，然后古欧愤慨地朝空中开了好几枪。他已被安全收押，必须再蹲上八天。他个人积累服刑已超过百天。

法国军队的规章明确陈述，若一个人被判刑超过八天，他必须通过一个特殊法庭的判决，才能领到退役所需的优良品行证书。在他正好判八天的记录后面有括号注明：法国外籍兵团，150 天。老古欧大概再犯就险了。

兵团成员赖德曼也参与了这次事件。每当酒精与麻烦一同出现，总是有赖德曼的身影。但他的处境似乎比古欧还糟，因为他缺乏士官的头衔保护他，现在他每晚都睡在"棺材"里头。而且他被痛打了一顿，目前只剩三颗牙，我赌这三颗牙也撑不过一两个月。

1962 年 8 月 20 日

古欧的老毛病又犯了。连队里的每个小队都拥有自己当成食堂的营帐，时间久了我们发现这些营帐用来当吃吃喝喝的据点相当令人满意。起初这些帐篷里只有最基本的桌椅用具，每过一段时间，分队的成员会捐钱购买桌巾、餐盘与玻璃杯。接下来人们会再添加炉子甚至搞了个小型吧台，俨然成为大家可以在夜间买啤酒或早晨选购培根鸡蛋的地方。实际情况是我们分队很快就生意兴隆起来，所有小队都嫉妒我们的奢侈生活。

吧台成功盈利了，而在某些特殊的日子，我们还会拨出现金来购买开胃酒犒赏自己。分队成员缺钱时，还可向吧台的经营者洽谈零利息贷款。我们有了自己的银行业务。然而意外的事情发生了，两天前，班农特少尉突然下令关掉它，没给任何理由。这消息传来的当下，队里多数弟兄还在外头出任务，但古欧与其他一两个人就如往常待在吧台里，为我们贡献盈收。他们完全不喜欢这消息；为了显示自己的不悦，他们竟然自作主张把整个地方给毁了。他们砸破所有杯盘，然后开始摔酒瓶，最后直到把桌巾撕成碎屑才罢休。分队的弟兄听到这事，普遍的反应都是正面的。人们赞扬这几个破坏者所干的好事。本来这事件该就此画下休止符，然而大嘴巴考里尔还在对此津津乐道，或许再加上古欧下士的煽风点火之下，最后消息流回班农特少尉耳边。班农特认定此事是对长官权威的挑战，而事实也是如此。

我们获知长官们正准备用某种方法来打击我们的消息，赶紧达成共识，决定炮口一致说分队每个人都有参与，团结起来面对他们。只有古诺伯拒绝参加。

警告相当准确，隔天事情便发生了。当长官们看见他们面对一个团结的队伍，他们展开个别审问。前面六个人遭面试完毕后，有人泄密了，罪魁祸首是古欧下士。

古欧就是人们想象中一位好德国士官的缩影。他服从命令的一字一句，无法从既定规章里变通，丝毫不顾周遭局势变化，也正是这样的本质打造出众所周知的德国军队。

总而言之，最后的提议是那些砸盘子的人应受 8 天刑罚，而让这一刑罚加倍的提议正在向上校递交。参与破坏的士官长则要受到更严厉的惩罚。古欧签下一份文件，被迫放弃伞兵的徽章，他被剥夺军阶、踢出军团，外加 15 天的牢房，全然不顾他是连队里授获最多勋章的军人之一。他曾获得军事奖章以及肩上有三颗星和棕榈叶的勇气十字章。原本将去士官学校的史塔辛则被永远剥夺军阶，因此他再也无法晋升至二等兵以上。西尔博与考里尔被监禁。唯一的好消息是司莱姆也遭殃了。他被剥夺士官的军衔，蹲牢房 15 天，然后会被发派到别的连队。我由衷希望这是我们最后一次看到他。

我觉得长官们对这件事有点反应过度。事发当时虽然我人不在场，却完全可以想象那情况。我们的弟兄不过干得稍微有些过火罢了，如此严厉的惩罚根本没有必要。其他成员要面对的是关闭的食堂，我们吃饭时得拿着食物在太阳底下立正站好，并且从日出到日落我们被迫干些苦工，直到进一步通知。除此之外，我们每天早晨及夜晚都要接受军营和装备的检查。

今晚我们刚获知，那 8 天刑罚被提高到 30 天，不是原先猜测的 15 天。对于砸碎几个盘子而言，这实在太过严厉。

1962 年 9 月 2 日

兵团的逃兵率每周稳定地攀升。而我们则静静地管好分内事：训练、视察、踢足球、清武器、视察，然后又回到训练。士气持续下降；没有大事发生。

昨晚点名我迟到了。当时我正与老卡尔森一同饮酒，潭冬代替我被点了两次名，所以我没事。但卡尔森就没这么好运。晚一点我去他队里的时候，看见他正坐在一桶水里被卫兵看着。之前他还挺开心的，今天就变得如此凄惨。他得花一整天用一支牙刷、一块肥皂清洗厕所。这想来不是消磨时间的好方法。我真是欠潭冬一笔人情。

乔治·潘可从士官学校回来了，不断夸耀他手臂上多出来的两条杠。他自我感觉良好，说话也比以前大声了些。

1962 年 9 月 8 日

我们继续过着无所事事的日子，开始有时间阅读，也有更多时间思考——是时候评估自己的人生了。我意识到自己还有两年多才离开，也意识到现在要规划人生还太早。然而做梦永远不嫌太早，那是令人快乐的源泉。

当兵团生涯结束时，我已接近 25 岁生日。这想法令人清醒。到时候我的青春就这么过去了。过得挺慢，这点毋庸置疑。然而缺乏经验、缺乏资格，届时难有我立足之处。我该怎么办？学校里的朋友到时已从大学毕业、拿到学位，比我早好几年成家立业。

我根本从不晓得自己想做些什么，虽然我很清楚有哪些事我绝不想做。或许人们必须依靠排除法，最终才有可能遇到给自己人生带来最大满足的那件事。最重要的是不停向前走，别停下寻找的脚步。

军团里，我们这群说英语的人组成牢固的小帮派。卡尔森说话有条理时，会成为我们的一分子，另一个叫拉夫的瑞典人总是和我们一起喝酒。然后是凯尼、鲍勃·威尔逊及怀特。我们每个晚上都去"门庭"聚会。通常我们都缺钱，所以用抽签决定谁去搞定当晚的啤酒。输的那人必须靠个人名声去向朋友借钱，或者卖掉自己的东西，或者去找贷款人，但总之他必须拿到啤酒。失败的人会被逐出这团体。

对于威尔逊我还是拿捏不定。他是个不错的家伙，却时常装腔作势。这真的没必要，因为这只会贬低他的人格。他应该知道在外籍兵团中人人平等地重新展开人生，以前发生过的事完全不影响一个人的身份。在这里，你就是你。但或许要为他下定论还太早，我很可能是错的。

1962 年 9 月 9 日

晚上我们正在等待点名。赖德曼老兄到目前为止尚未出现；他从昨夜不停地喝，很可能现在仍在喝，除非他已喝挂。他只剩大约三分钟的时间赶来。古欧下士所率领的欢迎委员会正在等待他出现。古欧与其他下士很显然正期待赖德曼迟到，才可以把他海扁一顿。但他们或许不会这么做，因为人们的心情糟透了，骚动可能一触即发。可怜的赖德曼老兄，他总是这么倒霉。他是个骗子也是个小偷，更是个寄生虫般的穷光蛋，一点自尊心也没有；然而即使如此我还是喜欢这家伙。

他只剩两颗牙了，未满 28 岁却沧桑地看来像 65 岁，而且他被揍了太多次，心智已有点失常。我没办法想象赖德曼的未来。他的人生完全缺乏希望。在这里，他的生命仅花在酒吧与监狱之间——不幸而破碎的灵魂，可怜而悲哀的混账。他从来没停下来思考过，所以他那痛苦人生最悲惨的时刻尚未到来——但它迟早会来的。

一周后

赖德曼在监狱的时间还剩两天。我们计划在他出狱时帮他搞个小庆祝会。卡尔森被指派为他队上的货品管理员，现在他跟所有存货睡在独立的帐篷里。他已经把那些东西融入自己的私人巢穴，我们管它叫"英国俱乐部"。

1962 年 9 月 24 日

今天在卡尔森的帐篷里发生了某件不可思议的事，让我开始质疑自己的人格，或者说我是否已经跟想象的自己完全不同了。对于此事我仍无法了解自己当时的反应，或者该说无法了解自己怎么会毫无反应。

卡尔森有只猫。他在帐篷牛饮着啤酒时，把午饭放在餐盘上，结果被猫给吃了。当时我在他身旁一同畅饮，然而我还算清醒，不像卡尔森如往常一样已双眼呆滞。当他看见自己的猫吃了盘中食物，他举起它并破口大骂，那只猫最后死掉了。

三星期后

如果你走主干道离开奥兰，沿着海岸线朝西行，你会经过默梭可柏巨大的海军基地。再过去20英里你会来到安尔特可小镇，这里除了一间昏暗的旅馆、四五间酒吧、尘沙覆盖的主街道及废弃的海滩，没什么其他可看的东西。安尔特可小镇再过去十英里是布斯福村庄，那里更加荒凉。目前已没人住在布斯福，残留的砖房与木屋曾是奥兰的法国人前来度假的地方。这里的海岸有着少数未受破坏、依然保持原始美丽的沙滩，人们做梦都无法想象它的美，然而周边那些遭遗弃的空旷屋子却破坏了它的模样。不安的气氛在空中弥漫，仿佛这里曾发生过什么不幸的事，人们为了遗忘而全离开了。有条路穿越村庄往上坡爬，来到一片平坦的滨海平原，它延伸无数里直到远方地平线的蓝色山脚下。我们兵营就坐落在这片平原上。

三周之前我们来过一次，当时这里只有沙尘与枯萎的藤蔓——年头已久的、深入土壤、节瘤满布的老藤蔓。

过去 30 天以来，我们一直用十字镐和铁锹清除这些藤蔓，从早到晚排成长队工作。有时候人数多达 200 人，他们缓缓向前推进，身躯随着十字镐上下起伏，像拍打在岸边的浪花。眼前所有东西一齐摆动，这景象异常壮观。

午餐时间我们得以休息，一辆吉普车沿着工作队伍分发口粮。我们狼吞虎咽地吃完，再度开始工作。我们这些原来是战斗机器的壮汉现在全变成了推土机：有能量有纪律，不需要维修或换零件，除了有时候锄子等工具承受不了我们的力道，握柄裂成两半。

而且我们在尘土里创建了一个庞大的圆形区域，把营帐扎在里头。这里真的除了沙尘与帐篷什么也没有。有些地方的尘土厚达四英寸。只要下一点雨，就可把这地方变成沼泽泥潭，永远把我们给淹没。

若时间允许，这个目前看来像游牧民族天堂的荒芜之地，将转变为拥有柏油路、电话线、排水系统的网络。现代兵营将取代帐篷，坚固的混凝土将覆盖泥巴地。兵营的边境大约六英里，带刺铁丝网与地雷将组成难以攻克的防卫区围绕着营地，同时将设立一个机场跑道；这一跑道会成为我们通往外面世界的生命线。

我们被告知这一切就是未来的模样，但现在只有汗水、沙尘与无聊的体力活。有位新的下士来到我们分队，结果发现他和我一起在穆阿斯凯尔受训。我记得他是个非常孤独的家伙，比谁都安静，但根据我所知的片面观点让我欣赏他。他名叫崔尼，是个意大利人。他也清楚记得我，说他听到传闻我在玛地纳被杀，这着实让我吃惊。但依我现在的感受，或许如果那成为事实也不会坏到哪里去。

1962 年 10 月 16 日

今天我收到老朋友阿里斯德·赫尔的来信。他准备与未婚妻茱莉亚及他母亲一同前往意大利。他们将待在父母亲的别墅里，他说他或许可以溜出来几天，纵使必须面对她们疯狂的反对。正巧我也有个应得的本地休假，而且我们在布斯福村的军用休闲中心已开张。我当然更想去安尔特可镇，但我们只有周日才被允许去那里。

老朋友阿里斯德将来这里，这让我不敢相信。我觉得自己再度精力旺盛。我回信叫他赶紧启程。然而我不相信他真愿意过来，仅是这让我感到愉快。

三天后

我的休假从后天开始。虽然我必须待在布斯福，但每一天我可领到在安尔特可镇待到晚间十点的通行证。我已写信给阿里斯德，说我帮他订了安尔特可镇的圣墨里斯旅馆，它由一个居住在该地许久的法国家庭所经营，他们人都非常好。老板娘的孙女是 20 岁的美少女杰奎琳。我跟他们说过房间的预定依然不确定，若我朋友真的出现，可谓奇迹。他们了解情况，反正整间旅馆只有另外一位客人，客满的情况应该不太可能发生。

我会这么做，只因为阿里斯德真有可能履行诺言。若是其他人，我根本不会担这种麻烦去预订酒店。但他是个非常特别的朋友，我知道若我们的立场对调我也会去看他，无论发生什么事。

1962 年 10 月 21 日

惊天动地、难以置信，令我目瞪口呆的好消息——他要来了！指挥官杰伊斯今晚把我从布斯福叫过来，给了我一封越洋电报。它简单明了地说："10 月 22 日 19：30 抵达奥兰——阿里斯德。"那就是明天了。我不敢相信他竟然明天就会到这里。

杰伊斯上尉问了我几百个问题，关于他是谁、来这做什么。我说他是英军第二十一骑兵团的军官，休假前来，是我的老朋友；我还说希望自己剩余的假期能在安尔特可镇度过。杰伊斯没同意。但他确实有打电话给狄拜尔少校，取得我明天能在镇里过夜的许可。他们显然相当谨慎，不愿开出不该有的先例，而过去数个月的逃兵率让这项决定更加困难。但总之，从外籍兵团的标准来说这已是某种特许。杰伊斯说当阿里斯德到来时也想会会他，我答应会把他带过来。这将使阿里斯德相当吃惊；或许这同时对杰伊斯也是种奇特的经验。

隔天晚上

当我到了圣墨里斯旅馆，阿里斯德已抵达。他正坐在餐厅一个窗边的位子，已喝掉半瓶香槟酒。他穿着洁净的热带西装，是香港当地的热门款之一。他的气色看来好极了。这真是难以忘怀的一次聚会！布吕歇尔[1]与惠灵顿公爵[2]、史丹利[3]与李文斯顿[4]，现在是马世民与赫尔！我们上下打量着彼此。心中的欣喜、双手紧握时的感受，完全无法用言语形容。我们曾有过无数的好时光、数不尽的欢笑，突然现在我们又一次被命运凑在一起，在一辈子都无法想象的环境中再度相逢。某种难以言传的原因让这一切感觉不太真实。我觉得有那么几秒钟，我们彼此有些不知所措，不晓得该怎么开始说话。毕竟时间过了那么久，周遭局势的变动更放大了这不真实性。以前我们不过是十几岁的青少年，刚刚离开学校，兴奋地初次品味伦敦的夜生活；而现在我们已长大，在一个我们都陌生的外国相会。要接受这一真实性，暂时真有点困难。

然而今天晚上真是棒透了——我们交换数年来的消息，谈到我们共同的朋友，回顾过去的好时光。我突然像又回到了英国，仿佛外籍兵团的生涯已结束，我返乡了。

我永远不会忘记这一夜。我们聊了整个晚上，一刻都没停止。我将永远记得自己有这么好的一位朋友，他竟然真的来这

1　Gebhard Leberecht von Blücher，普鲁士元帅，与英国在滑铁卢战役共同对抗拿破仑。

2　Arthur Wellesley，惠灵顿第一公爵，于滑铁卢战役击败拿破仑。

3　Sir Henry Morton Stanley，英裔美籍记者与探险家，获《纽约先驱报》资助，前往非洲寻找失踪已久的著名探险家李文斯顿（Livingstone）。

4　Dr. David Livingstone，英国探险家，探险非洲最伟大的人物之一。

里找我。有多少人会长途跋涉地来看朋友？

1962 年 10 月 23 日

一大早，我们搭正规军的便车来到我们的兵营，从大门直接进入营地，成为所有目光的焦点。阿里斯德那身灰色热带西装跟这里周围景象极不搭调。抵达杰伊斯的营帐后，我介绍他们认识。杰伊斯很有魅力。他完全不说英语，而阿里斯德则不懂法语，但我扮演中间人，传达他们彼此的善意。最后阿里斯德提出请求，希望他的好友马世民能被允许在安尔特可镇待上几天。这对我们非常重要，阿里斯德这趟旅程究竟值不值就看此决定。他编造深具说服力的故事，说他经过这么远的距离来这里，不敢相信外籍兵团竟不允许我享有应得的假期。他以英国军官的身份承诺我不会逃跑，我当场附和。

杰伊斯显然想要给我许可，但他无权这么做，所以他拎起营里的电话联系狄拜尔。他们谈了很长一段时间，最后结果却是"不行"。这令人震惊。

我们与杰伊斯告别后，赫尔直接走向狄拜尔少校的营帐。他不打算就此放弃。我无疑感到非常不安，因为后果只会落在一个人身上。显然外籍兵团愿意以充满友谊、谦恭有礼的态度面对这个英国军官，但如果有任何麻烦发生，等阿里斯德一离开，斧头就会劈在我的颈上。

我们经过一个困惑的卫兵，走进指挥官的营帐里，然后赫尔开口求见这里的军官。坦白说，外籍兵团根本没准备好面对这种特殊事件。在钱农上校的休假期间，狄拜尔少校是当前的代理指挥官，而代理军官则是阿尔诺特·笛冯亚德少校。身为外籍兵团成员的我却从未与笛冯亚德有过互动，但他身为一流军官的声望无与伦比，我完全清楚。他天生拥有人们会钦佩的特质，军团里的每一个人都尊敬他。

一阵喧闹后，赫尔终于被请入笛冯亚德少校的办公室，面对他的是笛冯亚德本人与狄拜尔少校。我则留在外面。他们在里头一整个小时，高调地展开对谈。酒水畅谈之间，英国骑兵部队与法国外籍兵团的功绩成为他们相互倾慕的基础。我该为赫尔打高分。那些人都是经验丰富的老兵，要与他们站在同一战线对话并非易事。就某个角度而言，我也因外籍兵团的同伴而倍感骄傲。他们没令人失望，在赫尔的面前同样留下深刻印象。

最后结论是原先的决定反转了，我拿到了安尔特可镇的五天假期。阿里斯德出去之后，笛冯亚德叫我进去他办公室，我第一次与这个男人近距离接触。他说他听过许多关于我的事，并对此感到满意。事情确实圆满发展，我还以为他要当场提拔我当上尉呢！他说他必须澄清一个事实，他批准安尔特可的假期并非因为我朋友的到来，而是因为我到目前为止的服役记录。从心理学的角度上他这么说是对的，那一刻他赢得我全心全意的敬佩。某些人能够在第一次见面就令你敞开心扉崇拜他，笛冯亚德就是这样的男人。这并非因为他给予我好处，而是因为他让我瞧见他的本质。拥有权势却同时具备高度洞察力，并懂得明智使用它的人不多，站在这种人的面前感觉非常好。

我们走出军官的营帐时碰到葛兰地士官长，我介绍阿里斯德给他。葛兰地是波兰人，我之前已告诉过他阿里斯德会来这儿。他很高兴认识这位英国军官，并邀请我们加入士官们的饮酒聚会。我才想起波兰人有多么喜欢英国人。

所以几个小时后我们在士官专用的食堂内，与他们敲响啤酒瓶聊天。他们极度好客，所有人尽是如此：德国人、意大利人、西班牙人、匈牙利人与波兰人。这些平时面露凶相的兵团长官把阿里斯德当成自己人。他们当中许多人会说英语。我猜阿里斯德必定对这一切感到茫然，他非常享受那种体验。我只坐在那惊奇地看着眼前这极不协调的场景。这一切完全没有道理，然而事情就这么发生了。我记得当时脑中想着，从今以后阿里斯德在朋友聚会时可风光了。还有谁能说出比这更精彩的故事？

终于到了该离开的时候，葛兰地用他那辆宝蓝色的雪佛兰敞篷车载我们前往安尔特可镇。辛斯吉准尉，另一位波兰人，同时也是葛兰地士官长的好友，邀请我们明天在安尔特可镇共享咖啡。辛斯吉也是邮政总长，每天开着吉普车穿越安尔特可镇，到奥兰领取邮件。他也是个很棒的家伙。二战时期他曾与英国人并肩作战，并认为我们是全世界杰出的民族——或许仅次于波兰人。看来英国人在世界各地都有好朋友，不时会在奇特的地方遇见。这值得牢记在心里。

四天后

我们度过了人生中难以忘怀的时光。每一天从早晨九点，我们在主街街角的棕榈海滩酒吧与辛斯吉酌饮法国开胃酒。我们迅速养成对利加酒的强烈偏好，这几天它的销售量创新高。除了周末以外，没有外籍兵团成员会来安尔特可镇，所以我们在这里的法国正规军之中建立起特别的名声。有几次我们差点惹恼正规军队的军警，然而外籍兵团与英国军队的加持效应让我们频频脱险。

某天夜里我们与一群正规军成员在酒吧里混到凌晨两点，唱着 *You Are My Sunshine*、*It's a Long Way to Tipperary*、*Sunny Boy*、*Old Man River*、*Glory, Glory, Alleluia* 等歌，突然宵禁时间到了，正规军人急着跑回家，阿里斯德与我便独自留

在主要大街上。

军警这时出现了。他们的领导明显想找麻烦。他的侧脸有道长长的刀疤，气氛直接变得严肃。一看就知道这家伙不好惹。他要求我们出示文件，显然以为赫尔是个外籍兵团的逃兵。阿里斯德的文件放在旅馆里，所以刀疤男命令我们上他的吉普车要载我们过去。赫尔摆出居高临下的高傲态度说明他是英军的军官，因此不会坐在吉普车后面，只愿意坐在前头。我不喜欢事态发展的方向，笛冯亚德对我们这么好，若我们还因惹上麻烦被带走，之后将有做不完的解释。我试着想让赫尔改变他的想法，但利加酒似乎让他变成了聋子。

情况陷入僵局。刀疤男似乎疯狂地在估量这局面；他还算聪明，感觉得到赫尔并非在开玩笑，所以他抑制了冲动，没拿警棒直接从赫尔的脑袋敲下去。

最后双方妥协，刀疤男与司机坐前面，我坐后面，赫尔则徒步行走。我们在主要大街上缓缓挪动的模样相当特别。

当我们抵达旅馆后，赫尔出示他的证明，刀疤男转为笑脸一团，并邀请我们再去喝点利加酒，当然我们同意了。这结果还算好，因为就经验而言我知道事情可能有完全不同的发展。我们学到一件事：英国军官这头衔非常有用。他们根本不知该怎么面对它。

有天我们去了军用馆子，守卫的士兵以为阿里斯德是平民，禁止让他进去，所以他要求见正规军在这里的驻军指挥官。这相当危险，我们很可能惹上难以解决的麻烦。至少我的处境是如此。我急切地希望奇迹发生，让我就地消失。但总之，最后我们被带到一位正规军的士官面前，赫尔说他是位休假中的英国军官。对方相信了，并给了阿里斯德一个特许通行证让我们进去。为了在意大利南方等着他的可爱的未婚妻茱莉亚，我应该明确记录当天在里头什么也没发生。我们只是进去瞧瞧并喝了几杯。

有次我们还去了奥兰。我穿着平民的服装，感觉比这三年间的任何一天都舒服。我们与经营圣墨里斯旅馆的图图成为好朋友。图图就像是旅馆内的大管家。他把一切组织得井井有条。安排餐饮服务、管理工作人员、照顾客人，事实上就等于负责整个地方。有天他招待我们去他家里，我们认识了他的家人与朋友。

我们也很喜欢阿布达·柯塔尔——主街上一间酒吧的主人。这家伙留着墨西哥风格的下垂式八字胡，并提供我这辈子吃过的最美味白酒青口蚌。

过去几天我已爱上这些当地居民。某天夜里我们在阿布达·柯塔尔的酒吧与六位当地人坐着聊天，我觉得这是第一次我真的了解他们。我们彼此都没有敌意。正好相反，我认为他们都是高尚的人，令我相当欣赏。

时间过得太快了，阿里斯德明天就要离开。葛兰地志愿载他去奥兰。这四天是我记忆里最快乐的时光，我们没有一刻停止欢笑。我从没有感到如此放松、如此自由。我不晓得阿里斯德回到英国后，对这次假期将有什么样的感受。他或许无法相信发生了这么多事，我也不认为自己有办法。他学会一点法文，这是他曾来过的证明。他口中的法语有几句对我们来说十分管用，他最常说的一句话便是"Mon ami, le commandant"（上尉，我的朋友）。多数时间他使用英语，我充当翻译。他特别爱说：听着！世民，让这家伙搞清楚状况。让他清楚知道我是个英国军官，我要求……或者是"你可以安排一辆吉普车吗?"以及"老天啊，你喝利加酒的模样就像在吞盐巴！"

今晚我们又回到兵营里。葛兰地与辛斯吉再次邀我们到士官食堂小酌。和上次一样，他们热情款待，对我们非常欢迎。赫尔享受其中。在那之后我带他到"门庭"营帐里会会其他人。整个地方极度拥挤，所有人尽情歌唱、推挤并畅饮啤酒。这里的气氛跟煤矿场没两样，而一身洁净的赫尔坐在这群人当中，实在是令人无法置信的场景。他并未被吓着，保持冷静沉着的态度，而他周围的人们也相当镇静。其实只要有一个想找麻烦的混账，场面将一发不可收拾；然而那完全没发生，他们相当了不起。所以当一切结束时我莫名松了口气。我认为他们对阿里斯德很好是因为天然的好奇心，也是因为他们的本性并非喜欢蓄意逞凶斗狠，更因为他是我的朋友。这点我将永远感激，我后悔曾以恶劣的口吻描述这些人。一个人不该对他人泛泛地下定论，要判断是非也不可太匆忙。

1962 年 10 月 28 日

最后一次在棕榈海滩酒吧与辛斯吉喝一杯之后，阿里斯德于 10：30 离开。葛兰地士官长驾着华丽的轿车出现，相当阔气地送了他一程。告别的那一刻才是真正的痛苦。他离去时连同带走了英国、我的朋友们与价值观，以及这些对我来说的所有意义。当车子从转角消失，我才猛然回到外籍兵团，剩下的再度是全然的孤寂；即使过去了这么久，在这里我依然像个陌生人，而现在我清楚知道，我永远无法摆脱这身份。

两星期后

雨已经下了整整三天。营帐被深及膝盖的水给覆盖。我们过去几周挖的排水沟溢了出来，已成为奔流的河道，整个地方犹如密西西比的河口。整个晚上，人们徒劳地拿着水泵抽水，提着水桶的人组成长队在每个帐篷前努力干活。除此之外，我们拼命把渠道挖深再挖深。到处都是泥泞，每次把它铲出来后又会有湿软的泥巴再流回去。已经好几个小时过去，我们拼命干活却毫无战胜水流的希望。早晨起来时一切都浸泡在水里。前一晚我们把靴子吊在帐篷檐，但隔天它们依然全是湿的。就算把它们倒吊过来也毫无用处，什么也阻挡不了这场雨。

然而有迹象显示我们不久后就能掌控住局势。我们在营区内开始打造新的道路网，并且筑起混凝土的稳固平台让帐篷能够立在上头。这是具有重大意义的工作，由外籍兵团来执行再完美不过。每天一早集会之后，管子工人、技术工人、木匠以及其他有某些手艺技能的人们与我们分开来，而我们这些没有艺技的人则被分派到各个劳动小组。有时我们会到山里花上一天挖掘碎石或沙土，或者把石头装载到卡车上运回新的道路旁，用锤子把它们敲碎成碎石子。有时我们则被派去搅和水泥，整天把沙土与石块铲至水泥混合器里头。我们时常靠着货车的灯光工作到深夜。这种情况通常是因为他们混了太多水泥，必须要赶紧用完，或是他们铸了一座新平台，要尽快完成以确保它的坚固。

打造穿越营区的主要干道是最艰难的。每支分队负责一小段路，这使人们开始有了竞争心态。有一天我们把50辆卡车装满石子、载回营区、倒在路边，再把它们敲得细碎，那该死的一天我们只休息了15分钟。士官们站在旁边喝着啤酒，怂恿我们加油。即使历经这么多麻烦，当道路逐渐完工，每个人不免都感到一股满足。这是非常要命的工作，我们只用了十字镐与铲子，加上我们的汗水与肌肉，其他什么工具也没有。我们的生产率连古代埃及人都望尘莫及。

1962 年 11 月 12 日

雨持续地下着——情况恶化了——冬天来临，这里变得如斯大林格勒一样寒冷。我们的士气则与气温一同降低。

1962 年 11 月 13 日

外籍兵团中的第一步兵军团将离开前往法国。他们会在欧巴涅成立新基地。西迪贝勒阿巴斯的名字依然将永远与法国外籍兵团同等重要，但那里现在已没有任何兵团的痕迹，除了那或许将万世流芳的精神。

1962 年 11 月 15 日

昨天晚上轮到我执勤干些杂役，但我却因为在"门庭"喝酒而没出现。当我回到营帐，有三位下士在那等着我：古欧、荷博，以及每次看到都令我想吐的萨特·加尔西。在下士当中荷博平时不算是坏家伙，但昨晚我改变了对他的看法。他们每人给了我一周额外的职责，只因为一次过错。当下我就决定，是时候自己成为士官了；一早我立即要求见指挥官。他们不喜欢我这举动，以为我想投诉自己所获的惩罚，而我拒绝给出任何想见军官的理由。

　　我与他们三人粗言相向，直到荷博突然说若我再多嘴，他将把我叫到外面，打断我的牙。我继续多嘴，但同时感到后悔。荷博高一米九八而且非常彪悍。说什么都为时已晚，他把我叫出去。

　　在外籍兵团里，当有人叫你去外面，你就必须去；若办不到你就完了，将永远被贴上懦夫的标签，而且人们将不会让你好过。所以我出去了。

　　然而，在我抵达帐篷底端前，潭冬，这阵子与我感情不错的好友以及胡伯挡住了我，说若我再往前动一步他们就要让我难堪。这两人非常强壮，我从他们中间硬闯，幸运的是他们动作比我快，我们全倒成一团。接踵而来的是一场严重挣扎，而我完全敌不过他们。但如此一来他们成功阻止我到外面去，不过我保住了自己的名誉。当然这正是潭冬与胡伯所期望的。这是一种挽救朋友面子的方法，若你真的认为他一旦走出去必定被干掉。我认为这样一来荷博也松了口气。他并不是个恶霸，若揍了一个比他个子小一号的人，他的名誉也将受损。况且我也并非好惹的人，就算最终他会干掉我，那将不会是个轻松迅速的过程，我倒下前将在他身上留下许多纪念标志。

在这期间，古欧与萨特·加尔西已抢先一步，去找班农特抱怨我的态度，以防我赶在他们前面投诉他们。真是恶人先告状。

今天早上班农特少尉叫我过去，罚了我八天禁闭。罪行是尚未得到班农特的允许，却想要求见军官。然后他继续给我一段关于昨晚的冗长训话。这一切都起源于他和那些讨厌的下士假定我是要投诉，抗议他们恃强欺弱。他们真以为我是那么没种的人。等到他终于说完话，我告诉他几个月前杰伊斯问我是否有兴趣去士官学校，当时我曾拒绝，但现在我已改变想法，希望亲口告诉他。

班农特哑然失色，我看着他那蠢模样并感到自满；他知道我看出了他之前不必要的焦虑，也意识到这给了我强大的满足感。结果他的反应实在令我失望。他说他认为我要当士官还太年轻了些。我比他的年纪还大！我说我并没有想成为军官的意图，所以若非现在一时兴起想去士官学校就可能永远作罢了。最后他同意让我见杰伊斯，而我也就这么做了。明年年中的某个时间，我将前往士官训练学校。

1962 年 11 月 16 日

哈斯寇行窃被抓到。我很诧异。我知道他既粗鲁又狡猾，但我从没想过他会在这里偷东西。小偷中也很少有人能干得出这样的事。他现在被关到牢里了，在那之前被打得半死不活。

过去两天内我们中间又逃走了七个，不过有 20 个新兵今天来到军团。这算是填补了逃兵的空缺。其中两个人已经被判八天刑罚，因为他们在等待与军官面试时抽烟。这是只有外籍兵团才可能搞出来的欢迎方式。

我们有台卡车在默梭可柏回来的途中出了车祸。史塔辛在里头。他的腿有 13 处骨折，断了六根肋骨，肩膀脱臼。他被载往法国，我不认为我们会再看到他，可怜的老家伙。他是属于好人阵营的。

威尔逊突然浑身发疖子，住院去了。晚上我去看他，跟他长谈了一阵子。他谈到自己的父母离异了。自从五岁离开他父亲后，直到 21 岁才又一次见到他。我在想我会不会也碰上相似的情况——我从未见过我的生父。

威尔逊问我如果他成为逃兵，我的感觉是什么。之前我们已讨论过这话题许多次。主要问题是如何将我们签下的合同与幻想破灭、无聊厌倦、精神挫折等感受相平衡。这一切都令人沮丧。我说即使他逃走了，我对他的看法也不会改变。他剩下的服役期比我还长，所以我能体会他急切想脱离这儿的心境，但从我的角度来讲我打算撑到最后。

三周后

过去四个月我们损失了 136 个逃兵。人们的纪律越来越糟，饮酒越来越凶。酗酒已成为严重问题。以前我们总在山里奔波，从没有时间停下脚步好好思考，好好评估。现在我们则有太多用不完的时间。两天前，胡伯与古欧打了一场精彩的架；今天萨特·加尔西把马提内兹拘禁在营中两天，此举激怒了整个分队。若是以前，萨特·加尔西会找几个中士挺自己。但他目前与我们共享一个帐篷，知道情况升温到一个地步时，什么事都可能发生。于是他赶紧逃到镇里。

我们的工作每天重复着一成不变的流水账。24 英尺宽、18 英寸深的主要干道已长达两英里。营区里的排水系统开始起作用，我们的帐篷也逐渐让钢骨构造的兵营取代。

现在我们有了更舒适的设施，但付出了多少代价？敲石头、挖渠道、铲碎石泥沙、装货又卸货，整天推着水泥奔走在木板搭的小路上，一点满足感也没有。每天都与前一天的流程一模一样。想到或许要这样度过两年我就感到绝望。我开始同情那些一辈子修马路的工人；但至少他们还能获得报酬。

1962 年 12 月 10 日

雷夫特将军是我们外籍兵团的监察长，他今天审查了他的军团旧部，并说出一个或许能将我们从濒临疯狂的边界解救出来的好消息。军团将进行大规模改革，把我们打造成法国陆军的精锐单位，准备面对未来七八十年代所需的军事行动。如果我们不如此转型，很可能整个军团将就此消失在历史上。法国已失去了中南半岛与北非，对于地面部队的需求将大大降低，而最先遭裁员的就是那些冗余单位。因此，我们军团决定着手训练各式特种部队，负责水中作战、爆破毁坏、游击战、夜间袭击及特殊军备。我们会被训练驾驶坦克及装甲汽车，并学习滑雪和登山技巧；我们将熟悉潜艇操作，接受生存训练，将成为高度成熟的精英部队，拥有全方位作战能力。此外，领导阶层已决定改善外籍兵团的公共关系，因此明年我们将选出一支团队参加法国陆军的五项体育运动，以及法国射击锦标赛。

这一切听来棒极了。终于有人站出来为我们指引方向。人们对此信息感到雀跃。士气如同被打了一针强心剂瞬间飙升。我们又将开始运作。或许某个领导觉得整天建造那些该死的马路太浪费我们的才能。未来两年的瓶颈突然间消失了，我们有了前进的感觉。人们的心智像齿轮一般再次转动起来。圣诞节要到了，我感觉很好。

两天后

珍妮弗的姐姐吉莉安寄来超大的圣诞蛋糕。威尔逊与我今晚把注意力全放在它身上，全心全意把它消化成美好的回忆。

1962 年 12 月 17 日

依照惯例，圣诞节的忙乱又将到来，每支分队都试着用华丽的圣诞装饰决一胜负。

波多因是个有趣的家伙，他试着组织舞台剧活动，想找机会表现自己高超的演技。他找我去帮忙，但有些困难，因为在什么场景他都想抢主要戏份。我试着向他解释说他想这么做是可以，但很不幸他无法胜任所有事，这并不是因为他不会演戏——他整个人生就是演出来的——而是因为他根本记不住超过五分钟的台词。他无法接受，所以当晚我们只好有一个无台词的主角。事实上他常能逗我发笑，所以我其实不在乎他到底要干什么。

1962 年平安夜

蠢毙了。今晚枯燥无味，缺乏圣诞气息。人们似乎不像过去几年用心尝试。以前我们总在山里出任务，有精力也有活力，但现在我们度过太多无聊日子，只有剧场进行得还算顺利。波多因记不住台词，所以非常搞笑。人们按习俗狼吞虎咽，喝到不省人事，然而少了某种感觉。周围好多新人，半数以上的老兵都走了：柯曲、史提芬、奥里埃马、外号"查理"的查温、史塔辛、艾尔曲，甚至司莱姆那惹人厌的混蛋也不在了。一切似乎都变了，结束了。以前我有时会抱怨，但相比之下那时候快乐多了。

我被列入圣诞节荣誉榜，晋升为一等兵——还真是光荣啊！花了整整三年才拿到，我真感动。

我到处游荡，直到凌晨四点，然后我去找老友鲍勃·威尔逊。受局势的影响，我们的友谊与日俱增。我们坐在马路旁缓缓喝掉一整箱啤酒，观赏其他人打架，看着人们勉强的欢笑与醉倒的身躯，直到我们自己也撑不下去了。然后我们继续徘徊了一阵，再喝了些酒，同时还能保持清醒。

圣诞节

接近正午时，班农特少尉抵达我们分队，跟大伙儿喝香槟，一切秩序良好。然后他走了，马上又混乱一片。我和挪尔、胡伯去了布斯福村庄一趟，我们因酒醉与"在镇里闹事"

的罪名被军警拦下来。这样的控告通常会直接被关八天，但负责巡逻队伍的中士受圣诞气氛感染，只把我们押进卡车载回营地就没事了。当然，那是在他差一点把想抵抗拘捕的胡伯脑袋给敲破之后。

胡伯差不多 24 岁，如果有任何人命中注定要死于酗酒，那绝对是他。我不认为人们晓得他的情况有多严重。反正也没人在乎；人们对什么也不在乎，更别说对他了。一切都是这么荒谬。然而胡伯是个好人，就这样在我们眼前一点一滴摧残着自己，这真是场悲剧。再多的劝告对他也不会有用，浪费口舌而已。我有一次试着给他忠告，他却觉得那是好几年来听过的最好笑的话。

挪尔是位有趣的人。他是个"黑脚"——人可靠又安静，且很能干。他与任何人都没有显著的交情，除了跟他自己以外。但他也非常明确地让所有人知道他于人无害。我总感觉他有某些不为人知的秘密。

1962 年 12 月 28 日

身为一等兵，干的活要少点。这是个只有经验老道的兵团成员才可能察觉到的事实，但确实是如此。当需要志愿者去干活时，二等兵的名字总先被点到。

今天我去了安尔特可小镇。怀旧感油然而生。阿里斯德在这里的那段日子感觉过了好久，已成美好的回忆。我前往几个我们常去的地方。阿布达·柯塔尔那老家伙给了我盛大的欢迎。我们很开心再度见到彼此，他真的很棒。然后我还去了棕榈海滩酒吧与圣墨里斯旅馆，同样再次受到热切的欢迎。图图见到我时欣喜若狂，他兴奋地跑去告诉老板娘我来了。他们用无比丰盛的晚餐招待我，并拒收一毛钱。今天快结束时我觉得自己感动得差点流泪。这些人并不欠我任何东西，却给了我无穷的亲切感；他们把我当成自家人一样。

老板娘的孙女今天也在，刚从法国抵达这里。附近几个外籍兵团的军官把注意力都放在她身上，因此我与她说话的时间不尽理想地短暂。

1962 年 12 月 31 日

今年结束了。没什么好遗憾的。我只知道时间就与山岭一样，在身边一丘又一丘地过去，而最艰难的顶峰已经被抛在身后。鲍勃与我私下搞了个小庆祝会。我们为了英国女王干杯，为了各自缺席的好友干杯，并且把他们一一介绍给对方。

1963 年接近了，如果雷夫特将军那天所言属实，对我们来说这将是全新人生的开端。

1963 年 1 月 3 日

代表军团参赛的射击队伍选拔开始。这支团队将由四位步枪手以及两位手枪射击手所组成，其中至少会有一位军官。这代表身为步枪手，我至少必须在参赛者中达到前四名，或从坏处想则是前三名，如果那军官也选择挑战步枪而非手枪。每支分队将派八个人进入淘汰赛，在那之前每个分队会先展开自己的淘汰流程。

比赛最终将诞生好几项冠军名额。所有人必须通过各项资格审核，成绩最好的三四组团队将前往法国参加决胜锦标赛。我能一路赢到法国的概率太低，根本不值得考虑，但若我真的放心思进去，可能有机会进入外籍兵团的代表团队。我的射击技巧相对还行，性情上也挺合适。这纯粹是集中力的考验。

四天后

各分队的选拔结束了。目前为止还算顺利，我依然合格。我们今天见到了乐福德上尉。他立誓要打造一支能在第一年就赢得法国冠军的外籍兵团步枪队。他非常专注于这个项目。他整天在说关于射击的事，从早晨到晚上不停，再拥抱它入梦乡。他是个刚烈的老兵，二十几年间军阶不断攀升，直到他获得上尉的头衔。他有各式勋章来证明自己是个老练的战士，还有个大嘴巴及无常的情绪相伴。

我第一眼就喜欢这家伙。他那种蛮横的气质相当吸引我；肌肉发达又不失常识，而我就喜欢有激情的人。

我们有 40 位参赛者，在未来一周乐福德上尉会把这数字降到八位。这八个人将脱离军团生活，前往一个特殊营地每天练习打靶。这听来酷极了，不知不觉已成了对我非常重要的东西。再继续推运石车我迟早会疯，所以这活动成了我的救星。

1963 年 1 月 14 日

手枪组的选拔已完成。我根本没机会。有个名字也叫卫斯的德国人，曾是德国联邦国防军的射击队成员，他获得第一。另一个叫卫德尔的法国小个子则仅次于他。现在轮到步枪组。

直至这一刻为止我们整天都在练习。我们进行 200 码射击，目标是在靶子上打出最密集的十发弹痕，然后我们再进行快速射击练习，40 秒内要对靶子射击十发，中间还得换弹仓。

乐福德的热忱与激情影响了所有人。他承认自己也是个步枪能手，曾参加法国锦标赛好几次。他曾获得个人排名的第十名。

1963 年 1 月 16 日

我们剩下 15 人，我依然合格。

隔天

周日。潭冬的生日。我们到安尔特可镇去庆祝。我在圣墨里斯旅馆看到杰奎琳。她似乎很在意一个叫拉米的外籍兵团军官，恰巧他也有相同感受，这实在可恶。我认识了一位当地的屠夫，一个叫冯冯的小家伙。他是杰奎琳家族的朋友（他已经帮他们供应肉品 15 年），他也觉得拉米是个讨厌鬼。杰奎琳似乎很崇拜冯冯，或许我可以运用这层有利的关系。我真是个可怕的阴谋策划者。我若无其事地提出，我们三人应该找一天去郊外野餐。冯冯觉得这是很好的主意，杰奎琳仅略感兴趣。

三天后

计划改变了：筛选步枪队成员的最后一轮淘汰赛延期了，星期一我们将到山里进行实地演习。当晚我们将露宿在外，隔天才归来。那时我才恐慌地发现自己把眼镜忘在山里了，很可能是在我们前一晚所待的卑斯图农地废墟里头。没了眼镜，我绝对无法成功进入步枪组。我慌了，赶紧去找老友葛兰地。他立即说愿意载我到12英里外的农地，我掉眼镜的地方，然而，班农特少尉竟然不许我这么做。我向他解释这会扼杀我被选入射击队伍的机会，而且既然我是本连队中唯一仍未遭淘汰的参赛者，他应该重新考虑一下。他拒绝了，这让我对他仅剩的一点尊敬当场彻底消失。

当晚我还是决心要去。潭冬立刻说要陪我去，因为夜里在山区转悠很可能惹上大麻烦，有碰上埋伏的可能。我回答说时候到了会叫醒他，但我没有。

午夜前半个小时我动身出发，穿着跑步用的鞋子与服装，腰上挂着令我些许心安的刺刀。溜出营区没什么困难，而外头也尚未铺设地雷，谢天谢地。但我觉得就算有地雷我也会冒险赌赌看。第一段路还算顺利，然后我进入山区。那简直像噩梦——我完全迷失了方向，开始感到惊慌。那是个多云的夜晚，连月光也帮不了我。我爬上周围地势最高的位置，从那里检视整片平原，一阵子后终于找回方向。在我离开营地前已花了一小时研读地图，将这一带的高低起伏和每一寸地形都背得滚瓜烂熟。但实地经验真的全然不同。我再度出发，最后终于找到通往农地的路径。老天，我真松了口气。然后在那里，静静躺在我前一晚睡觉的地面上，正是我的眼镜。我没时间跳舞庆祝，转身往回路奔驰。这里的地势下斜，我只需要不断前行直到抵达海边；比起在群山间寻找一处小农庄废墟，这目标简单太多了。我穿越了黑夜与拂晓，最后在早晨六点刚过时回到营地。成功跨越 25 英里的路，我才突然感到自己快累死了。有些人已经起床走动，朝我投来狐疑的眼神。他们一定认为疯狂的英国人钱宁正在做晨练。

原本我极其担忧自己的射击表现，结果却是我从未像今天射得那么好。淘汰到最后剩下六个人，乐福德觉得可以暂告一段落。当然，他自己也是其中之一，而我是其他五人中的一位。天呐，压力真大。我开始了解职业高尔夫选手在推杆时，面对十万美元时所承受的压力。总之，生活又有了新的意义，我感到很愉快。一个新的目标，让人朝着它努力。

今天晚上我收到安卡希寄来的一份小小的包裹。它是个漂亮的小巧盒子，里头装着土壤，是英国土地的一部分。盒子的后面刻着："在英国那葱绿悦目的土地上。"这让我感动万分。她是个非常特别的朋友。我真的有一群举世无双的朋友。在这方面没有人比我更幸运——没有任何人。希莱尔·贝洛克（Hilaire Belloc）[1] 曾写道：

　　　　没有人，在我们这时代与世局，

1　Joseph Hilaire Pierre René Belloc，英国作家、诗人与演说家。

如此浑浊仇恶，如此四分五裂，

比我拥有更棒的朋友，

比我更深爱着他们。

这将是我的墓志铭。

1963 年 1 月 30 日

我们已进入要成为精锐步枪手最严峻的阶段。只要天气情况允许，我们每天射击，全天射击。有时我们会比前一天表现好，感觉有点进展，而隔天表现就可能变差，什么都不对劲。射击的表现有很大一部分取决于前一天晚上我们干了什么。直到我们真正成绩稳定之前，都不算有进步。秘诀就在于稳定。那是我们的目标，必须始终获得 90 分以上，才有机会在我们即将面对的竞争中撑下来。

我们有群不错的队员。除了卫德尔与卫斯之外，还有凡·狄艾斯与瑟普拉两位中士，以及斯密兹多夫和斯培司两位士兵。当然还有乐福德上尉，以及一个叫沙弗力的中尉。

每天清晨的连队集会之后，人们拾起铲子开始一天的劳力工作——而我拾起我的步枪，开始一天的射击活动。老天啊，这真值得我沾沾自喜！

1963 年 2 月 2 日

今天走在营区被班农特少尉拦了下来，他说他留意到我已找回了眼镜。我面不改色地回道："是的，我误以为把它忘在山区里了。"我不认为他很喜欢我。

一个月后

几个月已过去，感觉今年会很顺。过去一个月我们可享受了。我们共有七个人，现在已从军团中独立出来，居住在三英里外的地方。每天早上，乐福德与沙弗力会一起花两小时指导我们，下午再回来教三小时。剩下的时间全归我们自己练习。我们只有一个义务要执行，就是每晚的守卫。除此之外整体经验棒极了。我们每天射击上千发子弹，表现越来越稳定。

乐福德上尉不在的时候我们把空啤酒罐排成一列——我们总有用不完的罐子——然后从 60 码远的地方，枪支贴着髋来射击。这是不错的运动。凡·狄艾斯是很出色的一号人物，他和一位法国辣妹克莉丝蒂安妮正在热恋中。克莉丝蒂安妮是只外表漂亮的小鸟。

冯冯后来证明他真是个大媒人。他以专业的手法把我和杰奎琳凑合在一起。他时常来我们营地，情况允许时也会带她一起来。晚上我会等他车子的喇叭声响起，跑过去时看见他们站在路边，然后我们再一起出去玩。有时我们去安尔特可镇，有时去冯冯所住的拉斯安德劳，有时则开着车到处游荡。拉米仍阴魂不散，但我和她每次见面都将距离拉得更近。

有次我们野餐，在马达可度过一日，那里是个非常漂亮的私密场所，白沙的海滩延伸到视线尽头。我们烤着牛排，听着海浪，一直到黄昏。我已经好久没感受到这样的自由。

凡·狄艾斯是个可靠的好友，他冒着被砍头的风险让我如此逍遥。如果我被军警逮到了，身为中士的他会惹上大麻烦。当然我猜他让克莉丝蒂安妮和贞奈来来去去已经是很大的风险。她们在安尔特可镇有套房子，他常常在那儿过夜，直到凌晨五点才回来。他的射击能力没达到预期中的进步，只有两个深深的眼袋像装了煤球。瑟普拉似乎开始有了醋意，他表现得非常忌妒，我想这也不能怪他。冯冯不时会带牛排和羊排来与我共享，这加深了瑟普拉的心理不平衡，让他愤愤不平。

1963 年 3 月 3 日

冯冯今天告诉我杰奎琳被她奶奶唠叨了一顿，理由是她没有给拉米足够的关爱。拉米每天晚上都在圣墨里斯旅馆吃饭，还带一堆朋友一起去。因此，他是个重要顾客，即使他是因为杰奎琳才去那儿。杰奎琳夜里出游的事已引起她奶奶的注意，她老人家把家族当成军事行动经营，而显然红色警报已经响起。即使她奶奶很喜欢我，但我对帮助她拉客没多大价值。事实上，我有负面价值，因为他们通常都免费喂我。她仍不知道杰奎琳每天晚上都跟我在一起，我们也希望事情能维持这样。其他事不说，她们的旅馆是冯冯的最大客户，如果老奶奶发现他是这桩事的帮凶，他有可能丧失给旅馆供应肉食品的合同。此外，如果拉米发现的话我也会有大麻烦，因为他大概会在某天夜晚找军警伏击我，这听来一点儿也不好玩。总的来说，我们处境相当危险，但我倒乐在其中。

杰奎琳今晚又来了。她从安尔特可开了十英里，只为了与我相处 15 分钟。我们仓促计划好下周六的活动，然后忠心的冯冯及时载她回去赶上晚餐。拉米今晚又在他们旅馆吃饭了。

1963 年 3 月 5 日

我们将正式面临第一场射击比赛。我们得好好表现，这攸关生死，为了军团的名誉，为了我们的军团能够辉煌地生存下去。此外也为了乐福德上尉。若我们表现不好，他就完蛋了。过去几周我已越来越欣赏他。

我觉得我们已准备好了，步枪的扳机也已调整到最精准的力道。我们可以在任何天气或光线中校正瞄准器在三枪内打中标靶，我们也可以在50码外射中啤酒瓶的盖子，而不打翻瓶子。我们最大的敌人是神经承受力。这是所有人的第一次，第一次总要去面对的！

1963 年 3 月 9 日

比赛明天开始，在奥兰举行，我们把营区调动到那附近的两英里内。冯冯来接我，载我到安尔特可镇。我们去了图图的家。他其实也是个帮凶，到杰奎琳那儿给她打暗号。她跑出来投入我怀抱里——然后立刻回到车里，消失在暗夜中。我有种自己正站在世界巅峰的感受。

隔天

总共有14支军团参加比赛，这会是连续三天的耐力赛。每一位枪手将进行四次射击：两次精准射击，外加两次速度射击。整个活动组织得相当专业。精准射击的过程里，我们有五次不计分的射击用来瞄准步枪。每一发完成后会有一块黑色板子晃过标靶前，显示分数。

那板子用几种不同标志来显示子弹的精准位置。标靶是由一圈圈同心圆组成，分数从靶心的 10 分往外递减至 1 分。如果有人击中 9 分圈子的两点钟方位，黑板子会上下移动展示出"9"，然后靶心再从两点钟方向前后移动，代表这是一发两点钟方位的 9 分靶。趴在射击手身旁的是记分员，他手中拿着小型的靶板，用彩钉插在对应的击中位置。因此，射击手能看见战绩的特写，明确自己是否打偏了。射了前五发练习弹之后，你可以决定要不要调整瞄准器，比方若子弹是否全集中在靶心右侧。然后你就得正式开始。

你有十分钟进行 10 发射击。这是个令人神经紧绷的挑战，需要绝对的精神集中。仅四英寸宽的半圆形靶心在 200 码的距离看起来模糊不清，射了七八发之后，你的眼睛已泪流不止。只需要稍微分散点注意力，你就会击中 3 分或 4 分，把一切搞砸。想要赢，你必须始终维持在八九十分以上。即使你已击中靶心七次，剩下的打了几个 4 分或 6 分，依然会宣告完蛋。简简单单就能丢掉十几分。除此之外，每个人都能看到其他人的分数，围观的群众更让压力增加了十几倍。

今天早晨九点，我们有个扳机装置的称重步骤。扳机必须有某种最低限度的压力，检查它的原因在于要让它拥有最好的力量，却不至于太超过。如果扳机太流畅，枪支也将难以使用。我们的步枪都必须接受检查，确保它们符合标准，没人在瞄准器里加装小型望远镜片。然后，我们便开始了。

我第一个上场，得了四个 10 分及一个 9 分。这代表现在过去一半，我离百分百的成绩只差 1 分。这时你便开始紧张，因为你心知肚明这种情况不可能继续下去，而当你把枪靠到眼睛上，目光中的一切都在晃动。你把枪放下，歇个一会儿，但时间持续在滴答声中流失。我的第六发是 3 分，我知道一切都完了。强烈的失落感排山倒海而来，洗劫从头到脚每一处；你的肚子感到不适，突然间你非常想小便。然而你必须把持住自己的意志，集聚自己的注意力，逼迫自己积极去面对。你现在仍有 92 分的成绩，还有三发要完成。我击中两个 9 分和一个 8 分，最终分数是 88 分。还算不赖。

　　凡·狄艾斯的表现很糟，非常糟。标靶上写满他花太多精力在克莉丝蒂安妮身上。事实上，有几发根本连靶都没碰到。

　　斯密兹多夫也没好到哪去，看样子我们似乎直直朝着灾难而去。然而这时天气转坏，风吹得强劲。许多人都赞成延迟比赛，包括乐福德，这要求却被驳回。接着一件有趣的事发生了。乐福德上尉正趴在地上射击，表现得相当好。此时一位上校走了过来，宣布因天气之故比赛将延迟。显然他自己的团队表现并不佳。

　　乐福德气炸了，转过身以躺着姿势拼命抗议。那上校显然不知道乐福德是位军官，因为他为了射击把肩章卸了。那上校叫他闭嘴收拾好东西，这使乐福德抗议得更大声，此时上校命令他与长官说话时起身立正站好。在这一刻，乐福德已完全失控，回对方说在跟兵团的荣誉军官对话时他才应该立正站好。精彩的一幕。他们粗言相向，互抛决斗威胁等等恶言。那上校最后气得离去，说明早将提出整份投诉报告给将军。所有人都为乐福德喝彩，他当下成了全国英雄似的人物。今天的射击结束后，我们去庆祝乐福德的精彩表现。

比赛第二天

早上是手枪组的比赛。卫德尔与卫斯都射得不错。这个下午我们展开了第一次的速度射击。凡·狄艾斯再度创下壮举，拿下零分的纪录。今天比赛结束时我们位居第五名。非常不妙。要获得下一轮的资格，我们必须晋级前两位。所有人都很沮丧，乐福德尤其严重。我为可怜的凡狄艾斯感到遗憾，相信他自己也这么认为。

最后一天

我们铆足全力，最终得到第二名。乐福德兴奋极了。我们为自己的表现感到满意又欢心。卫德尔在手枪组的个人精准射击项目里获得第一，我则是步枪组的精准射击第一名。

晚上我们回归军团。比赛结果在"门庭"里公布，大伙儿开心极了。我收到所有人的祝贺。至少对军团想搞好公共关系的意图来说，这第一步走得还算顺利。我获得了"军团第一步枪手"的美誉，有资格在袖子挂起黄金步枪的奖章。这作为胜人一筹的标志不赖吧？

1963 年 3 月 14 日

我们在安尔特可城里的军用体育馆举行仪式典礼——由将军本人授予奖牌奖杯（我还在想他会不会找乐福德谈话）。他赠送给我一支黄金墨水笔，并说法国方面已寄来一枚金牌。卫德尔也获得一样的东西。乐福德上尉在圣墨里斯旅馆举办一场香槟午宴（希望这在杰奎琳的奶奶眼中对我的名声有加分作用）。当天剩下的时间，我们收到通行证可在城里自由活动。

1963 年 3 月 17 日

我们回到山里专属的小营区，准备好面对下一轮竞赛。美好的时光继续下去。今天是我一生中最棒的日子之一，除了完美别无其他说法来形容。杰奎琳、冯冯与我像往常一样开着车，朝山里开了好几里路，直到我们抵达一片鲜花盛开的树林。印象中整个下午就是与杰奎琳彼此拥抱的漫长时光。几个阿拉伯小孩不断为我们送来花朵，直到我们把冯冯的车塞满花。这是我们的最后一个星期日，杰奎琳几天后就要返回法国了。即使情绪悲伤，我们的笑声依然响彻整座山谷。我觉得自己又恋爱了。人生真是奇妙啊。

1963 年 3 月 25 日

我的 23 岁生日。杰奎琳从法国寄了张卡片来。我记得雨果说过："世间最美妙的事，莫过于知道有人深爱着你。"我是个幸福的人。

1963 年 3 月 27 日

回到军团里，看见同伴们的精神都不错，纵使他们得每天劳动。潭冬气色挺好。我还跟包柏与凯尼喝了几杯。他们依然每天都要干粗重的活。老天，我能捞到射击比赛的机会实在太幸运了。

几天后，我们将前往位于奥兰另一端的阿尔泽，进行下一轮比赛。

两天后

阿尔泽。我们住在法国正规军的兵营里头。跟我们兵团的标准比起来,这些家伙的生活水平太高了。今天一天我们要调试武器。这次竞赛将更加激烈,但我们已更加有准备来面对它,且已有了一场比赛的宝贵经验——这加固了我们的胆量。

1963 年 4 月 1 日

我们赢了!真不敢相信——这令所有人目瞪口呆。12 个奖牌我们夺下 9 个,并抱走一个奖杯。身为获胜队伍,我们每个人都获得一枚金牌。我在精准射击、速度射击的综合排名获得个人组第三名,领到额外一枚铜牌。钱农上校与阿尔诺特·笛冯亚德少校也在场,显然为乐福德将我们打造成一支成功团队而高兴。凡·狄艾斯最后还是射得不错,感谢老天——我当时真的很担心他。他若不是已把克莉丝蒂安妮抛弃,就是自己的持久体力变强了。

我们还有一轮要比,那将是最后的射击赛,一个月后举行。

隔天

星期日。我来到安尔特可镇,意志非常消沉。我无法摆脱这种忧郁，无法让自己再去圣墨里斯旅馆。阿布达·柯塔尔人不在，去了奥兰，而我则整个下午坐着干掉一瓶又一瓶里卡尔[1]。我看到冯冯经过大街，但他正在赶去某个地方。

晚上七点前我已经烂醉，错失最后一班回兵营的卡车。除了搭军警便车以外似乎别无他法，但这种旅程通常会很不自在，还可能先被军警痛打一顿。当时我在阿布达·柯塔尔的酒吧里陷入神志不清状态，他刚从奥兰回来，担心军警会逮到我。军警步入酒吧时，他与两个朋友及时把我拖到房间里，直到那些人离去。然后我被丢到阿布达的老爷车里，载回兵营。

1963 年 4 月 3 日

我们要把小营帐搬回军团聚集地了，标志着我们的特享自由到达了终点，虽然白天我们还是会在射击场里度过。

非常糟糕的消息：潭冬染上了结核病。他会被带回法国，然后可能被迫退役。一个好朋友就这么走了。

1963 年 4 月 5 日

拉米被分派到法国去，可惜这没早一点发生。

1　保乐力加公司的一种烈性酒。

出乎意料地，今晚我收到妮可的来信。她住在法国南部的凡斯。我顿时心跳加速，旧情复发。我以稳定的心情与字迹写了封回信。对这种情况反应过度，对人只有坏处。

1963 年 4 月 8 日

我不确定射击的新鲜感是否已经过去了。大伙儿已经练习射击好长一阵子。和运动员一样，我们必须找到方法在比赛当天到达表现的巅峰。太早到达巅峰是致命的。或许我们需要休息，已经有人面露倦容。今天我与乐福德上尉起了口角。他不知从哪搞来几支美制的春田步枪，比我们至今用的高级好几倍。吵架的原因来自一件很琐碎的小事，是关于急射时该怎么拿这套新款的步枪。讨论过程中他的情绪慢慢失控，但我知道自己是对的。最后我问他是希望听我说实话，还是说他想听的话。他理解后，渐渐认识到自己错了，并承认自己的方法不对。这就是为什么我们都喜欢他并如此尊敬他，这就是为什么我们会愿意为他做任何事。

复活节星期天

卫斯今晚独吞了两箱科能博格啤酒（Kronenbourg）[1] 后，

1　法国出产的啤酒，源于 1664 年，当时法国第一大啤酒制造厂。

发狂了。我与他原本相互开些小玩笑，却演变成为打架。我胜过他一筹，因为他无法专注，而且无法掌控自己的情绪。他挥过来重重的一拳，若打中，我的脑袋铁定搬家。帐篷开始倒塌，而几秒钟后似乎身边的每个人都参与了这场混乱。我身陷危险境地，因为一个失控的卫斯比横冲直撞的犀牛更为骇人。他无疑比犀牛还要强壮。斯密兹多夫救了我一命，拿着空汽油桶猛然朝卫斯后脑勺敲下去。他昏了过去，根本不知道发生什么事。

生活一成不变，整天射击，整晚畅饮。晚间点名后，我们从床底下拉出一箱啤酒，开始我们例行的聚会。威尔逊与凯尼也常过来。我们的对话永远绕着几个话题打转：关于全世界的问题、关于人生的问题、宗教、女人，以及离开这儿后我们想干些什么。有时话题会走偏，讨论陷入僵局。我们又喝了几口啤酒并转移话题。

1963 年 4 月 21 日

之前那位上校来看我们射击。乐福德慌了，场面变得一片混乱。实际上，我们今天的表现完全不能体现真实水平。我们已被视为精英射手，就该达到这期望。我有几次取得了 96 分，对 200 码射击而言这并不简单。而在卫斯的细心教诲下，我对手枪的操控也变得灵巧。当乐福德与上校在午休时间消失时，我用卫斯的瓦尔特[1]手枪在 90 秒内击中 60 英尺外的 20 个瓶子。真是令人满意的结果，我打赌就连约翰·韦恩（John Wayne）[2] 也办不到！我们已为阿尔及尔的比赛做好准备。

十天后

明天我们将前往阿尔及尔，面临步枪技术的终极试练。这将决定我们能否前往法国，因此对大伙儿来说是如此的重要。我们甚至花了许多时间计划要在巴黎做些什么，如果这美梦破灭，我想无人能承受得了。

这期间，卡马龙日来了又去。现在对我们而言这节日已经变得像例行公事，有穿插节目、古代战车竞赛、骑马长枪比武、拳击赛与不停地喝酒。布斯福镇完全被毁掉。过去几个月，布斯福已转变为某种污秽贫民窟般的小镇，因为各种投机分子搭起了商店和酒吧，想好好捞一笔我们口袋里的零用钱。从一个废弃的村庄到海滨小镇，这转型来得快而微妙。它来得毫无预警，突然就出现在我们眼前；前一天夜里还什么都没有，隔天早晨就以一娱乐场所的姿态重生。普遍来说人们喜欢

---

1 Walther，全名为卡尔·瓦尔特运动枪有限公司，为德国武器生产商。
2 美国西部片知名演员。曾获奥斯卡最佳男主角，以枪手角色的风格风靡美国。

它这样。外籍兵团的士兵都喜欢酒吧、饭馆、弹珠台、陪酒女，而不是宁静的海滩与浪漫的夕阳。

但总而言之，过了昨天之后这小镇又变回了以往的模样，一个平静的小渔村——换言之，它看来像被成群的大白鲨攻击过。

卡马龙日过后的营区就像灾难席卷过后的残局。似乎半个军团都去医护室报到了，其他人则戴着墨镜来遮掩瘀肿。发生了一件特别的事，作为复仇的例子来讲让人印象至深。威尔逊详细阐述给我听。他连队里有个男人叫文森，在醉意浓烈的当晚，人们狂欢的最高潮，他摔断了自己的腿和手腕。他在地上打滚尖叫时，这消息传到他的宿敌——雇佣兵威札克的耳里。威札克身形比文森小，过去被他揍过好几次。这次是他扯平的机会，而他也没放过这千载难逢的良机，结果文森被踢落四颗门牙，在地上痛苦地扭动。显然威札克对文森还有更多的复仇打算，但在实行之前就被拉开了。这里的好心人还真多。

明天是我们在阿尔及尔的重要日子。凡·狄艾斯不能来，因为他再过三天就要坐上"龙骨"了。他决定不带克莉丝蒂安妮一起离开，令他的几位弟兄松了口气。她显然是这里最红、最受欢迎的女人。

唯一的坏消息是上校严格地交代乐福德上尉不能给我们任何人阿尔及尔的城里通行证。我听过关于那城市的一切，要是连看都没看过它就离开外籍兵团，会很可惜。因此就算没有通行证，我们也得想个办法。斯密兹多夫在阿尔及尔有个女友，我们知道没有任何事可以阻止他去找她。他曾属于第一伞兵团，位于阿尔及尔附近的勒洛达基地，所以他很了解那一带。

两天后

我们被安顿在位于墨森卡芮的正规军兵营中，仅离阿尔及尔几英里。我们已经准备好面对明天的比赛。乐福德劝我们早睡养足精神，但他才刚就寝我们就冲到墨森卡芮镇里喝个烂醉。

隔天

从瑟普拉那里听到我们昨晚的事迹，乐福德上尉极其愤怒。但在今早的步枪比赛中，表现良好的却是斯密兹多夫与我。瑟普拉与乐福德根本没希望。第一天结束，我们历经一轮精准射击与一轮速度射击，分数分别是乐福德 134 分、瑟普拉 139 分、斯密兹多夫 141 分、我 174 分。我们落后了非常多，这次可能真的结束了。我们必须进入前三名才有资格前往法国。

第二天

我们表现得都算不错，比以往好几次都要好很多。成败现在全取决于手枪组的表现了，也就是卫斯与卫德尔。他们明天射击。对我们来说压力已解除了，因此斯密兹多夫与我决定要冒险溜进阿尔及尔的城里狂欢一阵。

隔天夜晚

我们搭上一辆卡车顺利进入阿尔及尔，一到市中心，斯密兹多夫立即拦了一辆出租车去找他女友。那是我最后看到他。当时我确实有股怪异的感觉，穿着外籍兵团的装束独自站在城市的中央，数千只不太友善的眼睛全聚焦在我身上。不管怎样，我已来不及回去了，所以我走向最近的一间酒吧。

里头大多是阿拉伯人。然而令我诧异的是有两位欧洲人站在吧台前。他们请我喝一杯，于是我们为外籍兵团干杯，然后他们向我解释他们是如何来到这里的境遇。其中一人是位法国陆军的退役少校，来阿尔及尔进行商务拜访，另一位则是相当绅士的波兰人，好像是在外交领域从事某种工作。他们在五年前认识彼此，几天前再度巧遇，因此决定去找一些以前常去的老地方庆祝庆祝。庆祝才刚开始我就出现了，于是他们邀请我一同加入。我带着感激同意，立即为我当晚的处境放心了许多。

四个多小时以后，我们摇摇晃晃地走出一间酒吧到后巷，此时来了两位身穿皮衣的彪形大汉，走近我们的波兰朋友并要求他出示证件。他的位置在我和少校身后的一段距离，因为他当时留下来付账。他叫那两个彪形大汉先出示证件自己才愿意拿出来。突然间人群从黑影中出现，塞满我们四周的道路。我走了回去想调停，正要开口表达自己的看法，忽然他们当中某人就这么扑过来，朝我嘴巴打了一拳。我往后退了几步，当他继续攻击时我用尽吃奶的力气，朝他裤裆踢过去。那家伙闷声叹息当场倒下。我从没这样干过，结果令我非常满意。

然而那满足感瞬间便被扼杀了，因为我触发了围观群众的全面攻势。整群人就这样猛然朝我们扑来。我记得自己朝他们左右挥拳，数不尽的躯体从四面八方涌来，试图干掉我们。然后人群把我压倒在地。我清楚记得有那么一刻，某个人跌在我的身体上方，我勉强抬起脚跟朝他的脸猛然一踢。那男人发出痛苦哀叫，我直接踢中他的眼睛。紧接而来的却是洪水般的拳头打向我的脸。我不顾一切地挣扎想从底下出来，却完全办不到，我感觉自己的气力逐渐流失。那些人是动真格的，我已知道任何一刻都可能有把尖锐的刀刃刺入我肺腔里。被压在地面动弹不得的感觉令人非常不安。然而讽刺的是，我觉得正是对方众多的人数救了我们。他们的人真的太多，没人有办法看清楚刀子该往哪儿捅。

突然间，当我气力耗尽，似乎就要被干掉时，人群散了开来四处奔逃，接着我看到两个人手持冲锋枪对准我的脑门。他们的表情非常凶恶。那时我的波兰同伴跑过来，我真高兴看见他。当骚动开始时他便跑出去大喊着："救命啊——杀人了——警察啊！"我记得自己曾希望他留下来帮我打这场群架。我们的少校朋友平躺在地上，有条长长的伤口从他眼睛破开到嘴角。他的情况很不妙。我们抬起他，并跟着警察回到他们的总部。袭击我们的群人里有一个人留下，正向警官解释我们怎么先找他们麻烦。

到达警察总局后，少校立即被救护车给拉走，波兰人与我则被审问了三小时。最后他们让波兰人先离开，我开始紧张起来。很明显他们只想留我一个人，我怀疑自己很可能永远没办法走出这里。我没有通行证也没有任何能出示的文件，连自己的身份证都不在身上。更糟的是，根本没有同伴知道我在哪儿。我疯狂祈祷那波兰人会回来找我，然而见识到他在打斗开始的那刻逃跑，我很难对他保持信心。

凌晨四点，我开始感觉到身体与脸上伤口的疼痛。我整个人像具毁掉的躯壳。我的制服成了披在身上的碎布。我知道自己这次惹了天大的麻烦，感到非常害怕。警察不断问我同样的无用问题：我在这里做什么？为什么我没有通行证？为什么我没有身份证明？为什么我在街上攻击那名无辜的人？

最后终于有四位法国宪兵来这里。哇！看见他们时我大松一口气。波兰人跟着他们走来，我差点跳过去拥抱他。宪兵们花了一个小时交涉将我释放的事宜，在那之后我又被他们质问同样的问题。宪兵们也想知道为何我没有通行证或身份证。我自然告诉他们整个故事的来龙去脉：军团上校命令禁发通行证，我却依然执意要来。他们以和气的态度听完，但说他们仍必须写一份完整报告。

最后我们被允许离开。我们去旅馆发现那位少校没有生命危险，但脸上缝了30针，成为当晚留下的永恒标记。我们陶醉在如释重负的心情里，当场开了一瓶香槟酒。他们两位都为我的行为表达感激，并赞扬我们外籍兵团的信誉，而我也同样对他们感到亲切；特别是那位波兰朋友，成功找来法国宪兵营救我们。然后我们彼此行礼告别，之后我搭着出租车回兵营。我突然觉得压倒性的疲劳落在自己身上，回营区时已经早上六点。值班的卫兵看到我时惊呆了，但这必然如此，因为我的脸比平常肿了三倍，两个眼眶已成青蓝色，嘴唇上则变成打肿的肉泡，唯一庆幸的是没断牙。我瘫倒在床上之前看见斯密兹多夫，他舒服地裹身在棉被里，带着幸福的微笑安稳地睡着。他八成是享受了一段开心时光。

早晨已过了一大半，宪兵才向乐福德上尉报告。当他们告知他昨晚的故事时，乐福德正在打靶场看着卫斯与卫德尔射击。他立即像阵暴风冲进兵营，当时我还在床上睡觉。他叫人起床的方法真要命。我还以为他要杀掉我，一副失控的愤怒模样。他在房里一边来回踱步一边咆哮，情绪激昂，朝我尖叫辱骂。他发誓要让我蹲一整年牢房，他愤怒是担忧必须面对上校的反应，更遑论将军会说什么。乐福德不停怒吼，我只静静聆听，不想再辩解什么。最后他说我做好准备进监狱，并怒气冲冲地离去。

　　我们手枪组的成员下午表现很差。如果他们有好成绩或许我会得救，但情况并非如此。我们得了第四名。经过这么久的努力，这是令人失望的结果。只有前三名才能去法国，只要我们再多得三分就成功了。我们的总分数超过1750，因此有那么一丝丝机会我们仍可能去法国，但我不认为我的处境对我们有利。

　　今天晚上我决定要跟乐福德上尉把事讲明白。他是个让我欣赏并尊敬的男人，我认为必须对他澄清所发生的事。除此之外我还想说声抱歉，因为我的关系让他在死对头上校面前难堪，这是毋庸置疑的。他负责我们的行为操守，因此，最终问题还是会回归到他让我们缺乏军纪。当我到他房间时他看似冷静，我便对他讲明一切。他问我为何没有尝试跟他要通行证，我说自己明白就算问了他也必须回绝，而我当时已决定无论如何都要去。如此一来情况将会更糟，因为等于是我直接抗令。他接着说我当麻烦开始时我应该立即逃离现场，我回道我无法丢下两位平民不管，而且若我逃了，他们对外籍兵团的印象是什么？他相当喜欢我的回答，这直接击中了他心中强烈的荣誉感。在那之后，他便不再抱持负面态度。

他说这件事已不在他的掌控范围内，因为报告已递交到指挥整个师团[1]的将军手中。不管怎样，钱农上校一定会知道这件事，而我注定要坐牢。我是否能去士官学校都将被质疑。说了这么多之后，乐福德说他仍会给出一份有利于我的报告，并提及我搭救平民的事迹——我还可能因此拿到勋章。

隔天

闭幕仪式正式展开，颁发了各种奖章与奖杯。我在精准与速度综合成绩中获取个人组的第三名，领到了铜牌——我以此为荣。身为第三名，我有资格以个人身份前往法国参赛。乐福德不认为上校会赞助个人的竞赛，而不管怎样我到时应该还在牢里蹲着。

1　师团（division）是由数个军团（regiment）所组成。

总的来说，我认为乐福德对我们一路走了这么远而感到满意。如果连乐福德都相当开心，我们全员也感到如此。

1963 年 5 月 12 日

我们回到布斯福，向杰伊斯上尉报告，他向我恭贺射击比赛的辉煌成绩，并无奈地说必须给我八天的刑罚。他说乐福德为我撰写了一份非常好的报告，否则我会坐更久的牢。在事件的描述方面乐福德似乎尽了全力，说我怀着观光的心情，激动地忘了带上通行证便进城了。关于我如何拯救两名平民朋友，舍命对抗数不清的暴徒，那描述连兰斯洛特-加龙省骑士都会嫉妒得脸色发青。

下午我去一间理发店，乖乖地剪了个鸡蛋头，然后，拿好自己的毯子，被卫兵护送着前往监狱。

奥斯卡·坎兹，军团里的资深准尉，在监狱门口欢迎我。我发现自己成了英雄般的人物，因为消息传了开来，说我试着杀掉几个阿拉伯人所以才被关。人们谈起这件事如同看见史诗般规模的战斗，搞不好还会被记录在外籍兵团的伟大事迹中。

而现在，我又回归"派对"与干粗活的生活了。

八天后

今天我被放出来了。在牢里例行的生活与在菲利普维尔时没差多少。清晨起床，干些家务，早上干些粗活，晚上运动。与往昔一模一样。但这儿的防御措施比菲利普维尔好，不大可能走私香烟啤酒进来。我瘦了九磅，感觉非常精健。

今晚我与卫斯、威尔逊、卡尔森与凯尼一起庆祝。消息传来，说我们已合格能去法国——这令大伙儿雀跃不已。

隔天

我被传唤去见钱农上校。他真是个很棒的男人。他恭贺我的射击成果，说他因必须把我送进牢房几天而感到遗憾，但我必须意识到这是谁的责任。他还告诉我士官训练部队将在几天后展开，而我将加入他们。这代表我将无法跟着射击团队前往法国。

1963 年 5 月 26 日

钱农上校将离开军团，我们有了新指挥官克劳德上校，并为他展开行军典礼。我们当中许多人宁愿看到阿尔诺特·笛冯亚德少校接管这职位，但他仍只是个少校，还有好一阵子要走。主持典礼的则是雷夫特将军。

1963 年 5 月 28 日

我跟好朋友们告别完毕，现在已在士官学校。营区叫陵地斯，离军团原来的地方约五英里，在海拔两千英尺的山区之中。

我们这一群共有 45 人，指挥官是个拥有年轻面孔，却面露凶相的上尉，名叫牧斯凯洛。辅助的有三位中士：岱尔高、舒密特与温特。

牧斯凯洛上尉在他的开场白中植入了强烈信息，让我们毫不怀疑接下来四个月将面对什么。这些课程的首要目的就是要将我们打造成男子汉，其次是让我们成为可与法国陆军最精锐的兵团相称的下士。以往，类似的士官训练学校是由中央集中管理，出产的士官可被分派到任何一个军团单位。而我所在的学校则是专门为第二伞兵团所创立，可谓内部机构。我们军团需要二十位下士，除此之外，牧斯凯洛那帮人打算迅速剔除我们当中能力较差的。总的来说，这项目就是为了在军事这门艺术中，培养出称职的领导与专家。我们将学会如何穿山越岭，不管手中有没有地图；我们会成为多项专家，懂得运用各种武器、坦克、炸药，以及从事破坏行动；我们将成为外籍兵团的士官。但首先我们必须成为坚毅的男子汉，在我们懂得如何掌管士兵的纪律之前，我们必须彻底了解所谓的纪律到底代表什么，这第一步明天就开始。

我有种不安的感觉，接下来的时间会不好过。这里的设置给人某种邪恶不祥的感受。可以肯定的是，这保证比基础训练要严峻许多。

第十章　士官训练队

马世民下士

1963 年 6 月 6 日

我们在这里已八天，情况证明我的直觉是对的。这里铁定是用来折磨人的营地；相较之下穆阿斯凯尔就像个度假胜地。每一天始于凌晨五点的五英里越野晨跑。然后是行军典礼与早间视察。我们的兵营早上和中午都被检查一次，再加晚间的点名视察。多数情况下我们没有办法达到视察的标准，结果可能是个人遭受处罚，或是整个兵营里的成员被一同惩罚，然后我们必须再次接受检查，这时间可能是午夜或凌晨四点，或值班中士随意想到的任何时间。长官们的第一目标就是剥夺我们的睡眠。这是拆解反抗心理的最快方法，他们真的想摧毁我们。

每一天，我们其中一人会被指派担任当天的下士。那人必须准备执勤表，在指定的时间里组织好我们部队做行军检阅、面对晚间点名。前一天的晚上他必须准备许多图表，包括日程排表、卫兵名单等，并在晚间点名后交给岱尔高。这是必须完美执行的课题，所有文字与图形的精确度不能有毫米之差；行与行之间的距离、页边空白处的宽度均须如此。凌晨三点前要爬起来弄这些，很少人能做到位。岱尔高正是这么盘算的。

我们每日的流程与在穆阿斯凯尔时并未相差太多，除了当时我们全是生手，第一次尝试，第一次学习。在这里我们则是学着如何教育别人做这些事；如何当别人的教官。

每天下午的训练在山里头，重点包括作战训练以及地图判别等实践课程，晚上则要行军回到营地。在外籍兵团里，如果你长途行军的能耐比不过底下的士兵，你就永远得不到他们的敬重，永远无法领导他们。

这里除了挪尔以外，很少有我认识的人。气氛相当冷淡，再度让我想起刚进兵团的时候，每个人都是孤立的个体，在与任何人交流之前都得先评估下对方。

未来的四个月中，长官们会评估并记录我们所接受的各项任务，并给我们两次期中考试和一次期末考试。能否毕业完全看表现的优劣排序。这样的流程非常具有竞争性。第一名通过的人将享有高度声望，有点类似在桑德赫斯特皇家军事学院[1]领到荣誉之剑一样，除此之外还有非常实际的物质奖赏。第一名通过这课程的人——只有他一个人——将有机会晋升为首席下士。这让他实质上成了代理中士；他不再需要戴白色平顶帽，而是戴着黑色平顶帽登上更崇高的军阶。他的薪资是普通下士的两倍，更跻身于首席下士精英团体。除了这些以外，他还有属于自己的房间，有勤务兵帮他清理私人装备，基本上人

1　桑德赫斯特皇家军事学院，全名为 Royal Military Academy Sandhurst（简称 Sandhurst），是英国培养初级军官的学校，曾与美国西点军校、法国圣西尔军事学院、俄罗斯伏龙芝军事学院并称为世界四大军校。"荣誉之剑"（Sword of Honour）是该校颁发给最优秀学生的奖励。

生从那刻开始变得有趣多了。比方他的职务包括在馆子里值勤，这比起在山里采石头要好很多。因此，人们绝对会为了第一名而战，而看着眼前这群人，当中有许多文武双全的狠角色。竞争将会非常激烈。

有个叫丹尼尔·伟格诺加的法国人，即使在初识阶段，我也能判断他很可能会是最后赢家。他的聪明才智高人一等，并且天生具有领导气质。还有其他许多优秀的人。卡鲁旭与彼特哲都是德国人，均是厉害的竞争者。卡鲁旭体格强健，拥有各方面都平衡的性格，比方幽默、常识兼备、各种能力都不错；彼特哲则复杂许多，他极度专注、不带情感、缺乏幽默感，但智商超群，所以明显脱颖而出。同时他比多数人年纪大了些，体力或许处于劣势，但他两耳间有足够的智慧来补足这一切。还有就是爱德华多·索托，在人数众多的西班牙族群里他是公认的领导者。他与卡鲁旭同类型，只是个性没有那么外向。他对待任务的程度与他那西班牙的自尊心一样——都欠缺弹性。我认为他在跑步方面非常出众。而他与岱尔高之间的关系十分有趣，值得留意。我丝毫不认为岱尔高会偏袒他，然而西班牙人之间总有种无言的默契，是这里的其他所有民族所没有的。

除了运动方面的特定考试以及课程结束前的考试之外，我们还会根据这四个月的射击训练以及态度品行获得评分。态度与情绪比其他因素加分比重都高。这会让彼特哲很难堪——因为大部分时间他都带着一副凄惨的表情。

所以人们已准备好了，这将是场严格却有趣的争斗。我们都明白胜者将能获得多少东西，在净收入、名声各方面都是，同时将使我们受到军方更好的对待，不仅仅是物质层面的考虑。然而说到底我们依然是雇佣兵，来这里不是为了玩游戏。那些天真的梦想早在几年前就已消失殆尽。

一星期后

对抗疲倦一直是我们在这里最艰难的挑战。我们完全得不到休息，连一刻停下来歇息的时间也没有。今天早上我们全副武装，扛着背袋和步枪跑了五英里的计时路程，当我们中午归来，却发现兵营里头遭到彻底破坏。我们柜子里的所有东西被扔在房间中央堆在一起：制服、衬衫、鞋子、靴子、钢盔以及床单和毯子。连床铺也遭拆解了，组件散布四处。几十包用来泡汤的粉末被洒在整片混乱之上，然后仿佛有人拿水管到处乱喷 15 分钟，整个房间淹了水，就像是遭遇地震过后。

回到营区那刻我们已精疲力尽，眼前这情景无疑是压死骆驼的最后一根稻草。这是寒德干的好事。舒密特与岱尔高虽然是粗鲁的恶棍却不乏幽默感。然而，寒德中士不一样。他是个惨白瘦弱的标本，金发碧眼与细长的鼻子，毫无男子气概的单薄嘴唇。他或许可以当个称职的副官，完全是个虐待狂，从别人的痛苦中汲取快感。

天晓得我们是怎么清理完那一乱摊子。下午两点前我们必须清理好环境，面对又一次的视察。我们没有时间把东西清洗好再晾干，只好赶紧把湿透的衣物折起来堆进柜子里。然后在晚间点名之后我们才有机会进行全面洗涤，并如往常一样在凌晨一点瘫倒于床。

过去两周内，其中就有五天我们必须接受那名为"出征"的惩罚。这种惩罚从未在凌晨一点前结束。

他们还有种小刑罚，是在晚间点名后把我们派往海岸边，然后我们必须用瓶子装满海水再回去给中士检查，证明我们去过那儿。海岸线在五英里外，晚上的行程要花整整五小时。通常归来时已半夜三点。到目前为止我只被这么罚过一次，但那直击我们的弱点：疲劳。

1963 年 6 月 25 日

这是我们一生中身体最强健的阶段，但劳累和缺乏睡眠的双重压榨也使我们精疲力尽。第一个考试即将来临，本周我们将被测试至今所学的一切，并接受体能测验。过去这两个星期我们忙于山区的夜间行军活动。惯例是我们分为几个小组，各自从指南针所指的不同位置出发，用步数衡量距离，最终所有人应该会抵达十英里外的某个交叉路口或是河道旁之类的地方，在那儿将有辆卡车等着载我们回营。然而现实里，真正发生的情况是我们总找不到目标地点或那辆卡车，最后只好徒步回营，而抵达时都已经是黎明。因为找不到目标地我们必须接受惩罚，然后一天又从体能锻练开始。尽管如此，我们确实有进步。我们可以在夜间跳伞，仅拿着指南针或一张地形的平面照片，于隔天清晨在 20 英里外的某地方再度集合。这些荒芜的群山间鲜有能协助探路的地标，因此，我们这种成果还算不赖。我们看地图的能力也有长进，不管夜间或白天我们都能在山间找到路径，熟练的程度就跟在兵营里行走差不多。牧斯凯洛上尉会随意指向地图上的某处，距离陵地斯有 20 英里之遥，然后说："明天破晓时在那里集结。"我们就会出现在那儿。

　　我们成了称职的演习教官。我们开始熟悉如何操作无线电器材、地雷与炸药，以及拆解这些东西的方法；我们还熟知装甲汽车，以及足以塞满整个军械库的兵器：不管它们是俄国制、美国制，或德国制的枪弹。我们懂得如何建造能横跨溪流的有效桥梁，更懂得如何在没带食物，仅靠大自然来充饥的情况下在山里存活好几天；我们会用夹板固定受伤伙伴的腿，在无人帮助的情况下独自背着他走下 100 英尺深的断崖；我们还能在每天只睡三小时的情况下生存长达五周。我们可以背着全副装备，45 分钟内跑完五英里；我们会用腿胫攀爬上 30 英尺绳子，并完全不触碰到足部；我们还可以整晚歌唱不停。我们演习的精确度连冷川护卫队（Coldstream Guards）[1] 看了都会感动，我们行军的能耐连再强的骡子也比不上。

然而即使如此，岱尔高、舒密特与寒德却认为我们是本军团的耻辱，是整个外籍兵团的耻辱。之后的几个星期，他们下决心要把我们磨得更像样点。士气这时空前的低落，许多人甚至说接下来的考试他们都不干了，希望自己被送回军团去。然而还是有些人怀着不放弃的决心，彼特哲、索托、卡鲁旭、曼巴、伟格诺加，连我们身边的知名斗牛士奈尔达也锲而不舍，以及其他一些人，抱负与自尊心撑着他们挺下去。而让我撑下去的理由是我绝不会让自己成为第一个垮掉的人，不管发生什么事。

所以今天我们发奋图强迎战长官们丢来的所有测验，即使每个人的脸上都带着疲惫的烙印，我们依然从心底的某处找到力量，在多项测试上都有破纪录的成绩：更短的赛跑时间、更远的跳远距离、更高的攀绳高度、更多的俯卧撑和仰卧起坐；我们还彻底研读了笔记并牢记各项知识。我们知道武器的所有细节、每个零件的长宽与重量、不同枪支的子弹速度及射程。

---

1 英国陆军中的知名军团名，属于其护卫队支部，始于 1650 年。曾参与法国大革命、拿破仑战争等知名战争。

我们深谙不同地雷的属性，并了解学过的每一种坦克车与军事装备。我们挤出时间来复习，做足了家庭作业。

除了几个特殊案例外，这支部队是由一群超高水平的战士所组成，毫无疑问，这群人是我这三年来从未见过的精英。不管岱尔高或其他人在想什么，我相信我们今天在主考官面前留下了深刻印象。他们也是从军团出来的士官，我认为今天的测试结果对他们来讲也是出乎意料的。

1963 年 6 月 30 日

考试结束了。我们去布斯福庆祝，好久以来第一次放松心情。我与鲍勃和凯尼会面，倾诉我那非人的训练经历并告诉他们有多糟糕。他们竟然不相信我。

隔天

从考试结果和迄今排名看来，伟格诺加是第一名。难以解释的是我竟然排名第二，而彼特哲落后我一分。皮法是第四，在他后面则是索托与卡鲁旭。除了我自己以外，这样的名次并未出人意料。但情况还可能有变动，路途依然漫长。有八个人没达到最低标准，将被遣送回团。

1963 年 7 月 2 日

　　一切回到正常状态了。我们扛着沉重的背包回到山里，而可想而知，什么也没拿的温特中士以要命的速度逼着我们行军回营。我拿了一大堆东西，其中还有个 26 磅重的无线电发报器，很可能比其他人都要糟。温特走在纵队的前面，而他身后的咒骂声越来越响，直到他没办法再假装听不见。于是他命令我们停止走路，开始匍匐爬行。那一刻我觉得纪律将破碎。因为温特只身一人，而我们所有人都痛恨他，都再也忍无可忍；有那么一刹那，万事都有可能发生。温特中士正站在刀刃的边缘，而我们当中确实有一些性格猛烈的汉子——但最后我们还是趴下爬行了。

　　我背部与无线电摩擦的地方是一团糟，脊椎感觉要断了。而晚间点名更成了一场灾难。舒密特中士再度把我们的装备搞得一片混乱，丢得房里到处都是，并宣布点名的时刻将挪至午夜的广场上。因此我们必须把床架、衣柜全拿到外头重组，仿照兵营房里的模样，只不过是在露天广场上。舒密特手持火把午夜时来检视我们，并说我们未达满意程度，他将在凌晨五点再次回到兵营里视察。这正代表我们必须在半夜四点起床把东西给准备好。我已经无法了解这些事背后的意图与逻辑。这一切根本毫无意义，完全证明不了任何事。

1963 年 7 月 4 日

我们跳伞降落在猎鹰岭的沙丘上。沙地会迷惑你的视觉，从空中看它似乎是柔软的，但实际上可能硬得与水泥地差不多。哥什落地时椎间盘突出，杜逢则摔断了腿。所以对他们来说士官训练部队的生活正式告终。十人出局，剩 30 位。

我的背部与无线电摩擦的地方长了个巨大的疮。那感觉有点像脊椎尾端被嵌入了钉子，钉子上再吊个左右摆晃的水壶。我明天要回军团医护室找人把它给挤破。我希望他们已开除那位比利时庸医"法鲁克一世"，我实在不大想再面对他。

今晚点名时发生一件有趣的事。舒密特中士从架子上随意拿来一把步枪，瞥了一眼枪管后宣告它不干净，并叫枪的主人站出来。那人叫佩特罗·罗德里格斯。佩特罗是个疯狂的家伙，但他是个好军人。我相当欣赏他。然而他的脾气确实很致命，当他失控时非常危险。舒密特把步枪丢向他，命令他在子夜之前必须做好检验准备，然后转身准备走出房间。

佩特罗这时爆发了。舒密特刚走到门边，他已陷入发狂的状态，发出一阵深长、痛苦，犹如垂死雄狮般的怒吼，同时拿起了枪管在头顶甩了好几圈，仿佛要投掷巨斧，最后以全身力道将它抛向舒密特中士的背影。步枪撞上离门柱，离舒密特头顶只有一寸，发出巨响。整件事发生于两秒之间，然而整个场面仿佛冻结了整整一分钟。所有人都完全僵住了，不管是舒密特、佩特罗或其他人。此刻局面之紧张，可谓前所未有的奇观。佩特罗站在那儿就像原地扎根了一般。

然后舒密特慢慢地捡起步枪，朝他走了过去，并以非常安静的口吻说道："给我去监狱——现在！"佩特罗带着他的毯子严肃地走向监狱，舒密特中士则紧随其后。

1963 年 7 月 5 日

皮法展现了自己为何能考到前四名的实力；他很有创意，今天更是超水平发挥。晚间点名时，温特中士说皮法的靴子底下有灰尘，便派他领着水壶去取海水，并提醒皮法凌晨回来时要叫醒他。

皮法步入夜色里，短短十分钟便跑回来，宣布他才不会白痴到真跑去取海水。接着他尿尿在水壶里，加了些冷水进去，把闹钟调到凌晨两点，然后倒头就睡。两点时他向温特报告去。温特中士用手指沾了沾液体尝了一下滋味，确定它有海水的咸味，然后便放过他了。温特喝了皮法的尿，而皮法从此在我们心中树立了不朽的威望。

如果有一天，这本日记阴差阳错落入温特的手里，我唯一想对他说的只有：Prost（德语：干杯）。

1963 年 7 月 10 日

我们有了新指挥官——诺瑞顿中尉；没人为牧斯凯洛的离去感到悲伤。诺瑞顿要安静许多，但我感觉他很严厉。他成天嚼着烟草，像阿拉伯人一样每隔一段时间就吐出一口。显然他在三年前身为阿拉伯囚犯时学到这习惯。我们今天有武器检察，在他审核下我们无人过关，全被罚了三天的"出征"活动，以及连续三天午休时间都必须进行长达两小时的额外演练。武器的清洁根本毫无瑕疵，但我猜他这么做是想来个下马威。

1963 年 7 月 12 日

佩特罗今天出狱，贾伯则入狱了，因拒绝接受温特的命令而惹上麻烦。当时他正负责领着一组人清理厕所，晚间点名时温特否定了他们的努力，并命令他们拿着牙刷重新把厕所清洗一遍，准备午夜检查。

隔天早晨

早上的阅兵典礼上，贾伯在整个部队面前被推了出来，而岱尔高则给了我们激昂的长篇大论，关于在外籍兵团里直接抗令是多么严重的罪行。贾伯是个非常刚强的男子，同时也无比顽固。说完话后，岱尔高命令贾伯用牙刷去清理厕所，与温特前一晚同样的命令。

这是不同军阶的直接对抗，但更严重的是，这是两种不同性格的直接对抗，他们彼此都具有强大的魄力。我们看着这出戏慢慢在我们眼前进行。这非常精彩，我们甚至可以感受到两股无形的力量正在搏斗，彼此毫不屈服。我认为岱尔高为自己身处这样的窘境感到遗憾，因为就和我们一样，他敬重贾伯强健的人格，但他没有别的办法。而贾伯用他那无比强大的自尊心面对我们，知道我们与他站在同一阵线，他不会让我们失望。

结果是场悲剧。全都因为温特那卑鄙的家伙，才有这种事情发生，导致最终的人才浪费。我很想站出来说：听着，我们可以想想别的办法解决这件事。然而确实已经没有其他办法。果然贾伯再度抗令。结果是被下士训练队开除，而且还必须承受最后的屈辱，被我们的军团给踢出去，降级到步兵团。

今天晚上我们极度清醒。整个训练队沉浸在悲哀中。这件事情令人震惊，伤到每个人的心灵。作为一个集体，我们可以勇往直前，我们中间多数人都有足够的意志与耐力，能长期承受这种折磨。但今天所发生的事超出所有人的忍受范围。它并未使我们害怕，但它在我们的灵魂上刮了一刀，夺走了我们承受一切的意义。当意义不再，精神将逐渐凋零，一切都完了。人们将不再有毅力和决心继续挺下去。我们在深思。我认为在这一刻我们是非常、非常危险的，因为所有人的想法一致，所有人的感受相同。只要有一个人开口，怂恿我们采取行动，将足以动员我们所有人集体抗命。但没有人说话，我们只保持沉默，让愤怒自生自灭。沉静的表面下，暴力可能随时涌现，然而这股冲动会在早晨到来之前消失殆尽。

1963 年 7 月 15 日

我很欣赏诺瑞顿中尉。他看似比牧斯凯洛更宽松一些。当他在跟我们集体说话时，允许我们抽烟，这在牧斯凯洛的领导下根本不可能发生。诺瑞顿中尉的声音非常小，有时站在他面前一两英尺也听不太清楚。但在这些表面下他有某种致命的潜质，不一定令人讨厌，但绝对冷酷无情，一种可以做成任何事情的能力。换言之，这人做出什么事都不会令我惊讶。他与我所见过的任何人都不同。

我们今天空降在默席拉森林上方。落在树林中真是种很刺激的体验。一开始，树林看来就像一片厚绒毛地毯，但当你越来越近，它会变成一片梦魇。没什么能够闪避的选择，因为当降落伞下降时你会像钟摆一样左右摆晃，同时被风吹得横着飞。关键是用手遮好你的卵蛋，剩下的就听天由命了。

结果一切良好。艾思宝掉落在一棵树上，像只待宰的鹅悬挂在枝干上，动弹不得。但他没受什么伤。跳过伞后诺瑞顿中尉把我们分为小组，并说第一个全体人员返回兵营的小组——总距离是十英里——将获得去馆子的夜间通行证。我们从未如此拼命地跑完十英里。曼巴、崴利特与我以一发之差获得胜利，即使脱队的司楚培德跑在我们前方好长一段距离也无济于事。因此下周我们可以进城了。诺瑞顿中尉受欢迎的程度再次升高，虽然毫无疑问我知道这并非他的目的。

1963 年 7 月 17 日

我背上的疮又发作了，像颗高尔夫球这么大。今天在山里挖沟时我实在忍不住了，便叫身旁的挪尔拿刀把它给切开。好玩的是诺瑞顿刚好走过来，看见挪尔持刀站在我背后。我猜他以为挪尔准备从背后捅我，便边跑过来边大喊：住手！住手！

等我解释了情况，他亲眼见识到疮之后，便把我送上卡车载回军团里。然后，是我熟悉的流程。贝雷帽咬在嘴里，背部被使劲挤压。等他们完成后，我整个人从头到脚像块湿布，汗流浃背，但那感觉像有人把一吨的重量从我的背上给挑起。他们在我背上抹了半升的青霉素，再用一团蘸了碘酒的棉花塞到那火山口似的坑洞里，然后我就重生了，又准备好回去干活。

1963 年 7 月 20 日

没有什么比共同经历磨难更能培养友谊。过去这几周，伟格诺加、索托与我之间的友情很自然地稳步递增，一种可以持久的情谊。在漫长的行军过程中，我们通过交谈发现彼此对人对事的看法很相近，拥有共同的价值观。我记得这段情谊源于某天夜里，我们跳伞到默席拉森林附近，然后必须在第二天早上七点前走回陵地斯。

当时，我们降落后各自向黑夜行进，而在我们与陵地斯之间有五支连队在搜寻我们。他们动员了直升机以及好几台卡车、吉普车。诺瑞顿说如果有人笨到被抓获，会自动被下士训练部队驱逐。隔天黎明时，我发现自己距离兵营仅两英里，只剩一条马路要穿越。然而在那条路上，散布着起码半个军团的人数在看守着。若要从他们侧边绕道就要多花三小时，而我才刚花了整晚渡过河川、穿越山丘，还被灌木丛和树根绊倒好几次，累得要死，现在还要我绕道我才不干。

然后邻近的树丛沙沙作响，有人朝着我低语。我爬过去看见伟格诺加与索托坐在树丛底下某个沟槽内。伟格诺加与我分享一些咖啡，让我相当感激。他们两人看上去都骨瘦如柴、两颊凹陷，我猜我也没好到哪去。在等待行动机会来临前，两小时过去了，而这期间我们天南地北什么都聊。

就在此时此地，我们决定在兵团生涯结束后再次相约见面，回顾这一切并笑看许多我们今天无法言笑的种种。我们选择一个中立地带比利时作为碰面的国家，时间则是 1966 年除夕夜的半夜 12 点。索托将在 1964 年退役，而我将在 1965 年两月离开。伟格诺加在我之后八个月退役。相约的地点设定为布鲁塞尔大广场旁的尿尿小童[1]雕像底下。从今天算起还有好长一段时间。不知道我们有没有办法履行约定。

我们回到陵地斯时，距离任务结束时间仅剩六分钟。

两天后

在外头过了两天后，我们晚上回到兵营，一件在外籍兵团非常罕见的事发生了。岱尔高最喜欢的消遣之一就是等我们从

---

1 Manneken Pis，位于比利时首都布鲁塞尔，是个闻名世界的地标。这个尿尿小童的雕像在故事发生的当时已有近 350 年历史。

外头行军一大段路回来后，在阅兵场上让大家每半小时一轮交错进行立正与稍息。在我们立正的同时左手理当拍击大腿扬起清脆声响。如果我们动作一致时间精确，那声音听来像一声步枪的鸣响。如果我们精疲力竭满腹怨恨，动作松散不齐，听来则像机枪扫射。因此岱尔高逼着我们重复做，直到所有人大腿都青肿为止。

总之，他今晚又要玩这个游戏，而所有人在过去两天都已饱受折磨，再也无法忍受。我们早已精疲力竭，再加上从前一天正午我们就没吃任何东西，没人有心情陪岱尔高玩。操练了15分钟后，挪尔突然以他最大的嗓门喊道：J'ai plein les couilles! 大意就是我的卵蛋满了! 天色很暗，岱尔高看不见是谁在喊叫，但他绝对听到了。我们在寂静中提心吊胆地等待他的举动。然后岱尔高做了一件相当聪明的事，他让我们解散了。尽管这举动可能让某些人理解为懦弱，但他还是强按下自己的自尊心——他深知我们已濒临崩溃。

我也在心中给挪尔加了几分。要干那样的事需要勇气。他当时等于把自己的脖子伸长了等着被斩。

今天晚上，一个矮小的法国人宝弟特突然被愤怒烧坏了脑袋。温特中士在晚间点名时罚他做"出征"。那似乎超乎他所能承受的范围，疲劳使他精神错乱了。因此，当温特离开后，宝弟特突然抓起手榴弹，冲向士官们聚会的地方。那些家伙正开始畅饮第二轮的可科南博格啤酒，宝弟特进来了。他拔开手榴弹的保险朝着他们谩骂，大吼大叫说这几星期他们是如何对待他的。如果当时能变成墙上的蚊子看着长官们吓得满身是汗的模样，要我用一条手臂去换我也愿意。

但显然宝弟特这吼叫的举动减缓了自己体内的压力，他慢慢冷静了下来，直到岱尔高最后说服他把手榴弹交出来。手榴弹被拴了回去，而宝弟特现在进监狱了。明天他会被运回军团，很可能被罚 30 天的苦工。他在士官训练营的日子告吹了，但我不确定我们接下来的日子会比他好过。

1963 年 7 月 25 日

今天诺瑞顿中尉显露了他不忌危险的本性。当时我们正要练习投掷手榴弹。他准备好一堆手榴弹，站在一个沙袋环绕的临时堡垒里头，我们则轮流站在十码外的地方，等待他把手榴弹给传过来。唯一的问题是他会先把保险给拔掉才丢来手榴弹。一旦保险没了，它七秒就引爆。所以，当你接到时不大可能花太多时间瞄准就必须把手榴弹给抛出去。若你不小心把它掉在地上，你最好飞扑到沙袋堡垒里头。这比接板球要困难多了。

一周后

　　课程的一半过去了，我们将面临更多考试。长官们继续给我们压力，在结束之前，他们还必须剔除我们当中九个人。

　　三天前我们在猎鹰岭进行夜间跳伞，接着执行夜间操练。我们分为小组从不同的地理位置出发，必须在隔天早晨抵达指定地点。但最后我们找不到目的地，也别无他法。到了早上，我们已走了二十英里，眼睛都没能闭一下，只能在山腰上躺下，煮些咖啡。

　　然而咖啡还没煮好，最近才刚加入教官阵营的达旦中士便出现了。他被派来找我们，并问我们为何会在路旁闲着没事干。他由着自己情绪升温，开始对我们吼叫加推搡。我们就像愠怒的家畜。当时在场的有伟格诺加、卡鲁旭、曼巴、奈尔达以及我自己。伟格诺加丝毫没有动静，坐在地上啜饮他的咖啡。这让达旦失控了，快步走过去猛然朝他耳朵重击一拳。这是个严重错误。伟格诺加倏地起身，抓过冲锋枪、装上后膛然后对准达旦中士的肚子。盛怒使他全身颤抖，而达旦则瞠目结舌僵在原地。几周以来的疲惫与紧绷的心情在伟格诺加体内顷刻间沸腾，而达旦距离死亡只有一线之隔。伟格诺加轻声低语地告诫他说若敢再动自己一根汗毛，他就死定了。目睹这件事的人，无人敢怀疑伟格诺加会说到做到。他的语气有一种不可置疑的绝对。

慢慢地，非常缓慢地，局面缓和了下来，伟格诺加举起枪让步了。我们安静地收拾东西，达旦叫我们前往马达可的海滩，其余部队都在那里，然后便开着他的吉普车离去。我们还有五英里要走，一帮人无精打采地动身。所有人都知道是什么在目的地等待着伟格诺加。升起的太阳像颗滚烫的煎蛋，那是个漫长、炽热的一天。

两小时后我们来到马达可，我曾与杰奎琳和冯冯在此野餐，但那仿佛是几千年以前的事。岱尔高叫伟格诺加站出来，命令他在海滩中央挖个自己的坟墓。

我们游泳、休闲，无所事事地在沙滩上度过一天；抽烟、聊天、吃着罐头食物，但每个人都不断瞥向海滩中央的坟墓。那个洞里根本没有挪动的空间。他唯一能做的只有平躺着不动，而他的上方被盖上一层帆布，平铺在沙滩上。整天下来那张帆布一点儿动静也没有，我开始怀疑他到底还在不在里面。当天的太阳是致命的，那里头一定跟烤炉一般热。

然后夜晚来临，除了我们这个早上没有按时归来的小组外，所有人都坐着卡车回陵地斯；我们艰辛地步行回去。

抵达兵营时已过午夜。伟格诺加被丢到桶子里，其余的人则瘫倒在床。然而身心都已感觉错位，根本睡不着。

隔天

伟格诺加被判了 15 天的刑，每天还要被罚做四小时的"派对"。如果牧斯凯洛上尉还在这里，我认为伟格诺加很可能遭解雇。但诺瑞顿较有远见，他知道伟格诺加的资质太好，不该浪费。

我们将面临第二轮考试，伟格诺加在每次"派对"惩罚之间也会来参与。那次事件成为对他不利的记录，他在态度的评分将收到一个大大的零。人们的竞争意识高涨。就许多方面而言伟格诺加都比我们其他人要强太多，但在发生过那件事后，他不可能再以第一名的身份通过。竞争变得激烈，不单单是因为原本的第一名已遭排除，还因为我们经历的所有事。过去几周我们忍受了那么多烂事，仅获得代表下士的袖纹已不再能平息我们的怨恨。只有赢得第一名，才能补偿我们被岱尔高与他爪牙所伤的尊严。

1963 年 8 月 7 日

彼特哲现在领先。我再度排第二，索托则前进到第三名。不可避免地，伟格诺加已落至第七，归功于他和达旦的冲突。然而还有一半的路要走，要下定论为时尚早。现在又有四个人被遣散回军团。

一个月后

过去几周发生了许多事。最重要的进展是在诺瑞顿中尉的管理之下，重心开始移到实践教学上。上次的考试之后，情况有所改变，培训开始转向来到这里的真正目的。这并不是长官们刻意减缓给我们的压力，而是蓄意找麻烦不再是他们的主要任务。比方原来我们得用牙刷清理厕所，每五个小时他们来检查一次，连续三天后他们终于感到无聊，于是我们再也不用重复干这样的活。

大部分的时间我们都花在野外实战训练上，学习朝某些据点发动攻击指令。事先必须做好万全的计划，而轮到我筹备袭击作战时，我必须承认这让我获得强大的满足感。我猜我们像在玩战争游戏，因为并没有真的敌人；然而除此之外整个军事活动再真实不过了。

士气相当好。我们已经变得相当团结，只有极少数人例外。彼特哲依然在所有的挑战项目中展现竞争个性，这引起伟格诺加、索托与我的恼怒。我们宁愿看到彼特哲以外的任何人获得第一。但他很强，这点毫无疑问，因此我们的愿望大概无法实现。

我们的体格也变得强健，在山中行军速度极快。虽然从前我们常出任务时也算强健——但现在情况不同。我们吃的分量变少了，喝得更少。

诺瑞顿打造了一门马拉松式的战斗课程，始于直升机内。它在海面上以 35 英里的时速飞行，然后从离水面 30 英尺的高度把我们抛了出去。我们身穿制服和靴子，目标是游到岸上，当然前提是你有办法在那跳跃中存活。在沙滩上等待每个人的是步枪、背包与钢盔，他必须扛起这些装备冲刺八公里。计时的秒表在我们脱离直升机的那一刻便启动。

在没有降落伞的情况下从高速飞行的直升机跳出来，令人振奋又充满恐惧。我们穿着保护胸部和背部的橡胶护垫，以防当身体撞上海面昏死过去的时候，它会确保我们漂浮着直到救援船只的到来。撞上海面的冲击力简直像去撞水泥地。当你从 30 英尺高度被甩下来，水面绝不如你想象中的柔软。

明天我们将被派去袭击一个正规军的兵营。我们花了好几天暗中监视他们的营地，记录卫兵的行动，观察地雷的正确位置。我们手中有兵营的平面图，所以知道弹药库、军官食堂、士兵寝室的所有精确位置。他们已被警告过我们在某个时间点会出现，但不知道确切是哪一天。因此，他们部署了双倍的守卫兵，并在周边架起足以威胁坦克的大量带刺铁丝网。

两天后

昨夜我们从一个跳伞带降落下来，距离正规军在山里的兵营约四英里。我们共有十个人，以两三人为小组。每个人都清楚自己的任务是什么，但首先我们必须潜入营区内。半夜一点左右我们抵达，发现整个地方都被探照灯给点亮，大概有一百个人在铁丝网内巡逻。他们显然在等待我们的出现。

我们做了一些画有军团标志的海报，希望在未被发现的情况下渗透越多地方越好，并在经过之处留下我们的记号。诺瑞顿中尉与正规军的指挥官打赌五箱香槟酒，说他的手下能闯入兵营而不被察觉。我与岱尔高同组，目标是守卫室，军官们的房间。切断铁丝网花了我们一小时。接着我们必须爬过 200 码的开放地带。到处是正规军的士兵，但对我们来说他们如同瞎子。有一刻，四个正在闲聊的士兵经过一条路径，而我们正躺在毫无遮掩的空地上、融入影子之中，离他们仅仅两英尺。之后我们发现在附近行走的人数不胜数，因此决定最好的策略便是大胆行事。若我们举止鬼鬼祟祟，很可能立刻被揭发，但若两个人冷静地走在黑夜里，则会被他们当成自己人。即使如此，行动当时我已做好了心理准备，警报器随时可能响起。

我们顺利抵达守卫室。里头有三个人躺在床上，另有一位中士在桌前看漫画书。在他身后有个未上锁的步枪架子。我走进去，来到他后面，如寒冰一般冷静，悄无声息。岱尔高蹲在门边，准备对方一有动作便扑向前去。然而那中士动也没动。我拿了其中一支步枪后，静静地走出门口。

我们继续前往军官的居住地。其中一道门上刻着指挥官的名字，显然这是他的房间。从里头传来的打呼声看来，他无疑不晓得自己的军营已遭入侵，也没想到自己即将输掉至少五箱香槟酒。附近还有几个房间，我们塞了精心制作的海报在每道门的下面。其中几张我们写上：第二伞兵团祝您有个美好夜晚。他们明早醒来将会非常诧异。

我们拿了三瓶威士忌和一瓶保乐烈酒，并掠夺了一堆啤酒直到我背包再也装不下，然后便匆匆离去。外头仍有一些正规军士兵在巡逻，但数量已少了许多。这时已凌晨四点了。我们顺利离开兵营并朝四英里外的集合地点而去。每个小组都完成了自己的任务，百分之百的成功率。纵使脸上写满疲惫，却人人精神饱满。

诺瑞顿与岱尔高开着吉普车，我们则坐在卡车里从后方跟上。然后令人吃惊的情景发生了。我们已经好一阵子没吃东西，而过去六小时又耗尽体内所有能量，已达极限。当时是凌晨五点半，我们的身体最不需要的便是酒精。然而我们打开威士忌将它喝得干干净净，同时干掉了保乐烈酒。最后我们依然安全回到陵地斯。抵达后，大多数人直接上床倒头便睡到中午。然而，佩特罗并没有，打了镇静剂后已稍微冷静下来。一两天后他就会回部队，但因破坏兵团财产必须蹲八天的牢。

我们入侵正规军兵营的成果显然使诺瑞顿非常高兴，然而正规军的指挥官似乎因为我们拿了他的酒而不悦。岱尔高说对方已经向克劳德上校报告此事，但我认为克劳德根本不屑理会。我知道诺瑞顿也不在意。唯一的问题是，看来诺瑞顿拿不到他赌赢的香槟酒了，这必定会使他觉得怄气。

1963 年 9 月 11 日

今天我们全体来到军团营地，注射霍乱疫苗，并获许在这里待上一整天。晚间七点半有支护卫队开回陵地斯，然而我错过了。没有其他方法回去，我只好步行。我必须赶在 9 点的点名前抵达，而唯一成功的方法取决于我是否能在布斯福镇到拉斯安德劳这段主要的滨海道路上搭到便车。拉斯安德劳大概位于整个行程的中间，而在那之后道路将拐个大弯、进入无人山区通往陵地斯。最后那段路只有去我们训练营队的卡车才会走，因此我必然拦不到其他的车，必须步行走完最后两英里。

而就是这趟路程，让我差点儿丧命。当时我正走在路边举起拇指，有辆开过的车子停了下来。里头是四个当地彪形大汉，他们说愿意载我一程。当时天色很暗，我看不清他们的表情，否则我可能会察觉异常而改变想法。我爬进车子的后座，这真是个致命的错误决定。其中两个人与我同坐在后座，当车子迅速开往拉斯安德劳方向，他们其中一人看似若无其事地伸手绕过我脖子后面，压下门锁。他们开始用阿拉伯语交谈，偶尔发出恶意的笑声，这令我感到不安。

我的心里立刻拉响警报，突然意识到自己已遇上天大的麻烦。直觉告诉我这些家伙正在计划些什么，而他们打算做的事绝非对我有利。

经过了最初几分钟的惊愕与恐慌，我冷静下来，开始思考怎么让自己脱险。跳车并不妥当，因为车子正以时速50英里疾驰，而且等我打开门锁他们早已扑到我身上。

最大的希望是在车子停下的那一刻脱逃；在车子离开主要干道之前他们绝对不愿掀起任何麻烦，同时只有在车子停下后他们才会动手。我只告诉他们我的目的地是拉斯安德劳，所以若他们真的好心只想载我一程，绝不会脱离主要干道、拐弯进入通往陵地斯那条偏僻小径。所以，那将是确认他们是否别有用心的一刻。若他们在主要干道上停车让我下来，那证明我多虑了；但若他们继续走，开往山里那条他们根本不知通往哪里的小径，那就麻烦大了。

当我们接近拐弯处，我叫开车的家伙停下车子，他却回说他听不懂。我重复停车的要求但他继续开，再度假装他不知道我想说什么。到了拐弯处他的车子慢了下来——却转进那条山路。我勉强以冷静的口吻说：好的，这样就行了。你可以在这儿把我放下来。我重复了好几次。我们一离开海滨道路，四周就变得黑暗。他继续往前开了约15码，逐渐把速度放慢，装作他现在才了解我的要求，而唯一没停车的理由是刹车出了点问题。

突然间我不再恐惧了。我已镇定自若，知道该怎么处理这状况。关键是我必须在车子仍在行驶的情况下逃脱。我开口感谢他们如此热心，绕一大圈帮我，并以非常悠闲自然的态度，若无其事地把门锁打开。我数了五秒，然后猛地朝前头司机的后颈捆了一掌，并猛然推开门。当我打中司机时他反射性地踩紧刹车，车子骤然往前倾，其他人都失去了平衡。那一秒钟我已跳了出去，死命狂奔。我听见身后的叫声。车门砰然关上，车子立刻轰隆地朝我驶来。我扑入一旁壕沟的瞬间，他们呼啸而过。我全身都在颤抖。我看见前方路上，他们的车头灯熄灭了，但他们要转头回来找我只是时间的问题。若回到底下的村庄也没有用处，那里毫无人迹。因此我跳起来，离开马路往山里跑。只要我离马路太近，他们开着车就比我更具优势。我可以看见远方车子的大灯，不安地发现他们并未回转，而是沿着蜿蜒的道路朝兵营方向驶去。他们一定猜到那是我的目的地，想拦截我。想到他们打算待在我与兵营之间的某地便令人不悦。然而我熟悉陵地斯周边山丘的每一寸土地，也熟悉所有地雷的位置。

当我回到营区准备好点名时，仅数秒之差。第一次，回到陵地斯兵营给了我回家的感觉。

1963 年 9 月 14 日

我们明天将进行长途跋涉，两天内往返西索。我们早晨六点动身。这很重要，会算在评分里头。总距离长达 90 英里，就是这样的距离把男人和男孩区分开来。

隔天晚上

今早我们兴致勃勃地出发，但到了正午时已没什么人笑得出来。我们走了 24 英里路，背部与双脚开始感到疲惫。我们休息了一小时，然后再度动身。这让我想起在石丘的长途行军。老天，那是好久前的事了。我逐渐找到步行的节奏，这才是行军的秘诀，然后你的脑子便可放松，等思绪开始乱飘，你就没问题了，你会忘了自己的双脚与背部，有点像在梦里漂泊。我们晚上七点抵达西索，但在到达前崴利特倒下了，成为第一个受难者。

1963 年 9 月 16 日

昨晚轮到我巡逻，但今早醒来时我的右脚却动不了。膝盖后方有阵刺痛，我知道自己麻烦大了。我跛行了最初的五英里路，渐渐地痛苦缓和下来，我才能够活动得顺利些。此时我们的部队被划分为两组。其中一组的六名成员非常强健，包括诺瑞顿本人，他们冲刺离去，而剩余的人被归为第二组，跑在后方几英里，有几个人已经落后，表现出放弃的迹象。

下午四点，我已把后头那组人远远甩开，自己独立行走。我看不到前面的人的踪迹。大约还剩下七英里路程时我拐了个弯，看见索托在路旁凄惨的模样。可怜的索托，他已无法再走下去了，只能蹒跚跛行，犹如赤脚走在炭火上。他的情况非常糟，我与他并行了一会儿，试着鼓励他，然而他催促我往前走，这样才能击败彼特哲。

"你是唯一能打败彼特哲的人，"他不断重复说道，"你不能停下来。"

我叫他放松心情，说至少这次行军彼特哲还在后头好几英里，我们可以一同打败他。然而我完全错了。我们来到一个村庄，歇脚喝了点东西，尚未再度启程，但后方 200 码处便出现彼特哲的身影。

我当时考虑丢下索托，但他的情况过于严重，如果我放着不管，他很可能会完全放弃。他一直叫我快走，这使我脑中不断地想着他真是条汉子。彼特哲渐渐追赶上来，缓慢地超过我们，一句话也没说。他似乎也在忍受着痛苦。然而那一刻我完全不在乎他是否超越我们。不是我想当助人为乐的英雄，而是我的双腿也痛极了，索托是我缓下脚步的好借口。因此，我们让他超越，并在晚间 11 点左右摇摇欲坠地回到兵营。我们完成了将近 100 英里的行军。这已经是个大成就，只不过被彼特哲干掉算是个污点。

1963 年 9 月 18 日

昨天我是值日下士，点名之前却没准时把部队整顿好，因此我被罚整晚待在"坟墓"里。这是我这辈子睡过最甜美的一觉！

1963 年 9 月 22 日

今天我们在默席拉森林里演习伏击一组正规军队。所有人都四处奔跑，发射空包弹、投掷手榴弹。对方吓得魂飞魄散。最后当双方面对面时，我们发起冲锋，吼叫着种种威胁要拷打折磨谋杀他们所有人。他们在惊慌之下转身就逃。这活动真不赖。我们把他们集中包围起来，他们还真的以为会被痛打一顿。可怜的家伙们，我真为他们感到遗憾。

两周后

我们已学会所教的每样东西，学得滚瓜烂熟、倒背如流，现在期末考要来了，将考验我们每个人在士官课题上的知识水平，并依成绩将我们分出高低。接下来的四天，我们将接受各种考验，包括战斗中的领导力与部队派遣能力、军备知识、武器与坦克、炸药与地雷、无线电设备、训练须知与医药学问。我们还须接受体格测验，包括跑步、跳跃、攀绳、游泳、俯卧撑、拉杠以及天知道还有哪些，总之要把我们过去四个月学习的所有东西全都考过一次。等到一切结束后，我们就能回军团里过安详宁静的生活了。

考试进行中

没有人能在这阶段预测结果将如何，因为每个人只知道自己所犯的错。我在运动方面表现不佳，应该是因为年纪大了，在炸药理论方面我也陷入泥沼。诺瑞顿像只兴奋的母鸡跑来跑去，看着我们进行测验并在他的笔记本里写下记录。气氛严肃又紧张，对我们来说考试结果的代价非常高。晚上在食堂里，每个人都说自己表现多么差，但听见这是普遍现象人们也就松了口气。索托与伟格诺加催促我专心面对挑战，确保我能击败彼特哲。搞赌博的那些人，手里的记录是彼特哲略胜一筹。这或许是因为他有强大的德国代表团在背后撑腰。我则在索托的率领下，获得所有西班牙人的支持。但很可能半路杀出个程咬金让我们两人都赢不了，比方曼巴或者卡鲁旭。卡鲁旭在多数野外运动项目都胜过我，他的体能状态良好而且自信满满。

1963 年 10 月 12 日

全结束了。我们如释重负，心满意足。我们撑过了所有挑战，所有人都因这场经历而蜕变。自己看自己或许很难察觉这些改变，但对我而言，别人的转变相当明显。这里的课程不是彻底造就一个人，就是彻底摧毁他。而我们成功了，现在每个人的脸上都写着前所未有的自信和对自身能力的充分了解。这种自信在我们心中沉淀，它源于了解自己有能耐接受任何刑罚，以及因此练就的无敌弹性。也只有现在，当我停下脚步回望过去数个月的一切，我才领悟到我们真正经历过什么。

然而并非纯粹是承受处罚的能力将我们锻造得更刚强，还有战友间彼此共赌对方的刚强。在这里撑过磨练的每个人，我无一不报以尊重之情。在我眼中，这里每一个人都能成为军团一流的士官。我诚心钦佩他们所有人，如果他们任何人要带队杀敌，我都能放心将性命交付在他手中。

我们的体能被锻炼到极限，因此变得更加强壮。我们的精神不断遭受挑战，因此感官变得更加敏锐；以前我们无须思考，麻木不仁，而现在头脑变得更加灵活。过去我们像机器人一样听从命令，现在我们则必须亲自下令，这逼着我们思考。

今天晚上我们在食堂大举庆祝。每个人，包括诺瑞顿与岱尔高，全都醉得倒地。人们宽恕并忘记彼此的过错，一切都已完结，所以感到放松。能量和情绪全盘遭到释放，这是史无前例的。整个食堂被捣毁了，窗户全都被砸碎，桌子椅子到处纷飞。瓶子、盘子在空中飞来飞去，像是枕头炸裂后四散的羽毛。但没有人打架。这不过是二十几个人对过去数周累积的某些情绪的彻底发泄。从心理上来说这是完美的处方，我们全感觉好多了。

明天他们会宣布考试结果，上校会来颁奖。我觉得我已不在乎谁胜谁负，只庆幸这一切都已结束了。而彼特哲原来还是有幽默感的。他也是个好伙伴；他们每个人都是——都是举世无双的好伙伴。

隔天

我们尽全力把地方收拾干净，至少在上校到来前要把损毁的地方给掩饰起来。三点前我们必须准备好阅兵行动，全副武装并戴着红色肩章、蓝色腹带。我不知道是怎么做到的，但我们确实成功准备好了一切。或许在岱尔高那帮人的调教下，我们已被训练成懂得怎么迅速修补自己造成的损害。

两点半时我们集合起来，并收到踏步行军经过上校面前的名单顺序。那也是我们通过下士训练部队的成绩排名。

我是第一名。除了惊讶与开心之外我无话可说，也坦然地感到自豪。这是英国人深感光荣的一天。彼特哲是第二名，只差我 0.5 分。身为输家的他依然风度翩翩，在握手的那一刻我们成了好朋友。索托第四，伟格诺加第七，卡鲁旭排第五名，曼巴第八，奈尔达则是倒数第二。

我们行军经过克劳德上校的面前，然后一个个跑向前去领取下士的袖纹。所有连队的指挥官以及半数的军团长官都来了。在那之后，所有人与上校再度开了一次庆祝会，当然这次无人喝醉。乐福德上尉也在那，他开心得不得了，宣称都是自己的功劳！见到他真好。我猜这有点像是自己父亲来学校看你领奖的感觉。人们给我的恭贺就像撒满天的彩带，我感觉他们是真切希望我赢。正是这些人，将我推向胜利。

第十一章　荣誉

小岛求生训练

1963 年 11 月 20 日

我不在的短短几个月，军团里发生了很多变化，多了些新面孔。重返连队时，我被指派到第四分队。反正第三分队的许多老朋友都不在了，因此无论走到哪看到的都是新人。但即便如此，我仍希望自己当初有机会与他们告别……老友西尔走了，岱考威也走了，就连令人讨厌的古诺伯也终于消失了。好久前我刚抵达洛乌菲那天所认识的旧成员当中，这是最后一批人。

除了开罗斯与不朽的赫什菲尔德以外，所有中士都是陌生脸孔。赫什菲尔德现在很胖，与我刚认识他的时候判若两人。他纵容自己酗酒，无法适应和平时期的新生活。看他堕落的模样真令我感到难过。

所有军官都是新的。我伤心地发现当自己回来时，杰伊斯已离开了。他若知道自己培养出来的士兵在士官训练营以第一名毕业，一定会很开心。班农特少尉不在了。我并不觉得难过，但我希望当时有机会见他最后一面，并非出于什么恶意，而是或许他内心蕴藏着我曾忽略的东西。我想我们都相互忽略了什么，真的不应该。

葛兰地士官长也走了；比起其他任何理由，这才真正代表一段人生的结束。他无疑是旧成员中的最后一人，他的离去等于将我的过去合上最后一页。

眼前这一切转变，由现代式兵营与碎石铺成的路彻底完成，而周遭的新面孔则加固了这种感觉，我仿佛成了老兵、历史的残存者，与身边正在发生的一切脱节了。我的名字从"约翰尼"变成了"下士"，并与队伍里的士兵有道无形却存在的界线。我已不再是他们的一分子。

古欧与萨特·加尔西仍在这儿，并对我采取奉承谄媚的态度。纵使如此，他们提醒了我当初为什么选择去士官训练部队，我很高兴他们不能再对我滥用职权。同时我也高兴现在的职位让我在他们毫无节制地妄用领导权威时，能够从中调和。

军团像蜂巢一样充满各项活动。每个人似乎都在进行某种专门训练。我们现在有了蛙人部队，无论是运作过程或任务结果都高度专业。我们还有一个运动团队，每天 24 小时接受训练，明年将到法国参加军方的五大运动竞赛，似乎决意要抱奖杯回来。在过去数个月以来的野外马拉松比赛中，他们已打败了多数军团。

有 40 个人被送往法国学习滑雪，当他们归来时会组成一支高山特种部队。其他还有人在进行登山课程、野外生存课程。此外，还有个游击队训练学院，被奉为是法国陆军当中最优良的。这一切听来都很棒。

此外，我们将被派往夜间战斗学院三周，学习我们通常靠眼睛所能做的一切，只不过是在漆黑一片中。白天睡觉，晚上八点开始起床用第一餐。课程结束时，我们将懂得如何在蒙住眼睛的情况下使用所有武器，上至手榴弹，下至火箭筒；暗夜跳伞降落在森林里，要做到就像艳阳天落在板球场上一样轻松自如。总之，要学习不靠双眼而活。

除了蛙人部队，军团里还有大量的海军陆战活动。夜晚越过猎鹰岭跳伞到海中是相当流行的酷刑，而任何与潜水艇或橡皮艇有关的军事行动也都十分盛行。

我们还有个对抗坦克的课程，让人学会怎么放松躺在地上，让一台庞大的酋长坦克车[1] 从身上开过。惯例做法是你得先面对坦克站好，当它缓缓朝你开来、碰到身体时，允许它把你仰面推倒并从你上方开过，你将身处于两道庞大的履带车轨之间。这并没有什么危险，除非你不幸选了一块不平坦的地。但不管怎样，这经历令人神经紧绷。这门课程教授的另一个本领是如何巧妙地对付成队驶来的坦克车队。首先我们需要获得车队将至的情报。你必须在它预期会经过的地面挖出一个所谓的"瓶洞"。这是个约四英尺深的窟窿，形状像个瓶子，细颈子、宽底座。它只能装下一个人。洞颈口的宽度刚好可以让你挤进洞中，进去后便坐着等待坦克来临。坦克里的能见度只限于它直接相邻的周边，而战术便是让它开过你。狭窄的洞口是为了

1　Chieftain tank，英军在 20 世纪六七十年代的主要坦克车，在当时无论主炮管还是装甲的优良度都排在全球前几名。

能确保洞穴不会坍塌。当坦克车通过的那一刻，你爬出来追上它，在它后面放一个十秒引爆的大炸药后冲回洞里。十秒后那坦克就被炸上月球。至少理论是这么教的。

迎接我返航的舞台已搭好。在外籍兵团的生涯中，我算是削完最后一颗土豆，挥完最后一次锄头。不用再运石头、刷厕所。当然，除非我又被送去坐牢，这种可能性永远存在。

然而我并没有特别开心。以前的某种存在已经消逝，而现在只有当意识到它的消逝我才开始想念。这里的氛围变了，曾经拥有的战友情谊不复存在；抑或它依然在，只是我已经不是其中的一员了。或许一切对我而言还都太新，尤其是人们的面孔。然而有一副并非陌生的脸孔，我却并不想见到，那就是刚被任命的士官长——佩尔特哲首席中士。感谢上天给了我袖子上的绿色条纹，这将使那混账远离我。

新来的连队指挥官是个稚嫩的上尉，名叫洛可兰德。这种局面相当危险，因为这代表实际掌控连队的会是士官们，换句话说，权力将落在佩尔特哲手中。我分队里的长官是个叫梅尔西埃的年轻中尉。看他的样子，要么很好，要么很糟。他有良好的幽默感，在下属眼中很受欢迎，因为他对他们不大苛求。但他处理纪律的方法与外籍兵团的传统有落差，长远来说很可能带来灾难。连队有半数人都认为他是同性恋，虽然他的某些举止确实有点女性化，但我并不认为他是。我欣赏他、支持他，并认为他那些打破陈规的举措使人耳目一新。他把我称为"军团里最棒的下士"，并因我在他的分队里而沾沾自喜，认为我很优秀。不提别的，这代表他至少有洞察力。

1963 年 11 月 24 日

妮可来信问我何时去法国，并恳求我去凡斯找她。明年夏天我应该能在法国拿到一些假期。到时候我将已服役四年半，而身为下士，申请假期通常会方便些。

1963 年 11 月 26 日

发薪日。这是我身为下士的第一份薪水，30 英镑。一个月领 30 英镑或许不算多，但与以前下等士兵拿的 15 英镑相比，已算幸运；若再与非伞兵成员的十英镑比，听来更好了；最后我再以自己刚进兵团时的三英镑月薪来衡量，便突然意识到自己还算成功。活着就是这么一回事吧！

1963 年 12 月 6 日

我们已熟练在任何天气在夜间以橡皮艇登陆海滩。这些是足以乘载 16 个人的大运输工具，需要长期练习才能有效地掌控。我们花了无数小时练习着陆，常被巨浪无情地抛进海中。这任务在夜晚更加困难，如果有 30 艘橡皮艇要登陆，可能发生的混乱状态简直难以想象。这听来有趣，实际上却与谋杀无异。海水会冻死人，当你全副武装被甩进大海中，能见度又是零，到处又湿又冷又艰险。

几天后我们中间有六个人将去做生存训练，这应该会让我们归来时拥有好心情过圣诞节。

一周后

明天我们将出发。梅尔西埃中尉将领导这次行动。除了我们两人外，还有施奈德、希克、哥尔菲（一个匈牙利人）以及布守兹。据我的判断，这是分队里最优秀的一群人，因此，我说服梅尔西埃选择他们同行并非难事。我们明天下午会从默梭可柏出发，潜水艇将把我们送到距离一个偏远海岛的两英里处。似乎没什么人知道关于这座岛屿的任何事，比方它是否有可饮用的淡水。唯一确定的事实只有它被画在地图上。然而这仅代表在制作那张地图的当时，这岛屿存在罢了。

他们说理论上，如果你缓慢地、定期地、小量小量地喝海水下肚，它会在你体内补充需要的水分。若大量饮用海水，它的盐分则会阻塞你的肾脏。我不太相信这理论，但当我们问起："如果岛上没有淡水怎么办？"以上是我们获得的唯一答案。

我们在那岛上所待的时间越久越好，有能力的话，则捕捉鸟类和鱼类充饥。我们六人共被分配了一包香烟、一台无线电、一盒火柴、三支手枪、三把刀、一个指南针以及三根连着尼龙线的鱼钩。除此之外，我们会带上橡胶艇与六把桨、每人自己的睡袋。但没有水。

两天后

我们被彻底搜身，确保没人多带军用口粮、烟熏鲑鱼等罐头之后，于昨天下午登上亚马逊号潜艇启程。潜水艇空间狭小，使人出汗之余还有种幽闭的感觉，但里头的船员都很棒。他们不停做牛排给我们吃，直到我们肚子再也塞不下为止，然后再给我们灌满红酒。我们已准备到位，觉得就算没水、没食物，我们也可以生存一年绝无问题。

我们在午夜浮出空旷而波动的海面，那感觉阴冷又凄凉。大海从未看来如此辽阔，整片险恶的漆黑。我们把橡皮艇充起气——它比一般的橡皮艇要小一半，刚好可载六个人——把它降到海面上，然后一个个爬进去。身边只有一个指南针的方向坐标。假如方向不偏离的话，我们划两英里之后应该能到那座岛屿。潜水艇的人员最后跟我们挥挥手，低声祝我们好运——每个人在夜里都以低声说话——然后任务便正式开始了。潜艇的黑色影子逐渐消失在暗夜里，留下我们在大海上。波涛把我们高高推起，再将我们送往低谷。完全无法掌控规律，小艇的动作全由大海决定。我们就像一个小火柴盒在广大的黑暗中被抛来抛去，在汪洋的巨爪里无能为力。起初我们疯狂地划桨，惊慌失措想要赶紧着陆，但过了半小时之后我们冷静下来，开始捕捉到海洋的韵律，并逐步甩开恐惧。

三小时后我们仍在划。当我们开始觉得已迷失方向的时候，一座岛屿从夜幕中跃入眼帘，像只高耸的怪物阴森地压迫在我们上方。此时所有人突然意识到海浪正以多么汹涌的态势将我们朝那岩石抛去，在最后一秒又将我们猛然拉回。当我们越接近那岛屿，橡皮艇就变得越难以操纵。大浪正将我们前后左右四处乱推。整座岛屿就像站立在海中央的垂直岩壁，我们发狂似的划着，想找能登陆的缺口，却什么也找不到。

渐渐地我们被吸往岩壁，每一次浪潮将小艇推向前时，我们都觉得自己即将撞上岩石。最后有道狂暴的大浪将我们抛到石头上。施奈德往外跳进黑暗之中，当海水的回流把橡皮艇往后拉的那一刻他伸手抓住岩石。这么一来他的手被锐利的珊瑚礁岩给撕割成条带状，但他绑着皮艇缆绳的手腕挺住了几秒。

布守兹跳出去帮他。我位于橡皮艇尾端掌舵，对着狂风巨浪咆哮，叫希克下一个出去。希克持有无线电，他是我希望能安然登陆的第一人。梅尔西埃似乎在橡皮艇中央冻僵了，然后又一波巨大的浪潮来袭，把我们抛起后重重摔落在岩石上。橡皮艇此时进水了，而且被刮得残破不堪。好在施奈德与布守兹还拉着绳索，最后一次的浪潮简直把我们全硬生生抛到岩石上。那感觉就像着落在满地的碎玻璃之上，然而我们没时间想任何事，因为海水已再度涌来，必须赶紧避开。大伙儿在黑暗中仓促攀上岩石，每两步便险些跌倒，橡皮艇的残骸拖在我们身后。

脱离海浪的魔爪后，我们赶紧停下脚步估量情况。除了已弄丢一半的船桨，加上反正已经报废的橡皮艇，情况似乎还不算太差。在我们正前方是 60 英尺的高耸岩壁，它在黑暗中看来极度骇人，然而当我们开始攀爬才知道情况并非那么严重。半小时后我们登上顶峰，深感欣慰。我们全身湿透，却找不到避风港，于是就地躺下，把睡袋搭在自己身上，等待黎明的到来。

迎着清晨第一道曙光，我们醒来并搜遍整座岛屿找寻浮木，很快便搭起营火。当我们的血液循环系统重新运转时，我们就着手勘察周遭环境。这座岛屿约 400 码长、200 码宽，有着稀疏的干草及少许灌木丛。除此之外全是岩石。我们一滴水也没找到。岛屿顶端有座小型的混凝土建筑，里头是用煤气点燃的小灯，理应提供海运指标。我在想为何昨晚它没起作用。那可帮我们省下许多不必要的痛苦。与我们着陆地点相反的岛屿另一端，我们发现一个小码头，所以很明显这里不时会有人来。这令人感到安心，虽然这解决不了我们当务之急的饥渴问题。

到中午，我们抓鱼的努力全都失败了，但我们得以收集一些小螃蟹与蛤蜊。经火烤后这些东西非常美味。然后正午时，我们与基地进行第一次的无线电通话，报告一切都算顺利。此时，梅尔西埃已稍微从昨晚的落魄状态恢复了过来，再度变回他那愉快的模样。

我花了整个下午拿着手枪跟踪海鸥。这工作毫无成效，所以我不建议任何人把这当成消遣。要接近它们根本不可能，等你一开枪，之后就得再等上一个半小时它们才会再度着陆。一整天，我们都定期少量地喝着海水。

夜晚来临。我们在一个干燥的小山洞里打造出舒适的庇护所，地上铺满干草，我想今晚我们会睡个好觉。我们把几件衣服留在山洞外头，并在地上摊开一张帆布，期望它们夜间能收集到一些露水；之前还好希克凑巧把那张帆布垫在背包里的无线电上。施奈德现在正吹着他带来的口琴。我们的营火烧得正旺。我们享用了煮熟的螃蟹，而外头的强风正不停嗥叫，感觉快要下雨了。我们需要雨水。那关于喝海水的理论在现实中根本不可行。我们全都渴得要命，感觉全身力量都因缺乏水分而一点点在衰竭。

两天后的夜晚

隔天我们继续努力寻找能当成养分的东西。我们并未收集到露水。而捉到的小螃蟹，数量只够喂饱一只小猫。连鱼都拒绝上钩，海鸥从不落脚，我开的枪纯属浪费——但真正的问题还是没水。到了下午，我们的情况已相当不妙。等到太阳西下，大家都开始闹情绪。我们等待着晚间六点的无线电联系，希克与施奈德觉得我们应该呼叫求援。出乎意料的是，竟是梅尔西埃认为我们该试着再撑过一天。我支持他，然而我不确定在严重缺水之下我们怎能撑过去。每个人看来都很衰弱。比起前一天晚上，现在的我们看起来很可悲。嘴巴这个发声器官已经停止运作，外头的狂风呼啸和海浪拍岸是自然界唯一的音响。

今日黎明我们起床时，我觉得可以确定这是最后一天了。我们的情况非常凄惨。抵达这岛屿后我们几乎没吃什么东西，但这并非主要问题。事实上，饥饿所带来的痛苦在第二天已减缓许多。问题仍是缺水。这甚至与口渴无关。我们都有过长期口渴的经验。但现在我们缺水的程度如同缺氧一样严重，如果再不喝水，我们的身体会连行动的能力都丧失。我们最后决定在中午的无线电报告中说出实情，宣告失败。

然而接下来发生的事扭转了整个局面。布守兹突然大叫有船朝我们开来，我们一看，在200码外的距离真的有艘小船，发出轧轧声掀起海浪往我们岛屿而来。原来那是当地的海运单位，他们终于发现岛上的小灯停止运转，来这里补给煤气。船上全是阿拉伯人，看见我们时，他们的脸部表情经历了一系列的转变，从恐慌到诧异到最后沉淀为笑容。我们解释了情况，并帮他们把煤气桶搬到小灯处，然后问他们是否能赏我们几滴水。他们真的很棒，虽然他们显然觉得我们疯了，但还是给了我们仅剩的两瓶水、两条面包、一些鱼干，以及一个沙丁罐头。这让我们重生了。

当他们离去后，在一旁没有参与的梅尔西埃才突然开始说些为难话。我真不敢相信。他说这有违整个活动的原则，并命令我们不准碰那些食物和水；并且他宣布当无线电打来时他打算央求援助。我从没听过这么荒唐的废话，大家与他大吵一架。我拥有仅次于梅尔西埃中尉的指挥权，因此其他人的目光全落在我身上。我的观点是，在生存训练中你必须运用所有可获得的资源，若老天决定送来几瓶水和几罐沙丁鱼，那怎么办？你当然大吃大喝、开开心心过一天。梅尔西埃终于让步，我们立即大吃一顿。当我们解决掉所有食物，饥饿的折磨再度回来了，然而能喝水就像把士气化为液体直接灌注体内。我们的转变立即奏效。

无线电准时响起，另一端的人们对我们还能撑下去感到非常吃惊，因为之前我们已呈报这里缺乏饮用水。他们将开心地报告上去说我们印证了喝海水可行的理论。

1963 年 12 月 19 日

正午时我们举白旗投降，两小时后一台直升机来岛上把我们接走。回到营里，朝嘴里猛塞热食物的感觉真好。之后我们所有人马上胃抽筋。今晚我收到了弗朗西斯·威德利顿的圣诞礼物，是个装满"福特纳姆"食品的篮子。他时机选得还真妙。

1963 年 12 月 20 日

人们开始布置兵营，装饰起基督诞生的马槽，并搭起临时酒吧；当所有人混乱地忙着塑造出最棒的展示时，就正式表示圣诞节来临了。梅尔西埃从奥兰买了一架旧钢琴。我大概是唯一知道怎么弹的人，虽然已好几年没碰琴了。珪登不知从哪搞来一套鼓，毕索利斯则找到一把断了两根弦的吉他；施奈德的口琴充当我们的管乐，而某人用细绳、扫帚和旧夹板箱做出低音提琴的声音。然后，我们的乐团便开张了！

1963年平安夜

尽管我一开始并不热衷，但这几天来我还是全心投入到圣诞的准备上。也不知为什么，我突然变得非常热切。这必须归功于梅尔西埃。他对所有事情都充满热情，这是他人格特质里我最欣赏的一部分。时时保持热衷并非易事。我们的营帐看来美极了，成功营造出藏酒地窖的氛围，这是开派对最棒的场所。

我们的乐团已不停演出整整三天三夜，表演《平安夜》《七个孤独日》以及其他几首歌曲。珪登打起鼓来会让巴帝·里奇[1]无地自容，施奈德吹起口琴则能温暖赖瑞·艾德勒[2]的心。毕索利斯的吉他多了两条梅尔西埃不知从哪找来的弦，展现出精彩的表现，我则在钢琴上弹出几段和音，让我们曲目更具实质。

1　Buddy Rich, 1917—1987，美国爵士乐团鼓手，被誉为史上最棒的鼓手之一，以速度、力道，及难以复制的技巧闻名全球，影响了好几世代的爵士鼓手。

2　Larry Adler, 1914—2001，美国口琴演奏家，被誉为全世界最棒的口琴家之一。许多著名作曲家都为他创作过歌曲，包括大流士·米尧（Darius Milhaud）、马尔康·亚诺（Malcolm Arnold）。晚年曾与知名音乐家如艾尔顿·强（Elton John）及史汀（Sting）等人合作。

1963 年圣诞节

昨晚应该是最精彩的平安夜。就其本身而论并不特别具有圣诞气息，但大伙儿度过了一个很棒的平安夜。我们的兵营挤爆了，直到早上六点，我们还弹着那糟糕的音乐直到双手失去知觉。人们全都开心极了。梅尔西埃要求我们在即将到来的军官舞会上表演。这真是难以置信。这些人难道八成都是音痴？

在圣诞节的荣誉榜单上，我被晋升为首席下士。今天下午，克劳德上校颁发金色袖标、黑色平顶帽给我。之后，伟格诺加与索托在夜里带着香槟酒来帮我庆祝。有这样的朋友太好了。所有人都慷慨给予我祝贺与赞美，让我内心异常温暖。如果我继续待在这里足够久，很可能会真的喜欢上这一切。

1963 年 12 月 26 日

今天有个为军官和士官的孩子们开的派对。到处都是图画与小丑，我们的乐团也上场表演了。看样子我们已经变得小有名气。

1963 年 12 月 31 日

1963 年就要过去了。对我个人而言今年结束得很完美。今年的一切经历让我学到更多，我觉得该是付出更多的自己做些回报的时候了。明年我应该可以成就一些事情；我现在有了一些权威，得以参与方向性的决策。我可以确保世界上像萨特·加尔西那种人不会随心所欲地滥用职权，我还可以协助像施奈德或席格·卫斯类型的人在这里获得更多的成长机会，稍微引导他们的想法。我也可以为大家带来一些乐趣。我懂得如何维持纪律，是为了整体管控而不是纯粹为了纪律而纪律。我希望能为军中注入动力，提升士气。1964 年，我会享受这新的一年的。

1964 年 1 月 6 日

写下 1964，令我感到非常愉快。今天是我充当本周中士的第一天。首席下士在执勤人员表中与中士拥有同等职责，因此这星期我将负责组织连队里的所有活动，包括亲自点名与其他事。今天早上我第一次尝试整顿连队接受检阅。每个分队的指挥官必须把各自的队伍展列在我眼前，然后我命令整支连队立正站好，陈列给连队里的准尉[1]视察。看见整支连队在你眼前列队，并在你发号施令那一刻齐声立正，是个可以使人变成自

---

[1] 军阶介于军官（CO）与士官（NCO）之间，职权属士官，但在某些情况下经过军官教育后可晋升为初级军官。

大狂的极端诱因，令我情不自禁想学学岱尔高的行为；意思就是，让他们重复立正好几次直至完美，就像我们当初在下士训练营里头那样。但最后我还是觉得那么做不太成熟，让他们只做一次。他们立正的声音正如"一声枪响"。

今天夜里我初次点名。当我漫步在兵营之间，看着士兵们在床铺边被迫僵硬地站直，我想起自己当初与他们一样站立着的时光，以及当时发生的种种灾难。我记得在穆阿斯凯尔，我们的装备总是遭破坏然后撒满房间，以及温特中士在训练营的卖弄表现——此时，我不禁露出微笑。现在我已站在门坎的另一端，并因此而感到自豪。

1964 年 1 月 8 日

今天早上我被叫到洛可兰德上尉的办公室。他问我是否有兴趣成为一名军官。这代表我必须前往法国斯特拉斯堡军事学校待上两年。我当然深感荣幸，但请求他给我一些时间考虑。

接着他说，他已准备好要立刻把我送往中士训练营，然而兵团的规定是在训练营完毕后，我仍须在本军团里服役至少半年。下一批中士训练营要到年中才开始，且持续四个月，而我必须续签至少六个月。我也说希望有时间考虑这件事。

事实上我连签下十分钟的意愿也没有，然而其他的提议项目确实值得思考。我或许会去找诺瑞顿中尉请他指点一下。

1964 年 1 月 12 日

今天晚上，梅尔西埃中尉与几位穿着平民服装的正规军军官来到分队。梅尔西埃与赫什菲尔德两人都喝醉了，开始抱怨说正规军成员没有资格来我们兵营，这举动让我们全都陷入窘境。梅尔西埃与下属长时间混得太熟，现在则因此承担后果。士官们公然批评梅尔西埃中尉及洛可兰德，完全缺乏该有的尊重。最糟糕的是，士官们是背着他们在其他士兵面前说出这些话。这种事在过去绝不可能发生。如果我判断准确的话，应该是佩尔特哲在背后搞鬼；他蔑视这两位军官，并且在任何人面前毫不隐藏这份鄙视。

我们现在已不再像从前，只取法国军事学校毕业的前六名优等生为兵团的军官候选人。外籍兵团已为所有法国陆军军官敞开大门，即使那些在服国家兵役的也是。结果素质明显下降。但即便如此，士官们公开展现不忠更是于事无补，只能让士气低落。

我上次听见佩尔特哲与萨特·加尔西在平常工作的办公室里谈论梅尔西埃。佩尔特哲发表了一通梅尔西埃是同性恋的观点，称之为三色紫罗兰，并说他在兵团里这么多年从没见过这样的人。我加入他们的讨论，并采取支持梅尔西埃的立场，说既然没有任何证据，只凭其举止有些女性化就草草下断论，或许为时尚早。佩尔特哲的回答——虽然他没有直接说出口——暗讽若我的感觉如此，这代表我可能也是同类。被这种挑衅激怒上钩并没有意义，而且我丝毫不在乎佩尔特哲怎么看待我，就与他也丝毫不在乎我怎么看他一样。

1964 年 1 月 17 日

卡鲁旭逃走了。祝他好运。他应该能顺利逃掉，因为诺瑞顿把我们训练得很好，他能够照顾自己。

外籍兵团在科西嘉岛建了一个基地，我们军团近期派了一支共 37 人的分遣队过去，然而报告说其中的 20 人却已成了逃兵。我看这才是最真实的"出埃及记"大逃亡。

1964 年 1 月 20 日

萨特·加尔西从第三分队调到我的分队来。报应的时刻已近，他只需要稍微越线，我就会让他好看。这他自己也很清楚，因此他苦不堪言。没有人想每时每刻都活在危险里。

1964 年 2 月 2 日

梅尔西埃批准我在 6 月份有 30 天的假期。我已写信给妮可告知她这好消息。杰奎琳在我心中突然退居第二了；她已好久没写信来，时间一定已经冲淡了她对我的感觉，我想反之亦然。我在想夏天回英格兰，看见珍妮弗的时候会不会还有感觉。

军团生涯在继续。军事行动训练、夜间跳伞、长途行军、卫兵职责（这几天我充当军警长，不再需要站岗），并为前来视察的将军进行阅兵演练，以及各式各样的课程。这些是乏味、例行的东西。我与丹尼尔·伟格诺加和爱德华多·索托时常见面。伟格诺加与我想在军团里组成一支英式橄榄球队；很少人对这运动有概念，但教教他们也会是种乐趣。

我第一次以首席下士的身份领到薪水——80 英镑的庞大数额。我现在要为假期拼命存钱。严格说来，至今我的总存款依然是零。

1964 年 2 月 14 日

有人在反坦克课程中死亡。这对负责那堂课的军官的前途想必没有好处。

1964 年 4 月 1 日

五个星期转眼就过去了。每天都是不断的例行公事。我的心思全放在六月，当前的生活对我而言毫无意义。

一周前我原本应该要去上蛙人课程，然而牙医却把我的牙齿拔掉几颗，因此我没通过健康检查；只有牙齿完好的人才有资格参加。牙医本人真是号人物，第一次帮我看牙到一半，正准备拿起针头时，竟对我坦白说自己仍在学习牙科；他要求被调来外籍兵团好让自己有练习动手的机会。我一听吓得整个人都瘦掉两斤，而他拿起电钻时我最害怕的事被证实了：他注射了三针才让牙齿麻痹，而那电钻看起来像是用来挖马路的。所有设备看起来都很旧——除了牙医本人是新的以外。他根本毫无经验。

我之后去上了反坦克课程聊作消遣，只有看牙医成为生活中唯一的刺激。妮可继续用信件轰炸我，但天晓得我们真的见面时会是什么感觉——我们分开太久了。

1964 年 5 月 4 日

卡马龙日平静地过去了。我们进行和往常一样的活动，所有人喝到醉，差不多就这样。然而昨天发生了一件令人瞠目结舌的事件，为日常的宁静和惯例画下了句点。

梅尔西埃中尉完成了他在外籍兵团的两年役期，过几天将重受委任。我们分队为他办了庆祝会——拿出喝不完的麦酒和威士忌——并送给他一座青铜的拿破仑在阿斯特力兹（Austerlitz）胜利的雕像。熄灯之后他与我，以及其他中士一同离去，夜晚似乎就这么宣告结束。晴空霹雳这时爆发了。

梅尔西埃回到分队并继续喝酒，越喝越醉，然后他突然跳到兵团成员薛福尔的床上，不加掩饰地开始强暴他。

我第一次知道这件事是格鲁中士冲进我房间并断章取义地描述全过程，并责怪我让梅尔西埃回到分队去。佩尔特哲这时已全副武装地开始四处叫嚣，仿佛整个地方已着火似的。他同样把错怪在我头上，断言说既然是由我管理分队，我必须负全责，而且他好几星期前已警告过梅尔西埃是同性恋，我早该提防这种事的发生。

是谁的过错在那一刻并非我最关心的事。我的第一反应是无法置信，然而薛福尔及其他人的反应印证了此事属实，顿时我心中的怀疑被一股失控的盛怒所取代。这个在我分队中的人，一个我十分欣赏的指挥官，一个我无数次在背后挺他、帮他对抗谣言指控的人，竟然公开展示给所有人他们的疑心是对的，还挑选他的告别会来证明这一点。这一切令我难以承受。他不仅把自己给搞砸了，他还让我彻底失望，也让所有挺他的人彻底失望。

我当时大概有些丧失理智，因为我立即冲向军官的营房，得知梅尔西埃已逃走后，我毫不犹豫地冲向他房间，猛然撞开门闯了进去。我打开灯，他正躺在床上。在刺眼的灯泡照射下他被迫醒来，脸上的表情混杂着恐惧和内疚。他仓促地爬下床，拿起香烟，颤抖的手把烟递给我，并重复询问："约翰尼，怎么回事？发生什么事了？到底怎么了？发生什么事？"

我一挥手，香烟从他手中飞散到整个房间，紧接着我使尽力气用手背重重地给了他嘴巴一拳。他身子往后旋，靠着墙边双手捂嘴，脸上一副不可置信的模样。下巴鲜血滴落，他反应过来时突然开始大叫，要我滚开，威胁说我竟敢动手打长官，他将把我送到刑罚大队把我射杀。

他变得歇斯底里，这时我才真的出手打他。我从没有这样打过人。我将手臂往后拉，拳头绷得像颗岩石，把全身重量和所能挤出的力量全都加诸上去，然后甩出拳头，从侧边击中他的下颌。因为我从未这么干过，我没法预期会有什么结果。他整个脸朝一旁扭曲，脚则飞跃离地，仰面跌落在他自己床上。

我转身，关灯并离去。走廊里，人们一个个打开门，被骚动吵醒的军官们发出好奇或生气的喧闹。完全没有人注意到我走过，我回房便上床睡了。我感到恶心想吐。

而今早令我惊讶的是梅尔西埃也出现在阅兵典礼。他的模样真惨。即使已去过医护室治疗，但他一边脸颊肿的程度就像我所见过最严重的牙疼；绷带裹住他整个脸，绕过下巴再缠于头顶。他没跟我说话，也没看我一眼，只站在他以往的位置，也就是分队的旁边。

早晨集会之后，当每个人被派往各自的日程，佩尔特哲把我叫到办公室，直截了当地问是不是我干的。

此时我已听天由命，知道自己定会被送往刑罚大队。在外籍兵团里没有人打长官还会没事。把他打到昏过去，惩罚会更重。总而言之，我绝对逃不过。光天化日之下我恢复了理智，想起昨夜的行为简直难以置信，我试着说服自己什么事也没发生。我根本不可能做出这种事。然而事实难以抹杀，此刻面对佩尔特哲，我知道自己不会从他那儿获得任何援助。他憎恨我。这一次我真的完了。

然而我错了。我一五一十告诉佩尔特哲发生了什么事，他回应说我疯了，但接着说他会尽力帮助我，并说第一件该做的事是立即去找连队里的资深士官——首席准尉荷米尔（他也是全军团的资深士官之一），并具体道出实情。

我如此照做，佩尔特哲也在场聆听，我便告诉首席准尉来龙去脉。荷米尔说他会深入调查，再报告给洛可兰德上尉。

我度过了相当心烦的一天，而今晚佩尔特哲跟我说荷米尔以完全对我有利的方式呈报给军官，整个事件便结案了。

两天后

我们为了梅尔西埃中尉展开阅兵典礼。这是个严肃的场合，也是个尴尬的场合。每个人似乎都想假装什么也没发生过。我为梅尔西埃感到难过，也衷心希望整件事是我幻想出来的。然而，他自己闯出这种祸必须永远承受后果。他与中士们握手之后，突然朝我走过来，并说道："再见了，约翰尼。"他伸出手时，我握住并与他告别。我已不再感到愤怒——感觉变得五味杂陈。我们有过共同的快乐时光，他也有些杰出的特质。只是我们的处境无比可悲，这样的结局令人难过。他在下午离去。

1964 年 5 月 11 日

在服役 15 年之后，佩尔特哲首席中士今天离开了。他比梅尔西埃撑得还久，我认为他因此感到非常满足。我怀着复杂的感觉向他告别。他是个刚烈、残忍、野蛮的恶霸，拥有与我南辕北辙的价值观——然而他还是拥有某些特质。不提别的，梅尔西埃的事件他所采取的做法，令我欠了他恩情；虽然我意识到他这么做并非因为喜欢我，而是因为他更讨厌梅尔西埃。在他离去后连队全体同仁都松了口大气。一股无形的压力从大伙儿的肩上消失了。

1964 年 5 月 13 日

我前往默梭可柏安排飞法国的事宜。我兴奋无比，28 日就要出发了；这整件事恐怕会让我精神错乱。我拿着那张机票，一次又一次读着它。然后我拜访了索托，他因为阑尾炎或类似的病而正住在默梭可柏的医院。我并未恰当表达我的关切。但总之他没什么事，状况非常好。

索托介绍了一位正规军里很不错的法国人给我认识，叫派特里克·波曼。他正在服国役，也是位临时牙医，从未拿过牙科课程，未来也没有欲望去学。他被卷入这项工作，纯粹是因为没有其他人会做。他说当他把别人的牙齿连根拔起时，人们的尖叫声已对他的精神产生某种创伤，再这样下去他很可能患上狂躁抑郁症。天知道他那些病人产生了什么样的精神创伤！我立刻喜欢这家伙以及他的幽默感。他下个月就离开军队，叫我去巴黎找他。我一定会去的。巴黎——老天啊，我等不及了。

1964 年 5 月 28 日

过去两周过得毫无意义。

我中午起飞，两小时后我已人在巴黎——四年半的荒野生涯后，我又回到了欧洲。这简直像降落在另一个星球。我的母亲、我的继父里欧、同母异父的妹妹卡罗琳，都到机场来接我。起初我们全然就像陌生人。母亲已过中年，她看起来像老了15岁，见到她时我不自觉地感伤。卡罗琳已是个十岁的小女孩，上次见面时她才四岁。里欧看来没什么变。我们彻夜长谈，说不尽，听不完。回家真好。

隔天

我已决心要踏上英国土地，因此首先需要的东西便是护照。而我的护照仍在外籍兵团手里。从兵团官方的角度看来，我的假期仅限于法国，若想离开法国便需获得特殊许可。这种要求必然会被拒绝，因此我根本没有必要问。我前往英国领事馆说出自己的情况。他们问我一连串问题，并要我填几张表格，然后他们马上意识到我是个纯正的英国人，是个彻头彻尾的绅士。等了好久后，我被带往楼的后方，穿过好几道走廊，最后与一位叫费尔兹的上校面对面——至少他说那是他的名字。他明显是个英国军人，我们聊得相当愉快。简而言之，他愿意发放临时护照给我，这将赋予我越境旅行的权利，但条件是我必须说出自己所知的关于外籍兵团的所有信息，包括各军团的人数与精确位置、我们所使用的各种军备种类，以及其他许多事。我全盘托出，这让他心花怒放。我拿到了护照。

一星期后

真是难以想象的一周。七天的自由日，那感觉犹如在疯人院待了好几年后突然被释放。路边的树木、汽车与餐厅、女孩和人群，一切是那么的色彩缤纷，连商店也陈列着各种匪夷所思的奢华，所有东西都无比精彩。我的人生只有阳光与香槟酒。我父母几天后返回荷兰，我决定离开英国的归途中再去找他们一次。

我也和派特里克碰头了。他为有机会介绍自己深爱的城市巴黎而心花怒放。他带着我去疯马夜总会，疾走于圣心堂，还去了巴黎圣母院两次。我一直穿着外籍兵团的制服。从人们的凝视看来，兵团成员在法国就与在英国一样属于稀有动物。好几次在香榭丽舍大街上，几个前兵团军官找我们攀谈，不断灌我们啤酒并询问军团的现状。他们当中有些属于前伞兵。所有曾在法国伞兵团里服役的人之间总有股难以言传的战友情谊，他们一说起自己的从军经验，可以从晚上到清晨一直讲个不停。这些话题属于神圣的私人领域，没有外人可闯入。

1964 年 6 月 8 日

离开巴黎的时候到了。妮可在南边等待着我，因此在些许不情愿的情绪下我搭上前往尼斯的火车。抵达时我入住一个车站附近的旅馆，并打电话到凡斯。是妮可接听的，真是好险；如果听见她母亲的声音，我可能会把话筒当成烫手山芋扔在地上。妮可的声音里带着羞怯，我也有点不知所措，急于找话题。她说她明天会来旅馆找我。

一周后

她真的找上门来了。有那么一刻我以为我们之间会死灰复燃，但结果仍是不行。第一个晚上我们一起出门，但她必须在某个时间回到家。第二个晚上我们依然见面，却仍无法一拍即合。从我最后一次看到她已经过了三年，这期间她已出落成漂亮的年轻女孩。我感觉到她对我的失望。或许这三年她怀着对她这个外籍兵团男友的浪漫憧憬，但很遗憾我并没有达到她幻想中的标准，虽然要我承认这点挺苦恼的。

第二天晚上她无法与我共进晚餐，而我们应该在隔天见面吃午饭，她却没有出现。

今晚我要搭火车回巴黎，明天我就身在英国了；我等了这么久，只为这一刻，不敢相信这即将成真。似乎外籍兵团的生活已成了久远的朦胧记忆。

十天后

之后那个早晨我离开尼斯，前往英格兰。而过去这几天我将永远记得。我会见了许多老朋友，一切结束后我才再一次意识到，我真的有许多很棒的朋友。

第一个晚上我待在安卡希家。抵达时已过了子夜，我用石子丢她的窗户直到她终于探出头来俯瞰马路。当我喊道是我来了，她差点跌下窗台。我没跟任何人说我要回来。我喜欢给人惊喜。

然后我花了几天与我哥哥安东尼和他妻子卡罗琳度过，而麦康伦家庭帮我举办了一个盛大派对。所有知名的"猎鹿帽俱乐部"成员（Deerstalkers）都出现了。所有人的好奇心都几乎要爆炸，我告诉他们几则在兵团里的奇谈让他们汗毛直竖。这些人们的转变真叫我吃惊。上学时期我所认识的这些无所事事的懒虫们，现在已成了城里的绅士、律师和医生。他们看上去都像受人尊敬的社会精英，我为所有人感到高兴。

一天晚上，彼得·克雷芬请我吃了一顿美味的晚餐，我还花了一两天在什罗普郡与阿里斯德·赫尔和他可爱的妻子茉莉亚一起度过。他们有个儿子叫马可士。然后，弗朗西斯·威德利顿与他的老朋友安德鲁·葛朗汉姆一同在布朗旅店请我吃午餐，他们还担心我会抢着付钱。我还见到西崔克·贾洛里与克莉丝蒂，以及我的好朋友康威尔赖一家。他们个个兴高采烈。最后，我见到了珍妮弗。

当我刚回来时她人不在，我在离开的前一天拨了个电话给她。她说隔天她将去西班牙，但当晚会与她的祖父母用晚餐，并问我要不要加入。我去了。我戴上一张再冷酷不过的面具，佯装对她毫不在意。我热情地与所有人交谈，除了她之外。在她眼里我冷漠得迷人，那可谓演技精湛。然后她开车回城里，因为她祖父母住在温布尔顿，而当晚差点就这么结束了。然而，我在离去之际随口问道："我们何不去夜店坐一会，叙叙旧?"在她含糊说起隔天的西班牙之行并犹豫一阵之后，她终于被我说服，于是我们一头扎入伦敦的夜生活。

我不确定究竟是何时发生的——我只记得在当晚的某段时间，当我们正跳着舞时，我突然敞开心扉对她表白：即使过了这么多年我依然深爱着她。我觉得在那一刻她也沉溺在爱河里。我们聊了整整一晚，第二日我便前往荷兰。我们带着彼此的承诺依依不舍地告别。

昨天晚上，我搭上火车从巴黎开回马赛，这也是我目前的所在地。上一次我踏上这条旅程的记忆闪过脑海。明天我将乘坐西迪贝勒阿巴斯号前往奥兰。历史将再度重演，但这一次我将有自己的客舱。

等着我的还有七个月的服役期，七个月去想念珍妮弗的时间。这大概会使接下来的时间过得极其缓慢吧。

第十二章　龙骨时刻

60 英尺高处跳跃训练

回到非洲

回到军团我双脚还没站稳，就被派往下士训练队。然而这一次，是以教练的身份。洛可兰德告诉我这是诺瑞顿（现在是上尉）的特别要求，还通过了上校的直接批准。这是个好消息，意味着我服役期满之前的最后几个月会比较活跃。

1964 年 7 月 15 日

今天晚上我与诺瑞顿上尉长谈了一阵。他试着想说服我去斯特拉斯堡军校待一年，然后应该可以到圣西尔军校[1]这所名校完成第二年。就某些方面而言这听来相当吸引人，然而有个问题：身为一个外国人，但我永远无法晋升到上尉以上的军阶，而要我转成法国国籍我也做不到。我是英格兰的子民，尽管此时此刻我正在给法国人做帮手，但我永远无法自愿放弃英国国籍。所以我认为这个提议并不可行，因为我不希望下半辈子只是个外籍兵团的上尉。况且，最近再次瞥见英国的模样，我更想回家了。外面的世界好很多。

我们还聊了许多事——人生与哲学、各种人各种地方、外

1　École Spéciale Militaire de Saint-Cyr，是法国最优秀的军校，法国陆军里几乎所有高级将领都出自该校。

籍兵团、法国人、英国人、德国人、未来、过去与现在。这是诺瑞顿参与的第三个训练班。他说我们那一拨是最优秀的，他从没有在同一地点、同一时间看过像我们这样的一群人聚集在一起。我们接受的课程也是最艰难的，某种程度上这要归功于操练我们的众士官，另一个原因则是课程的实验性质：他们想知道在以受训者不垮掉为底线，这体系能被推展到什么样的极限。我们训练队与其他人在本质上的最大不同，在于我们团队的大多数人都曾亲历战场；反之现在队里的人，实战经验是例外而不是常态。最终我们一致同意现在这一队确实太温柔了，需要施加更多压力才能看清究竟谁有能耐、谁缺乏韧性。我说我会朝这方向去推动。

十天后

这里的资深士官是威斯塔夫中士。他就与钢铁一样强硬，与士兵打交道时毫无人情味。他循规蹈矩，一点儿弹性也没有。他是一成不变的古板的恶人。奇怪的是我挺喜欢他的。

我们给了训练队一段艰辛的苦日子，虽然那依然赶不上我们当时的经历，因为至少他们睡眠还算充裕。毫无疑问，我们实施了许多惩罚，点名时我将他们的装备随手乱扔，并且在半夜两点叫他们起床操练。理所当然，有几次他们的歌声未达标准，我命令他们在午夜丛林里半蹲着行军好几小时，我也偶尔会派他们拿着瓶子在凌晨去取海水——但我很谨慎，绝不去尝他们取回的液体。

另外，我相信这支训练队意识到有时候是可以有些幽默感的。我们共享许多欢笑时刻，我觉得他们有足够的智慧了解到，不以集中营的管理方式维持纪律也是有可能的。现在他们已经比刚来的时候进步了许多，并且大伙儿的士气还维持得不错，即便威斯塔夫、诺瑞顿、奇黎亚瑞兹与我会尽力让他们痛苦不堪。他们有潜力成为一支优秀的团队，并且我们双方都有共识，知道这一切的意义在哪里。

1964 年 8 月 1 日

诺瑞顿上尉今天来视察兵营，而为了让这些家伙明确自己的态度，诺瑞顿"犒赏"了 11 个装备低于标准的士兵总共 88 天的监禁处罚。下午我为他们主持"派对"惩罚。有生以来第一次，在这个骇人的惩罚活动中我是拿哨子那个人。事实上这比以前轻松许多，因为少了背石袋的传统方法，而且拿哨子的人决定折磨的程度。对这种事我觉得自己的心太软了。就某种意义而言，我宁愿自己是接受"派对"的人，而非鸣哨的。

两星期后

　　士兵们已濒临崩溃。过去几天出现三个逃兵。这并不是我们给予的惩罚过多，而是因为我们把他们操练得太狠了。诺瑞顿是个夜间突击训练的狂热者，他们因此变得与我们之前一样，睡眠完全被剥夺了。他们总是得在夜间拿着指南针，在山中行军好几里；每个晚上都缺乏足够休息，白天又不停地进行武器培训和其他操练事项。他们看来精疲力尽、形如枯槁。诺瑞顿终于决定明天把他们全送去医护室体检，确保我们没有做得太过火。

两天后

　　医疗检查的结果，导致军团里的资深医务长提出强烈抗议。士兵们疲惫得神志不清、体能耗尽、濒临崩溃。我很纳闷为什么当时我在受训时从未接受过医疗检查，我们那时绝对需要。

　　总之，诺瑞顿说减弱他们的操练强度是正确决定，但强调这必须循序渐进，否则人们会认为只要有医务长的支持，他们就能占上风。为了阐释他说这话的意思，医疗检查完毕后，隔天的节目表是到猎鹰岭进行夜间跳伞，接着拿空照图做行军演练，然后是一小时睡眠；紧接着他们被强迫行军到陵地斯，喝杯咖啡，再连续三小时的操练。

三周后

这些士兵所经历的训练十分了不起。现在换了个角度看，我开始能领会为何必须如此高强度地训练；纵使高压不断，其结果却相当可观。他们学会良好地驾驭自我，与两个月前刚到时已截然不同。他们组织起来的突击行动连华纳兄弟影视公司看了都要眼红。他们可以上下攀爬 100 英尺高的垂直峭壁，并在转眼间组装起滑轮系统横跨峡谷。他们能把机关枪架在腰间射击并成绩显著，他们还可以在漆黑夜里的山中行进，义无反顾。他们士气高昂，而且我认为他们已达到与我们当初相同的标准。费雪、沃许塔德、泛里尔、夏克特、帕立克与堤普门全属第一流，要在当中挑出赢家非常困难。然而现在得出结论为时尚早，他们某些人依然有可能落得伟格诺加当初的下场。

1964 年 9 月 8 日

珍妮弗寄来美妙的一封信。她似乎疯狂地迷恋着我。明天我们全部要参与反坦克课程，这算是休息的好机会。所有人都需要一些消遣活动。

两周后

这是个出色的课程。现在大伙儿都知道什么是莫洛托夫鸡尾酒[1]和其他各种自制燃烧弹，以及地雷、火箭炮、反坦克手榴弹、诡雷，以及其他150种可以让坦克获得凄惨下场的方法。事实上，见过这些东西以后，我永远不会去参加坦克军团。坦克车根本就是一具会移动的棺材。

1964 年 9 月 26 日

诺瑞顿上尉用他丰富的想象力设计出新的作战课程。士兵不再像我们以前从直升机上直接跳伞，而是从默梭可柏海港旁的旧堡垒顶上开始，用绳索沿着50英尺的城墙下降，然后攀上一个交通运输站的屋顶，从那儿再跃至60英尺底下的水面，游个半英里上岸，最后全副武装再慢跑八公里。

那60英尺的跳跃差点杀了我。从飞机上跳伞是一回事，因为飞机不断移动，而且没有直接接触地面；从一个与地面相接

1　Molotov cocktail，也叫作莫洛托夫汽油弹，或直接称作汽油弹、燃烧瓶；用以袭击坦克车，是一种可随手制作的简易纵火武器。名称起源于苏芬战争期间。

的静止建筑跃下 60 英尺完全是另一回事。毫无疑问，这是我一辈子当中最令人精神崩溃的事。

当我走到交通运输站的屋顶边缘往下看，我可以感觉自己脸部的血液瞬间全冲往脚底。我吓得灵魂出窍。我的确恐高。但我必须跳，因为后面还有人在排队。我当时可以感受到在普利达（Blida）拒绝跳伞的那家伙的心情。然而这一次我没有降落伞，也没有选择——所以我往下一跃。像水砸在水泥地上，下坠时我深知自己的胆被遗忘在刚才起跳的地方了。

我极度害怕，但我必须再跳一次，才能为自己证明些什么，否则我将永远无法克服恐惧。这想法严重错误，我本该就此罢手。然而我又到了上面，再一次承受恐慌——我竭尽全力忍着，不尿裤裆——然后我又跳了。我不是个数学家，无法精确计算自己下坠的速度，但真的太快了。我击中水面的声音就像枪响。我两只手臂朝外伸直，想保持平衡，但我一定是朝一旁倾斜了，因为当水花溅起的一瞬间我的左臂硬生生地脱臼。那种痛苦难以置信，无法想象，完全无法言喻。我以为自己的手臂直接被扯断了。我只想就这么沉到水底永远失去知觉。最后我浮了上来，所有人立刻看出来我出问题了。他们全下水游过来，但我尖叫着要他们别靠近我。只要轻轻触碰手臂、稍有任何一丁点动作，剧痛就贯穿我全身，痛得令我心脏差点麻痹。我来到岸边，不知自己怎么爬出水里的。脱臼的情况极度严重，手背的肱骨从一旁凸了出来，看起来状况很糟。

过了约 45 分钟终于来了个医生，他找到方法把我脱臼的部分接回去。这是我这辈子最后一次从 60 英尺跃进水里。这惨痛教训令我学习到水的密度。有个人甚至从小屋里直接头冲下跳水。外籍兵团里什么不可思议的人都有，那家伙就是其中一例。

1964 年 10 月 1 日

诺瑞顿上尉即将休假，一个叫瑞葡里的年轻中尉将在他缺席的这段时间代替他。如果以第一印象为依据，那么瑞葡里的所有特质都是我们不需要的；但当然初次印象经常不准。他完全是个新人，显然以为外籍兵团的生存仅仅建立在纪律之上。结果是他的行为举止狂热，虽然我并不认为他把这当成私人爱好，但他似乎认为自己的职责就该如此。诺瑞顿应该要好好开导他一番；以我的身份不能这么做，然而诺瑞顿似乎忽略了这一点——他的心思全在假期上。

还有一位中士加入我们，就是那位格鲁。格鲁是西班牙人，我基本上认为他是个好士官，然而他骨子里隐藏着弱点。梅尔西埃行为出轨的那一夜，格鲁有点儿反应过度。当然，我自己当时也反应过度了。或许这不足为据，但不知为何我感觉他有某种人格缺陷。格鲁与我试着容忍彼此的存在，如此而已。

两周后

瑞葡里把士兵们操练过头了。这两周以来他们被逼得超出忍受范围。每晚都有惩罚、永无休止的行军、夜间训练、武器检查、兵营视察、凌晨三点的厕所视察、"坟墓"、"出征"，各种最热门的处罚都用上了。

这一高压运动由瑞葡里中尉带头，加上格鲁中士的热切支持，慢慢地变得声势浩大。我原本预期资深士官威斯塔夫会介入缓解一下局面，然而如果说他有任何举措的话也只是表示拥护而已。这完全不合情理，因为那些士兵们过去数周的表现已很出色，为了惩罚而惩罚的阶段早已过去。他们应该为了面对期末考而加紧研读。训练队的体力活动实际上已结束了。

队里开始怨声四起。奇黎亚瑞兹说已有人开始讨论是否该逃亡。

次日

我今天整天在城里，而晚上回营时我获得消息说，整支该死的训练队全逃走了。瑞葡里陷入疯狂，威斯塔夫与格鲁也已丧失冷静。我抵达时天色已暗，瑞葡里作出不可思议的决定，命令拿出迫击炮，开始轰炸营区周围。显然整支队伍离开的举动仅仅为了向瑞葡里抗议示威，而他们仍在铁网外头两三百码的树丛里。瑞葡里中尉发射迫击炮的意图是为了惊吓他们，逼他们就范。然而在夜间，当迫击炮弹任意在你的周围炸开，那场景必然引起恐慌，你根本不知道下一发会不会落在你头上。因此，人们只能朝一个方向逃跑——也就是迫击炮的范围之外。而他们正是这么干的。

现在已经午夜，完全没有那伙人的踪迹。瑞葡里让迫击炮休息，而我也该去休息了。我们等着看明天会发生什么事吧！

1964 年 10 月 16 日

黎明时，他们整支队伍归来了。示威活动没有取得多大成效。我希望诺瑞顿上尉能在此处理这件事——很明显，瑞葡里打从一开始就无法胜任这职位——军团里的资深长官应该早一点介入才对，而非等到这位年轻又欠缺经验的中尉把自己搞得灰头土脸。

瑞葡里理所当然地想找出示威行动的领头者（或领头者们），以重树自己的权威——那人将被关监狱，而其他人会受罚但仍可完成本课程。然而瑞葡里的这一尝试却落入尴尬的局面。

士兵们在第一时间被迫列队在广场上。可想而知，所有人看起来憔悴又疲惫。这件事的代价非常高昂。他们差不多已经完成整个下士训练课程，只差期末考，而现在却几乎要把这些全部放弃掉。我自己也经历过此课程，清楚了解他们此时的感受。如果他们当中有人以领导的身份站出来，那么他就会被牺牲掉，并为所有人省下诸多苦恼——对长官们尤其如此，因为他们绝不想失去整支队伍。

瑞葡里中尉就着这种意图对大家阐述了一番，徒劳地想要说服某个人站出来。他敦促大家仔细考虑自己的立场，并警告若无人自我举报，整支队伍都会被踢出去。他们丝毫没有动摇。

早晨的阅兵广场格外清冷，目前的气氛加剧了这种感觉。过去几个月我已渐渐欣赏他们当中许多人。毕竟我们共同拥有了一段独特的经历。他们决定叛逃其实是自我屈辱，尤其在课程的最终阶段。这是考虑不周的结果，无论是谁发起这点子都该被揪出来扛起所有责任，如果这是唯一能救赎多数人的方法。否则的话一切努力都将付诸流水。然而他们就像一道铁壁，团结一致，这确实值得赞扬。

我们等待他们的反应。几个小时过去，他们依然立正站直，而瑞葡里中尉在前方来回踱步，怒气冲冲地咆哮要那主犯滚出来。所有成员一动也没动，宛如石雕。不知为什么，这令我想起自己当时下士训练时发生的贾伯事件。同样是与当权者对抗，在同样的广场上。当时只有一个人，而现在他们有许多人，但对我而言他们万众一心是同一个人。

最后瑞葡里中尉作出令自己万劫不复的决定。他走向寇布列兹，队里的其中一个士兵，并问逃跑是谁的责任。寇布列兹没有回答，他就站在那儿，目光直视前方。瑞葡里又问了一次，他依然没说话。这就像在跟树讲话。然后瑞葡里失控了，开始攻击他，用拳头重击他的脸。寇布列兹是个高大的男人，身高不低于一米九，就算把他单手绑住他依然可以杀掉瑞葡里，然而他一动也不动。我看不下去了，便转过身去，希望瑞葡里能留意到我的表态。就某方面而言，若瑞葡里把寇布列兹撂倒在地至少会好看一点，不会像现在仿佛是个婴儿对抗成人的景象。显然士兵们占了上风。终于，军团里的指挥司令以及一些资深军官到来。司令首先解散了他们这群人，将他们禁闭在兵营里，然后军官们关起门来讨论下一步该怎么做。我走进兵营里与士兵聊聊。原来整件事的导火线是前一天下午格鲁中士命令他们跑 15 英里，因为兵营检查并未达标，等他们跑完归来他又开了"派对"的严惩。他们拒绝了。

我进去时他们把满腔的愤懑全倾吐出来，若想不同情他们的处境还真困难。他们走了这么漫长一条路，自然不希望随便丢掉这一切。其实，这与军官们的立场一致。如果诺瑞顿上尉在这里，他定能与我共同解决此事。最可悲的是，这事件自始至终根本就没必要发生。

在兵营里待上半小时，我已清楚认知到主要的鼓动者是安普洛札特。他是个法国人，口才极具煽动力，而队里的德国人一般都是追随者而非领导者，似乎每次安普洛札特开口他们就会被迷住。安普洛札特是个好士兵，而且深受伙伴喜爱。他从不逞强凌弱，因此很自然是个被所有人接受的天生领导者。

此刻，正是安普洛札特依然认为他们还掌握着谈判的优势，也就是说如果格鲁被撤去训练员的职位，他们愿意服从一切乖乖归位。我回答说他在做梦，并说若他们继续维持这样的想法，问题不可能获得解决，因为外籍兵团不可能同意这种事。若每次有位中士过度虐待士兵，他们就可以找到办法把他开除，那么这种做法与外籍兵团建立在纪律之上的传统完全南辕北辙，而且整个体系都将深受重创。

直到这一刻他们依然拒绝接受"派对"惩罚，我觉得唯一能挽救整个局面的方式是使他们让步，并甘愿接受那处罚；当然在昨晚的越轨行为后，将有更多惩罚落在他们头上。但在长官眼里，这可以有效诠释为他们已百分之百愿意服从。然而他们似乎还想挽回一些面子，说愿意接受"派对"惩罚的条件，但是不能由格鲁中士发号施令。但这依旧是对当权者提出附加条件，我不认为对方会接受。当我想起之前分队里砸盘子那伙人的下场，我认为赶紧屈服且不带任何"但是"，才真正对这群人的处境有利。而且我提醒（主要是对安普洛札特说）如果他们愿意配合，虽然这代表了让步，却可以防止他们当中的一员遭到牺牲，因为毋庸置疑，军官们正竭尽全力想抓出一个（或几个）领导者来开刀。总有人得背黑锅，以防军方丧失整支队伍，并为整个事件圆场。一个篮子里有个烂苹果毒害到他人是可被接受的理由，也解释得通。另一个选择则是他们全体投降，这将代表整件事没发生过。对官方而言，只有这两种选择。

他们队最终接受了后者。

四天后

即使用外籍兵团的标准来衡量，他们也算度过非常难熬的一段时间。过去四天，他们睡眠时间加起来不会超过七小时，除了进行 30 公里行军的时间以外，他们不是夜间操练便是开"派对"。每个人必须整天扛一袋沙子在背上，吃饭时也不能放下；他们还被扣了一整个月的薪资，相当于 15 天刑罚的损失。两天后他们将进行期末考。

堤普门被踢出队，他在某次夜间行军时脱队，躲到树丛里睡觉去了。我们损失了一位好下士。

他们的士气如预期中跌落谷底，这种事发生在训练课程即将结束之时，对他们以后扮演下士的角色很可能会有决定性的影响。如果他们怀着怨恨组织的情绪离开这儿，对军团的长期损害将十分严重。诺瑞顿下周回来，我在想他是否能挽救整个情况。

1964 年 10 月 24 日

长官们决定延迟期末考的成绩公布，而先将他们整支队伍送去游击训练课程。我认为这是合理的抉择，因为如果一切顺利的话，他们低落的士气将得以提升，也让他们在回归军团之前有些休息时间。我自己也渴望接受那项课程的训练。授课的是麻狄柯上尉，他在二战英军特种空勤团里学会他的专长。对于任何与炸药相关的领域以及它们的破坏性应用，他几乎无所不知。他就像棵老橡树一般顽强，并期望所有人都与他一样。除此之外，他还有点疯狂，他所教的游击战训练课程是全天下最棒的。

六周后

六个星期一闪而过，这期间我们学到很多东西。所有我听过关于麻狄柯的故事全都属实。他的确艺技高超。

一开始先学理论，大量的理论，直到我们了解每一个未来可能用到的炸药的特征：它们的化学构造及物理特征，还有最重要的，它们的功效。我们学会在什么情况下用什么样的炸药来达到最佳效果，以及个别项目需要多少精确剂量。无论是要炸桥梁柱子、钢铁导管、高压铁塔，我们都能计算出搭配多种炸药各自的剂量。有句格言说人们最在行做自己最喜欢的事，这也完全属实。对我而言，学习这门课仿佛如鱼得水。我好些年来都没有这么热衷投入地去学一件事情了。由于我自己完完全全陶醉在里头，忘却其他一切，我发现要熟记里头的信息异常容易。

麻狄柯一开始先教我们两件事：首先，各式炸药的相关知识以及实际用途，这立刻赢得大伙儿心中的尊敬；然后是不断地实地演练，尤其是夜间特训，因此我们每时每刻都在接触炸药，这为我们注入了自信。尊敬与自信是通往以破坏为职业生涯的起点与核心素质。

第一天，麻狄柯让我们平趴在地面，脑袋距离数公斤的TNT[1]仅五英尺，让那炸药轰然爆破。我们没受伤，因为它是朝上以V形爆开，因此我们刚好是躲在它的阴影中。这是令人震撼的开场，且从那一刻起我们就开始玩真的。每天晚上我们

1　也称为三硝基甲苯，俗称黄色炸药。

被关在一个阴暗房间里，花好几小时捆扎连接炸药的诸多导线（用以同时间炸掉好几个目标），操作各种不同款式的炸药，并学会如何仅靠触摸便能分辨它们。白天我们则熟背各类导线、雷管、爆炸物的外观，无论它们是德国、法国、英国或美国制造。

我们学会 TNT、甲基四硝基苯胺、塑料炸药、甘油炸药[1]的相关知识以及它们的用途。我们学会如何用硝酸铵加一点儿柴油自制炸药，如何调配铝粉加上氯酸钾、雪球炸弹、瓦斯弹、莫洛托夫汽油弹，熟练度就跟我母亲调鸡尾酒差不多。我们学会怎么制造塞满螺丝的金属炸药，爆炸时那些喷发的螺丝可以射穿 400 码以外的坦克车。我们学会设置诡雷陷阱，也见识到专家怎么让平凡的塑料产生毁灭性效果；我们知道怎么改造圆珠笔，让你在使用的那一刻手腕被炸得粉碎；学会怎么将死亡陷阱悄悄融入生活环境中，比如门把、书本、抽屉或汽车。我们学会怎么改装看似无害的留声机，当你打开它时，螺丝碎片会从喇叭口喷散出来，以每秒钟 3 000 英尺的速度贯穿整个房间。如果某位不讨喜的政客在市政厅对支持者讲话，而你打算一次干掉个上百人，这东西是最佳选择。

我们知道怎么改造手榴弹，让它在保险塞被拔起的瞬间立

1　Dynamite，由瑞典科学家阿尔弗雷德·诺贝尔（Alfred Nobel）于 1866 年发明的一种炸药。此发明使他获得巨大财富，却同时令他陷入和平理念的矛盾困境。最终他在遗嘱中写下成立基金会的意图，开创了闻名全球的诺贝尔奖。

即爆炸，也知道怎么改造子弹，使它在开枪时于枪膛中引爆，直接炸开持枪者的脸。我们可以用乡间小店里买到的材料做出火箭筒及燃烧弹，我们也可以调整炸药迎合各类特殊情况，因为我们知道怎么运用它们的独特性质。

所有信息都以高度专业的方式传递给我们，详尽的程度令人敬佩不已。单是用于火药制作的设备细节就可以作为大学高等物理的一门课。

最后我们终于展开实战演练。我们分成小组，轰炸废弃的铁道、荒废的农舍、老旧的高压铁塔及桥梁。在每次我们出发之前，都必须先经过好几小时的策划。我们会先搭建一个目标模型，计算需要多少炸药、放置的精确位置等等，以取得最佳的破坏效果。每一个人都准确知道自己的角色，所有细节和步骤都在掌控中，不能有任何随机的举动。操作炸弹时，没有什么比夜间的混乱更加危险。没有拿命开玩笑的空间。炸药摆好后疏散开来的瞬间，只需一个傻子踩在引爆管上，所有人就都去见阎王了。

我们安静而迅速地运作，因为我们受过优良的训练，并对自己的实力充满信心。爆炸领域有诸多书籍文献，花上足够的时间与专注无疑能掌握所有理论。然而还是有许多东西没有书面记录，主要都是经验，而麻狄柯正是这方面的大师。他亲历过无数次实战爆破，因此他的建议、忠告、窍门，以及一些非正统技法，才是本训练课程有别于普通军队课程的最大优势。麻狄柯他本人就是最致命的武器，又十分狡猾。一想象他若服务于敌方，我就全身冒冷汗。

这两周以来我们学习秘密游击行动，学习如何架起基地与组织网络、如何建立沟通系统与代码、如何审问犯人，以及最重要的，如何策划整个军事行动并且完善执行。

诺瑞顿已回来一周。瑞葡里离开了，格鲁、威斯塔夫与奇黎亚瑞兹也走了；奇黎亚瑞兹完成了五年役期，怀着成为百万富翁的远大抱负重返平民生活。而威斯塔夫与格鲁则回到军团里。这使诺瑞顿上尉与我成了训练队所剩的最后职员。我们俩关系很密切。有天晚上聊到我的军官前景，我告诉他我决定不去了，尤其在假期之后我更坚信；外头有许许多多的事情好做，我想他应该了解我的意思。

1964 年 12 月 7 日

今天，我做了最后一次跳伞——第 73 号。

1964 年 12 月 8 日

这期的下士训练队结束了。38 人中有 21 位成功毕业，列好队踏步走去领奖。我很高兴看到他们拿到下士袖纹，为他们骄傲。芙尔史塔德第一名，由费雪紧跟在后，第三是夏克特。他们都是男子汉，我亲历过他们顺利走完的这条艰辛路径，我尊敬他们中的每个人。然后他们发表演说，对诺瑞顿与我表示赞许，并送给我们每人一个银制裁纸刀——我会永远保存好。然后他们跳上卡车，驶出陵地斯大门，一边挥手告别、一边痛快欢呼。我完全能体会他们的感受。

今晚诺瑞顿上尉与我共进晚餐，就着白兰地我们聊了很多。我们聊了关于这个班与之前训练营的所有人。当我独自经过阅兵广场走回营帐时，那些弟兄的身影一个个飘过脑海。曾经的欢声笑语在晚风中回响，我突然意识到一切都即将结束，伤感之情第一次在胸口涌起。五年的时光快过完了，这一次，终于轮到我回家了。

1964 年 12 月 31 日

今天是新年的前夜，对我而言这是全新的开始。圣诞节已悄然过去，当我回来时，连队里已再也没有属于我的东西。自从我跟着乐福德进行射击训练的那一天起，过去两年我花在这儿的时间微乎其微，因此在这已没什么朋友。以前的老友全离开了。年轻的士兵把我当成陌生人看待，的确，我是陌生人没错——然而他们的表情还有另外一层含义，一层对服役时间长的兵团成员的敬重。我已通过考验完成自己的时段。而他们才刚开始，很快就会知道前方的路多么漫长。

1 月 4 日我将前往法国。起程的时刻确定下来后，我却不由得惴惴不安。作为雇佣兵的历险即将结束，而面对未来更长的一段冒险我却毫无准备。但话又说回来，我加入外籍兵团时也没有什么准备；而现在的我正站在这趟旅程的终点，也许从某种程度上当初我是有备而来的。所以现在可能外籍兵团也已帮我准备好面对人生下一阶段的挑战，即使这里的一切经历没法转化为一纸等同价值的文凭。1965 年将是我踏入未知世界的第一年，至少这就足够令人兴奋不已。

1965 年 1 月 4 日

今天早上，我乘坐军用飞机离开阿尔及利亚。我曾经有可能想说"我永远不想再回来了"，但现在我真心希望某天能重返此地。希望某天局势好转的时候，我能归来，重返过去那些熟悉的路径。

昨晚一些朋友为我举办了告别会。我跟丹尼尔·伟格诺加说再见，这一次轮到他提醒我在尿尿小童见面的约定。老友席格·卫斯带着好气色前来，还有凯尼与鲍勃·威尔逊。看到他们真好——过去几个月我没什么机会与他们相处。他们给了我一只很棒的手表作纪念品。佩特罗·罗德里格斯也来了。他刚从中士训练营被踢出来，因为他的情绪再度失控，拿着炽热的熨斗重击某人的脑袋。他被降级为一等兵，却貌似完全不在意。我觉得自己会永远记得佩特罗，那次他把步枪扔向舒密特中士，以及那次他啃酒瓶的情景。施奈德来了，其他一些第二训练营的弟兄们也来告别。我拿着白兰地与诺瑞顿说再见。我希望某天能再见到他。今天早上我去向上校告辞。他并不算亲密好友，但他确实令我欣赏、敬重。上校赠送给我一本相簿，里头他题字写道：

> 给首席下士马世民：
> 我为能认识他而高兴
> 我感激他为军团所做的一切以及他所秉持的立场
> 我祝福他未来的道路
> 期盼在未来的某一日我会再见到他
>
> ——克劳德

两小时后我已在空中，阿尔及利亚成了历史。越过海岸线时，望着底下的浪潮，我终于意识到这次是真的结束了，心中一股莫名的伤感。

1965 年 1 月 24 日

丘吉尔死了。大英帝国的最后一块基石也崩塌了。我的耳朵黏着收音机一整天。法国人给了他无比崇高的敬意。

现在我在马赛边上的欧巴涅小镇的中转营。这里已取代西迪贝勒阿巴斯成为外籍兵团的总部。伟大的战争纪念碑辉煌地矗立在阅兵广场的后方。大家都到这儿来了。这里成了一个综合场地，既是老兵的墓地、新手的起点，又是像我这种人的终点。奇黎亚瑞兹出现了。他已重新签约受聘，将被派往吉布提[1]（Djibouti）。我们见面时他似乎有些羞愧，不知道他说要赚的百万钱财到哪去了。然后司楚培德也出现了，他在外头度过了四个月，就意识到那不是他想要的生活。

这里还有个人，在离开兵团 18 年之后重新开始兵团生涯。他当初在摩洛哥[2]服役六个月后成了逃兵，然后前一阵子他酒后驾车被抓，结果警察碰巧发现他名字在通缉名单上。倒霉的家伙，要这样开始 1965 年真够惨。

1　吉布提位于东非，曾被称为法属索马利兰。1958 年至 1977 年间，当地曾组织过 3 次公民投票，最后一次结果让其在 1977 年脱离法国独立。本故事发展期间该地区仍属法国。

2　摩洛哥于 1956 年脱离法国独立。

古欧首席下士在这里。我很高兴看到他拿回自己的军衔。在他上演砸盘子那出戏后，我以为他受到很严重的处罚。迪格立兹也在这儿。

我还看见许多熟悉的面孔。当初一起在穆阿斯凯尔受训的弟兄们，有半数人都在这里等待役期完毕。他们似乎还记得我，但我已忘了他们当中许多人的名字。来到这里是种惊奇而美妙的感受，仿佛五年的兵团生涯在此做了一个总结，犹如剧终所有角色上场谢幕。

我整天闲着，除了在马赛闲逛以外，能做的只是等待最后一刻的到来。我今天打电话给珍妮弗，告诉她我的大日子是 2 月 12 日。她会来巴黎找我。

1965 年 2 月 3 日

昨晚我巧遇霍尔默。这真是能发生在我身上的最非凡的事情。看到他我真开心。但这真的是旅程的末端了。他现在已是个准尉，必须长期驻守在这里。而我终于享受到好几年前在穆阿斯凯尔错过的晚餐，人生的最大乐事莫过如此。为了这顿餐我觉得在外籍兵团待上五年算值了。我们聊了整晚，他的好太太不停为我们倒咖啡。我跟他阐述自己这五年来的所有故事，以及这整趟旅程如何结束的；而起点，则是从认识他开始的。

1965 年 2 月 12 日——龙骨

伟大的一天终于到来。早晨七点，要离去的人在维达特司令的面前列队。他赠予我们每人一张色彩鲜艳的优良表现证书，上头写着我们背负着荣誉与忠诚服役五年。然后我们收到退伍装束，也就是当初自己所穿的衣物——我那一套与当初相比质量差太多了！我们总共有八个人要离开，没有一位是五年前在巴黎与我一同加入的。不晓得当初与我在火车上打架的西班牙人现在怎么样了。

然后我们前往圣尼古拉斯堡垒的第二分局。这真使尘封的记忆再度浮现。我领到一个褐色小信封，里头装着我可爱的旧护照与地址簿，那些是刚到外籍兵团时遭没收的；打开信封的那一刻，唯一能做的只有尽力忍着不让泪水滑下脸颊。

我迎着清冽的晨光走出大门，然后我转身面对站岗的卫兵。我立正向他致敬，向眼前的旧堡垒致敬，向法国外籍兵团致敬。一切结束了。

然后我冲向车站，搭上特快车直奔巴黎而去。

后记

嗯，这一切都发生在 60 多年前。现在都 21 世纪了，我也已 80 多岁，这些都是属于 20 世纪的事情，仿佛与今天互联网的世界没太多关系。我意识到自己 19 至 24 岁这期间，竟然一通电话也没打过，一通也没有。而今天，我的孩子们似乎每人都拥有五部电话。当然，我那时也从未坐过扶手椅。这些虽难以想象，但那时候就是这样，一个截然不同的世界。

离开法国外籍兵团后，我花了几年在北欧漂泊打工，并在外交部谋了个闲职，后来我终于决定要安顿下来。我娶了珍妮弗，她已等了好久，不想再等了。我们结婚已有 50 多个年头，三个孩子都已长大成人，有两个孙子。1966 年，我加入商业巨头怡和洋行并来到亚洲，在此定居许久。在怡和洋行工作 14 年后，我与罗斯柴尔德家族合资成立自己的金融公司，后来卖给当时的亚洲首富李嘉诚，而我也成了他的旗舰公司和记黄埔的首席执行官。我们共享了十年的大好时光，包括创立英国移动电话公司"橙"，后来以 350 亿美元转售（想想那些没有电话的年头!!)。而后,我成为德意志银行的亚洲区董事,几年后终于又一次创立了自己的投资公司,这一次是与德意志银行以及几位老朋友合作。我们玩得不错。

那么尿尿小童的约定呢?我履行了。自从离开外籍兵团后,我再也没有与伟格诺加和索托联系过。索托在我之前一年离开,伟格诺加则在我之后一年——遵从外籍兵团的传统,我们分道扬镳——从未寄明信片或邮件给对方。当在尿尿小童雕像底下相见的时刻来临,我花了好久试图说服自己这将是一趟徒劳的旅程,在除夕夜要长途前往比利时绝对是白费功夫的。更糟的是,我才刚与珍妮弗订婚,她父亲邀了一大群人在新年当天参加我们的订婚派对。当我告诉他我无法出席,还告诉他为什么,他认为自己的女儿嫁给了一个疯子。但我知道我必须去。否则下半辈子将一直在想着他们是否如期赴约——我无法承受这种折磨,也将永远无法原谅自己。因此,订婚派对只好延期了。我开着自己的小车,珍妮弗与我同行。我们开到多佛尔,坐船前往奥斯坦德,再继续开往布鲁塞尔。整个行程大雨倾盆——不是个好兆头!最后我们抵达尿尿小童的雕像,它在集市附近一条卵石小街上。街道上一个人也没有,大雨滂沱,我意识到这整件事是个严重错误。

在小童雕像对面是个破旧的小餐馆,出乎我意料它居然在营业,但里头半个客人也没有。我们点了瓶红酒孤单地坐在那。午夜到来，布鲁塞尔响起新年的钟声。我们敬了自己一杯，也敬索托与伟格诺加——然而他们连影子都没有。大雨一刻不停地下着。

过了半夜一点，我只好接受这不争的事实。我拿了一张餐巾纸，在上面写道：我来过这里——马世民！然后踉跄地冲入雨中，将纸条塞在围绕雕像的栏杆上。它立刻被大雨冲走了。当我转身跑回餐馆时，不知从哪来了一道声音喊："约翰尼！"

在昏暗的街道彼端，索托从雨中走了过来。那是令人难忘的一刻，又一次历史性的聚会，每个人一生当中都必须亲历一次的体验。伟格诺加没出现。我们又等了一小时。布鲁塞尔也因我们变得著称于世。隔天我们与对方告别。

在那之后，我们与索托保持联系，每年都在巴黎与他相聚。我们后来得知，当时他为了来布鲁塞尔还丢了工作。他从巴塞罗那沿路搭便车，花了三天才到达。之后他在巴黎开了家玻璃清洁公司，盈利颇丰。每年我们都会去巴黎郊外的乡间度假、升火、烤牛排、喝红酒、追忆起外籍兵团的往事、唱起熟知的老歌。我们之间拥有某种无价的纽带。但 1970 年的某天他突然消失得无影无踪。接下来的 20 年我不曾看到他。

1990 年时，妻子为我的 50 岁生日举办一场宴会。她聚集了来自世界各地的 350 人，组织了一场无比奢侈盛大的活动——有些人我好几年没见了。那感觉像是我这辈子认识的所有朋友都出现了。当大伙儿全坐下来，她起身告诉大家关于尿尿小童的故事，诉说索托最后抵达、伟格诺加一直没来，以及我们之后与索托失去联系，和离开外籍兵团后我再也没见过伟格诺加的事。

然后我突然听见伊迪丝·琵雅芙（Edith Piaf）的不朽之歌《不，我无怨无悔》（*Non, je ne regrette rien*）响起，大门同时打开。走进来的是在陵地斯兵营鼎鼎大名的诺瑞顿中尉，穿着法国将军服饰，身后跟了三位白平顶帽的外籍兵团士兵。接着走进来的是黑色领带正装的伟格诺加与索托——真是惊人的一刻，我该怎么用言语形容？根本不可能解释当时的感受。这真是我一生中最棒的时刻之一。大厅里没有人的眼睛不泛着泪光。我们的派对延续整晚，隔天又再度狂欢。有一段时间，我与伟格诺加、索托在我的书房坐下来，伟格诺加告诉我们为什么没有赴尿尿小童之约——但这又是另一个故事了。原因当然不是他忘记了。

然后某天在曼谷机场，我意外地见到被解雇的连队指挥官拉哈斯塔里尔上尉。我刚从老挝归来，正在等行李，忽然他就站在我身旁十英尺处。我无法相信那是他，于是我盯着他整整一分钟，设法说服自己那是别人——但最后我还是来到他的身旁问道："是拉哈斯塔里尔上尉吗？"

"是的，我就是。"他回道，然后我们两人就这么极度诧异地望着对方。起初他仍认不出我，他的惊讶仅是竟然有人知道他是谁。我用法语说："1960 年，第二外籍伞兵团，我当时在你的分队里。"他的下巴差点掉了下来。

"我的天啊！你就是那个英国人对吧?"他说。

他后来自愿被放逐到柬埔寨，从此待在那儿成为当地陆军的伞兵技术顾问。他正准备搭"越南"号蒸汽船从曼谷前往巴黎，船隔天就启航。我们在停泊的船上享用了美妙的晚餐，就他与我两人；那是又一个难以忘怀的夜晚，足以列入我一生中最棒的时刻之一。

我们什么都聊。他从军官的角度告诉我当时发生的事，而我则告诉他我们这边所知的。我们双方都了解了更多。当我想起在外籍兵团的死板纪律，以及长官和士兵之间的严重鸿沟（就像纳尔逊的海军），我不禁觉得我们坐在这儿像失散多年后再次会面的老友，这感觉实在有些突兀。我结婚当天他传来越洋电报，但我之后许多年都没再见到他。他是个优秀的法国子民。

20 世纪 60 年代我住在泰国时，经常往返老挝，而某次行程正值英国驻万象大使馆为了庆祝伊丽莎白二世女王的生日而举办的庭园派对。我收到了邀请，还有许多其他人：法国人、越南人、中国人、俄罗斯人、美国人以及任何在万象稍有点身份地位的人士。在那年代，万象就是个大熔炉，所有间谍之间的关系都不错。

派对里有个我在生意上熟识的法国人，当晚某一刻，他说想介绍一位似乎曾在外籍兵团待过的法国将军给我。大使馆前方露台上有张扶手椅，坐着某位外观高尚的将军，身着洁净的白色制服，身上的勋章多得令他看似动不了。我的法国朋友把我拉到将军面前并说："我的将军，让我介绍马世民先生，外籍兵团退伍军人。"那将军立刻起身，朝我抛来一连串问题。

"你是在哪个军团里？老天啊——你的指挥官是谁？"

"克劳德上校。"我回道。他的神情开始变得热切。

"是的，是的，但在他之前？"

"钱农上校。"

"我的老天啊——老钱农——那在他之前呢？"

"钱农之前？让我想想，我记得应该是达姆瑟斯。然后达姆瑟斯之前是伟大的雷夫特将军。"

"就是我！"他用法文呼喊着，并重击自己胸膛。"就是我——雷夫特！"

我的天，真是如此。我突然认出他以往的模样，想起在我们士气低迷、失去方向时，是他让整个军团重新振作了起来。庭院里有支老挝乐队正竭尽全力想让派对热闹点，他拉着我走过去。此时我们已成了所有目光的焦点，我记得自己当时真希望找个洞钻进去。

那乐队明显受过法国的熏陶，他们身穿白色制服、红色贝雷帽，模样光彩亮丽。雷夫特召集他们过来，命令他们表演 Le Boudin，也就是法国外籍兵团的主题曲。他们确实拼了老命地配合演奏。雷夫特立正面对我，猛然向我致敬！这令我吓呆了。这时群众已聚集过来。我没有别的办法，只能本能地猛然立正站直。

音乐奏完之后，将军晃晃悠悠地搭着我的肩膀走回露台上。我跟着一起晃。他喝多了点。然后他与我握手，说任何时候我来万象都欢迎去他家。过去他曾是位伟大的将军，现在半退休状态了，仍拥有令人敬佩的人格——然而，依然有些令人感伤，就算心中的军人永远不死，他们依然会从历史轨迹淡去⋯⋯

还有一次颇为离奇的巧合。离开外籍兵团 26 年后，有天我乘坐从波尔多前往巴黎的夜班列车。早晨七点抵达巴黎时，天气湿得令人沮丧。排队等出租车又遇上一个脾气恶劣的司机，因为下雨而拒绝下车帮我打开后盖箱。他叫我把行李放在后座，但我说那根本塞不下——打从一开始我们就把对方惹火了。最后他大发雷霆下了车，打开车厢、扔进行李后猛地关起门，再爬回车里去。当我跟他说旅馆名字，他却回说他不知道，唠叨着说老天，他是个司机又不是巴黎的导游，如果我不知道该去哪这是我自己的问题。最后我问："你知不知道 L'Etoile（星星）在哪儿?"他说知道，我说先去那儿我再帮你指出旅馆的路。我们带着恶劣的情绪启程，两人都非常火大。我一直从后视镜盯着他瞧。他的脸瘦削、刚毅，留着板寸发型，印象中似乎曾经见过这个人。我在想是否前几年来到巴黎也是碰到同一个司机——但某种东西把我的记忆推往更深层的地方——然后，端详他好一阵子后，我忽然可以想象他穿着外籍兵团的服装，在好几十年前菲利普维尔的浦后营区卫兵室外头那一夜——他是雪福中士，我这辈子只见过他一次，却永远记得那场合。他是负责管卫兵的中士，当我负责守夜却喝醉时，拿枪抵着我脑袋并罚了我 15 天禁闭。我靠前用手紧紧压住他肩膀说："停车一下——你曾在法国外籍兵团里——菲利普维尔，浦后兵营——1961 年。"他踩刹车的力道之猛，我差点整个头栽穿前面的玻璃。他立刻转头，表情极度诧异，嘴张得老大。他大概以为我是哪儿派来的秘密警探，并急促慌张地咕哝着："你是谁? 发生什么事了? 我什么也没做! 是谁? 什么? 在哪里? 上帝啊!"之类的言辞。我举起双手并说："你给了我 15 天的处罚，因为站岗时我喝醉酒——我是伞兵团的成员。"

他狠狠地盯着我好长、好长一段时间，然后脸上逐渐浮现笑容，指着我并缓慢说出口："那是你活该!"我同意他所说的。我们开往旅馆。他拒绝收任何费用，并帮我把行李提进旅馆里。当我们走进接待大厅，一旁的吧台有个小伙子正在擦酒杯，而我这新朋友叫来一瓶利加酒和两个加冰块的玻璃杯，等不及要干杯。外籍兵团真是世界上最独特的俱乐部！

到了2000年，我突然应邀加入友好互济会的董事会。这可以说是退役兵团成员的全球性社团。这经验相当有趣，我见到了许多老面孔，包括拉哈斯塔里尔。

在法国外籍兵团的那些日子并不平坦，它占据了我人生中至关重要的几年时间。然而现在回头看，我没有丝毫后悔。这是段宏伟的经验，我们拥有无与伦比的战友情谊。那个时代比起今天的世界要更加自由，人们活得比较随性，有更多机会可以偏离人生的主干道，一个19岁的青年可以选择离开去爬一座山，如果他想要这样做的话。今天，人生的回廊相较之下狭窄许多，人们所追求的物质主义反而将生命限定在一条道路上，从我们第一次考试的那刻起。想要暂停都没时间。

但时间是足够的。对那些正在决策边缘徘徊挣扎的人，我的建议是：去吧，去攀登属于你的生命山脉，趁着你还年轻。只有这样，到了80岁你才会更快乐。

致 谢

感谢菲奥娜·弗雷泽（Fiona Fraser）、安吉拉·埃德加（Angela Edgar）和辛西娅·冯（Cynthia Fung）为本书的成稿所做的码字工作，感谢玛格丽特·威尔斯（Margaret Willes）、威廉·阿姆斯特朗（William Armstrong）和杰克逊（Jackson）的热情和鼓励。此外，阿尔弗雷德·赫克特（Alfred Hecht）也给予了很大支持。

本书中文版能够得以顺利再版，感谢中欧出版集团的编辑吕颜冰（Lisa Lyu）女士一直以来的价值坚持以及她为本书出版所付出的辛劳，还要感谢东方出版中心的编辑为本书出版所做的工作。